El Amor de un Maestro

Una crónica maravillosamente honesta y cándida sobre la travesía de un hombre, navegando sus mundos internos y externos mientras es íntimamente tocado por la forma de un maestro espiritual. ¡Un gran libro!
- David Allen
Autor, Organízate con eficacia: El arte de productividad libre de estrés

"Este es un increíble libro sobre los viajes y el crecimiento de dos buenos amigos, J-R y Jsu. Si quieren saber los sube-y-baja de trabajar con un maestro espiritual y disfrutar del amor incondicional que está presente, absorban este libro. Algunos, que no hayan tenido la experiencia directa que Jsu y otros han tenido, podrían cuestionar lo que está escrito. Yo sugiero que suspendan su descreimiento y dejen que lo que está escrito y la energía que está detrás les invada la conciencia, aunque sea por un momento. Quizás se conecten al gran Yo que está siempre disponible pero en el cual no siempre nos enfocamos.
- Gregory Stebbins

Es fascinante leer sobre la vida de Jesús y sus experiencias únicas con J-R durante décadas. El libro es cautivador, lleno de maravillosas percepciones e historias personales contadas desde su perspectiva singular. La pura devoción de Jesús a su maestro espiritual y amigo es profundamente emotiva e inspiradora, como así también lo es la historia de su propio camino espiritual.
- Elaine Lipworth, periodista premiada por sus publicaciones, inclusive en *You Magazine, The Guardian, Harper's Bazaar* y *Thrive Global.*

J-R era un Maestro Viviente o Satguru. Mientras que yo tuve el placer y el honor de trabajar con J-R durante cuatro décadas, Jsu tuvo el honor de vivir y trabajar con él todos los días. El Amor de un Maestro es una oportunidad encantadora (llena de Luz) de estar cara a cara a cómo es vivir con un Maestro. J-R solía decir que "ser común y corriente es la condición previa a Dios". Jsu ejemplifica esa maravillosa combinación de Dios en lo común. Hazte un favor: pide la Luz y viaja por los reinos internos mientras Jsu nos lleva por una travesía asombrosa hacia la conciencia.
-Russell Bishop, Autor de Workarounds That Work

Una reflexión sobre este libro

Completé mi lectura de tu libro sobre "El Amor de un Maestro".

Cada oración en el libro demuestra tu intensa devoción a tu Maestro. Los maestros espirituales operan como un ser humano común además de como un súper ser humano al mismo tiempo. Asistir y cuidar a una persona tan única no es fácil y presenta varios desafíos. De pronto necesita algo como una persona común y de repente él es Maestro de Todo y no necesita nada, pero está cumpliendo las necesidades de otros.

Jsu, ¡has hecho un gran trabajo cuidando a J-R! ¡Alabo tu *Seva*[1]! Has sido un ejemplo a seguir para otros. Te envío mi amor y las Bendiciones del Gran Maestro.

-Ishwar Puri

(Ishwar Puri es un iniciado de su bienamado Satguru Hazur Baba Sawan Singh Ji, el Gran Maestro).

---

[1] N. del T. Seva es una palabra en Sánscrito que significa "acto de servicio desinteresado" o trabajo realizado sin ningún pensamiento de recompensa o reembolso.

El Amor de un Maestro

Rvdo. Jesús García, D.C.E.

Scott J-R Publishing

©2018 Scott J-R Productions. Todos los derechos reservados.
Publicado por Scott J-R Productions
c/o Jesús García, D.C.E.
1626 Montana Ave, Suite 624
Santa Mónica, California 90403
http://www.soultranscendence.com
utah7@mac.com

Impreso en los Estados Unidos de Norteamérica
ISBN-978-0-9996010-0-6
Library of Congress Control Number: 2018902759

Título original: The Love of a Master ©2017
Diseño de cubierta: David Sand y Maria Rajput–Designer X y Scott J-R Productions
Derechos de autor ©2018 Scott J-R Productions
Traducción al español: Catalina E. Kirby. Con el apoyo de Rosemarie Jeangros y Nora Valenzuela.

Extractos de *El Guía Espiritual*, libro de John-Roger, D.C.E.
©2011 Movimiento del Sendero Interno del Alma

"12 Signos del Viajero" extraídos de *El Sendero a la Maestría* de John-Roger, D.C.E.
©1976 y 1982, Seminario Teológico y Escuela de Filosofía Paz®

Extractos previamente inéditos de John-Roger, D.C.E. de archivos/base de datos
©2017 Movimiento del Sendero Interno del Alma

"Abu Ben" poema de James Henry Leigh Hunt (1784–1859)

"Pheidippides and the Marathon" (Filípides y el Maratón)
©2017 Glenn Barnett

Extractos de artículos del *The New Day Herald* (*El Nuevo Amanecer*) de David Sand
©2017 Movimiento del Sendero Interno del Alma

Fotos de Laurie Lerner. Derechos de autor©1988 Laurie Lerner

Fotos de Betty Bennett y David Sand
©2017 Movimiento del Sendero Interno del Alma

Fotos de Jesús García. ©2017 Scott J-R Productions

Fotos de Sawan Singh de Ram Nath Mehta (tomadas 1903-1948).

Dedicación

Para mi amigo, guía espiritual y Gran Maestro, Dr. John-Roger

Índice

Introducción .... *xv*
Prólogo *17*

1. Comienza un Nuevo Capítulo en Mi Vida *21*
2. Reflexiones Sobre La Muerte y La Pérdida *27*
3. Empezando a Estudiarme *31*
4. La Mentalidad de Estar en El Asiento Trasero,
   o el Meterse Bajo Tierra *35*
5. Algunos pensamientos post J-R *39*
6. Una Breve Historia de J-R *43*
7. En El Comienzo (por Lo Menos para Mí) *51*
8. Llegando al Viajero *61*
9. Empieza el Entrenamiento *73*
10. Viajando con el Viajero *79*
11. Avanzando por mi Sendero Espiritual *89*
12. Trabajando para J-R *95*
13. Moviendo los Terremotos *105*
14. Historias sobre Trabajar con J-R y las Cosas
    Aprendidas *109*
15. Estar con J-R Era Ser un Estudiante *115*
16. Conduciendo para John-Roger *129*
17. Más Allá de Lo Que Se Ve a Simple Vista *135*
18. J-R y mi Carrera de Actor *141*
19. La Historia de Scott *155*
20. Pesadillas *161*
21. Mi Ordenación *165*
22. El Trabajo Invisible de J-R *173*

23.	Más Viajes con el Viajero	*181*
24.	Viajando sin J-R	*231*
25.	La Vida Es un Maratón	*239*
26.	Héroes y juicios	*245*
27.	La Integridad	*255*
28.	Hitos: Cambios por el camino	*259*
29.	Pequeños Milagros	*277*
30.	La Vida Es Sólo un Sueño	*283*
31.	Experimentando la Gracia	*291*
32.	Haciendo la Primera Película	*299*
33.	Más sobre Hacer las Películas	*305*
34.	Lo que el Espíritu Quiere, el Espíritu Obtiene (o las cosas se pueden poner muy tensas)	*323*
35.	Las Técnicas para Salir Adelante en la Vida	*329*
36.	Las Escuelas y las Escuelas de Misterios	*337*
37.	Sobre las Relaciones y el Amor	*341*
38.	En la Vida, Todas las Cosas Buenas Llegan a su Fin	*345*

Epílogo *349*
Notas Finales *353*
Recursos *359*
Los 12 Signos de un Viajero *363*
Glosario de Términos *375*
Agradecimientos *389*
Sobre el Autor *397*

J-R: Saben, uno está verificando la realidad todo el tiempo con los amigos. Por ejemplo, Zeus es uno de mis mejores amigos. ¡Dios! Si él está despierto, duerme. ¿Hago chequeos a menudo contigo con respecto a la realidad?

Zeus: Sí.

J-R: Él me cuenta algo. Yo le digo: "Déjame ver eso". Se levanta para traérmelo y yo lo miro y digo: "Caray, es bastante bueno. La información de este hombre es bastante acertada". Luego, un día él me cuenta algo y yo le digo: "Déjame ver eso". Él responde: "No lo puedo demostrar. Es sólo lo que me llegó". Yo estoy empezando a confiar mucho en esto. Pero no le doy mi entera confianza, porque entonces podría ser justo la vez que había algo erróneo y yo lo podría haber advertido. Por lo tanto, llego al punto que también confío; luego, empiezo a verificar. Y digo: "Tú verifícalo y yo lo verifico". Luego, lo comparamos. Obtenemos la misma información.

– JOHN-ROGER, D.C.E. (1991, FINCA WINDERMERE DURANTE LOS ENTRENAMIENTOS PARA LA CONCIENCIA DE PAZ-PAT)

"Pauli Sanderson, Zeus y yo salimos a cabalgar el otro día durante una hora y cuarto más o menos, nunca galopamos; creo que sí lo hicimos un poquito sólo para divertirnos, pero sólo fuimos por los senderos buscando los patrones de erosión. Lo pasamos muy bien porque estábamos hablando sobre esto y aquello y qué bueno es esto otro; dudo que hagamos algo de lo que hablamos, pero caramba, qué divertido fue socializar".

– John-Roger, D.C.E. (1992, Reunión del Consejo Directivo en Miracielo, Santa Bárbara)

*"Esta noche, les quiero mostrar una técnica de la Corriente del Sonido. Estas cosas, como todo lo demás en el mundo, tienen que ser practicadas para que te sientas familiar con ellas. Por lo tanto no vamos a estar escuchando lo que llamamos el sonido físico. Vamos a escuchar lo que es la transmisión audible, la Corriente del Sonido. Y para hacer esto, vamos a conectarnos a ella simplemente cantando el tono de la Corriente del Sonido y luego de que hayamos cantado unos cinco minutos, nos quedamos sentados en silencio, escuchando. Ahora, **una manera en que te puedes ayudar es colocar tu atención en el Tisra Til, o el tercer ojo, la sede del Alma.** El Ser Básico de nuestra propia conciencia que reside primariamente en el mundo negativo resistirá el empuje espiritual. Prepárate a que esto suceda. Y cuando empieces a mover la Corriente del Sonido hacia él, hará todo lo que pueda para detenerte. Pero yo sé que ningún alma se perderá. Y eso significa que habrá oportunidad tras oportunidad, tras oportunidad. Sin embargo, si lo puedes hacer esta vez, ¿por qué no, cierto?".*

– John-Roger, D.C.E.

Introducción

Mi nombre es Jesús García; mi maestro y guía espiritual es John-Roger, también conocido como J-R. J-R me decía "Zeus". Estoy escribiendo este libro para echar una mirada interior a mi vida con un maestro espiritual y un "guerrero espiritual", para compartir mis experiencias y poner las cosas en un contexto, para que las personas que no conocieron a J-R físicamente, tal como yo, puedan tener un mejor entendimiento de quién era él y de dónde vino.

Estoy escribiendo este libro también para explorar las cosas que aprendí tanto de J-R como de mí mismo en el proceso de estar con él prácticamente las 24 horas al día, siete días a la semana durante 26 años. Durante muchos de estos años, fui la mano derecha de John-Roger y las únicas veces que estuve separado de él por períodos más largos fue al producir, dirigir o actuar en películas.

Muchas de las cosas sobre las que hablaré no solo son aprendizajes para mí, quizás también sean lecciones valiosas para otros. Soy consciente de que cada persona a quien él tocó ya tiene su propia experiencia interna con él, por lo tanto las mías son sólo algunos de los muchos ejemplos alrededor del mundo. Por supuesto, realmente estoy escribiendo este libro para mí mismo para captar mejor mis experiencias con J-R. Quería completar lo que él me recomendó hace muchos años en la finca Windermere.

Me acuerdo que una vez J-R me dijo que sacara fotos, que armara un álbum. Me dijo que todo esto iba a pasar muy rápidamente. Tenía razón. Por eso necesito escribir ahora mientras todavía está fresco y aun me acuerdo cómo yo veía las cosas. Pido disculpas si dejo afuera algún nombre o si lo veo de una manera que no es la tuya. Yo sé que te amo y espero que lo sepas también. Estoy escribiendo para que no me olvide de eso.

Es el año 2014 y voy a terminar este libro en el 2017. Para ese entonces, van a haber pasado tres años desde la muerte de J-R. Definitivamente él tenía razón; estuve con él durante 26 años y la vida prosiguió y no parece que haya pasado nada de tiempo. Haber vivido esa vida y estar tan agradecido y estar consciente de ello, es una bendición.

John-Roger vino a este mundo durante un período corto de ochenta años y tocó a millones de personas. Cuánta gratitud tengo por haberme cruzado con este hombre que sostuvo el oficio del que llamamos el Viajero Místico y también la Conciencia del Preceptor, que aparece en la Tierra únicamente cada 25.000 años (¡!) aproximadamente. Fui atraído hacia su órbita y simplemente lo amé.

Espero que lo que escriba te toque el corazón y te despierte a algunas de las cosas en tu interior, tal como la presencia de John-Roger las despertó en mí.

Prólogo

John-Roger pasó al Espíritu a las 02:49 h el 22 de octubre de 2014. Fue el final de una vida que me había cambiado profundamente y que había definido mi propia vida.

Lo más difícil para mí en ese momento fue observar y escuchar como J-R tomaba su última respiración y darme cuenta que verdaderamente él se había ido. Tomé conciencia de ese hecho cuando una persona dijo: "Se acabó el Preceptor. Se ha ido".

Muchas personas perdieron a un maestro y un guía, pero yo perdí tanto más. Perdí a un amigo.

Siempre había pensado que hacia el final, íbamos a ser solamente Nathaniel Sharrat y yo con J-R. Nosotros fuimos los que cuidamos de él todos los días durante muchos años. Sin embargo, cuando J-R falleció en el hospital, había varias personas presentes. Además de Nathaniel y yo (y afortunadamente junto con nosotros), los presentes fueron John Morton, Paul Kaye, Vincent Dupont y Mark Lurie. Estas últimas tres son las personas que administran la organización MSIA y se conocen colectivamente como la Presidencia. La manera en que estábamos posicionados alrededor de J-R cuando él se entregó al espíritu fue de acuerdo a una especie de visión que me había venido a través del Espíritu.

J-R enviaba imágenes internas, a través de sueños o de los ejercicios espirituales y yo las verificaba acá afuera en el mundo. En esta imagen en particular, yo había visto a John Morton de pie junto a la cabeza, la Presidencia de MSIA al costado derecho de J-R, Nathaniel a su izquierda y yo a sus pies.

Cuando J-R más tarde eligió a estas personas para estar en el hospital, fue una confirmación de la visión que yo había recibido. Entonces les conté a los demás lo que había visto y ellos estuvieron de acuerdo en que era un formato apropiado para nosotros cuando llegara ese momento. El propósito principal de esa visión era que todos nosotros estuviéramos alrededor del cuerpo de J-R, lo que yo consideraba era el cuerpo del Cristo, de una manera específica. Era un ancla simbólica para continuar la armonía que habíamos experimentado un mes antes en Israel en el cumpleaños 80° de J-R.

Sé que muchos que lean esto quizás no estén de acuerdo con esa descripción, pero mi experiencia era que J-R incorporaba el espíritu de lo que la gente llama el Cristo.

J-R era una persona singular, única. Parte de esa cualidad lo hacía muy sensible a la "energía" de otros, especialmente de sus "estudiantes". Por lo tanto generalmente él no compartía públicamente cómo se sentía o qué le estaba sucediendo, especialmente cuando estaba en el hospital, porque la gente se preocuparía. Entonces habría tenido que manejar el miedo y la energía de la preocupación que provenía de ellos cuando tenía más que suficiente con seguir inhalando y exhalando. Por lo tanto aquellos de nosotros reunidos en el hospital éramos realmente las únicas personas que sabíamos lo que estaba sucediendo.

A raíz de nuestras respectivas posiciones de responsabilidad y autoridad en la organización del MSIA, a través del tiempo y especialmente cuando J-R pasó más y más tiempo fuera de la conciencia de su cuerpo y más tiempo meditando en el Espíritu, tuvimos nuestros períodos de desacuerdos. Puedo decirles que no había nada de esto presente mientras realizábamos nuestro servicio a J-R. Sólo había amor en la habitación. Estábamos en armonía, en nuestro interior y con los demás, cuando él pasó al Espíritu.

Pienso que estar allí en el momento en que partió fue lo más hermoso y personalmente lo más doloroso que he tenido que experimentar. Estar a sus pies significó mucho para mí. Era una forma de estar completo porque hubo un período en que yo estaba pasando por una muy profunda experiencia durante un balance de aura en Las Vegas y él estaba a *mis* pies. Sentí que estar en este lugar casi primario fue una manera de mostrar mi apreciación por él, al haberme contenido desde mi base y sostenido durante todos esos años. Yo lo iba a sostener ahora.

Pienso que el lugar que ocupaba cada uno de los que estaban presentes era tan importante. Se unía a la energía de lo que yo estaba consciente y de lo que había visto en el espíritu. Durante muchos años J-R insistió en ser cremado dentro de los 3 días de su fallecimiento y Nat y yo siempre habíamos protegido su cuerpo cuando él estaba meditando o estaba enfermo. Esto no tenía nada de diferente.

Yo sabía que el alma de J-R iba a partir a través del séptimo chakra (la coronilla) y ese lugar estaba cuidado por John Morton. Algunos años antes, John había aceptado el manto espiritual y había anclado en él la conciencia del Viajero Místico. J-R bromeaba diciendo que tenía que tratarlo bien a John porque un día John lo estaría cuidando. Más tarde supe que, tradicionalmente, el nuevo Viajero era el que ayudaba al Viajero antiguo a seguir su camino. Entonces creí que era apropiado que John estuviera a la cabeza de J-R como parte de esa responsabilidad.

Yo sabía que mi trabajo básicamente era asegurarme de que nada manipulara a J-R o entrara a él a través de las plantas de sus pies. Los otros protegían sus costados. Sabía que mi intención y la de los otros presentes era que ninguna clase de poder negativo pudiera deslizarse y llegar a J-R.

J-R nos había avisado a través de los años que podría haber energías o entidades que podrían ser atraídos para poseer espiritualmente a un ser poderoso como J-R cuando él físicamente partiera del planeta. Estábamos todos allí para proteger a J-R en este proceso.

Hicimos eso. Y lo hicimos en plena cooperación con los demás y con el amor y la camaradería que tuvimos en Israel. Fue una acción del Cristo, todos juntos.

*"El destello del alma, la esencia, estaba por doquier.
Sus mejillas estaban rojizas".*

CAPÍTULO 1

Comienza un Nuevo Capítulo en Mi Vida

Recuerdo ver cómo partía J-R y enviar tanta Luz, sosteniéndolo. Al mismo tiempo, también estaba consciente de que me iba a tocar un nuevo trabajo. Cuando J-R planificó su partida de este nivel, organizó que yo, y si yo no pudiera Nathaniel, tuviéramos un poder legal durante el período que él ya no pudiera hacer sus propias elecciones médicas. Fue un encargo desafiante y puedo decir humildemente que lo cumplí con excelencia.

No sé si alguno puede imaginarse cómo fueron los días en que J-R empezó a desmejorarse. J-R era muy privado con respecto a sí mismo, especialmente cuando estaba muy enfermo. Para protegerlo de la energía de los miedos y las preocupaciones de otros, aún aquellos más cercanos, yo no podía decirle nada a nadie. Mi amigo Nathaniel Sharrat era la única persona que estaba allí conmigo y el único con quien yo podía compartir mis sentimientos. Gracias a Dios, estabas tú, Nat.

Una vez que todos habían dejado la habitación del hospital, mi trabajo era estar allí con Nat hasta que se llevaran el cuerpo de J-R. Luego podríamos organizar la cremación. J-R había sido muy claro en que quería que se cremara su cuerpo, preferiblemente dentro de un período de 3 días. Con las leyes de hoy en día, se tardó una semana y durante ese tiempo, Nat y yo estuvimos de vigilia para mantener seguro el cuerpo hasta que él trascendiera.

Cuando mirábamos el cuerpo de J-R, todo el procedimiento parecía muy crudo y de alguna manera, es crudo. Pero habíamos gestionado que uno de los servicios de cremación manejara el proceso y lo hicieron muy respetuosamente.

Curiosamente, luego de que falleciera, el cuerpo de J-R se veía mucho más saludable que en los últimos tiempos. Yo no lo podía creer, Nathaniel tampoco. Yo había escuchado cuentos sobre Paramahansa Yogananda y cómo su cuerpo se había conservado luego de su muerte. Puedo creerlo porque J-R se veía conservado. Se veía fantástico. Se veía más saludable que cuando estaba vivo durante los últimos seis meses. El destello del alma, la esencia, estaba por doquier. Sus mejillas estaban rojizas. Quizás esto indica cuánto estaba cargando J-R para todos nosotros, quizás para el planeta, antes de que pudiera soltarlo todo.

Más tarde, Nat y yo miramos cómo entraba su cuerpo al crematorio. Yo no podía llorar por mi amigo en ese momento. No tuve ese lujo. Necesitaba estar en una pieza para manejar todos los detalles luego de su muerte. Pero estoy llorando ahora al recordarlo. Fue muy duro. Ahora, ocho meses luego de que mi amigo y maestro, a quien yo considero como el Cristo, se ha ido, todo se está resquebrajando. Creo que he estado descansando y creo que J-R nos dejó algo muy hermoso. Pero para mí, yo estoy experimentando la pérdida ahora quizás más intensamente.

Curiosamente, también hay una resurrección dentro de mí porque, relativo a todo, si le pongo carne y hueso, creo que el regreso de Jesús es muy similar al regreso de J-R. Inicialmente lo sentía tan lejos y luego a veces lo siento adentro de su casa, donde sigo viviendo por ahora. Siento que la presencia del Espíritu Santo me está consolando. Y ahora, luego de todos estos años dedicando mi tiempo y atención completamente a J-R, tengo a Nicole mientras escribo esto y ella es un consuelo. Ella me ayuda a que esté más en paz para que pueda estar abierto a experimentar la presencia de J-R.

No hay nada más asombroso que sentir esta soledad interna y al mismo tiempo recibir las visitas de J-R. La mayoría de las veces viene en mis sueños. Cuando esto sucede, hay una presencia, un sentimiento como si me estuviera abrazando. Otras veces es como si estuviera sentado a mi lado mientras conduzco su auto.

Definitivamente ahora siento que finalmente estoy de luto, dolorido, con pena. Durante años, yo fui el chofer del auto de J-R. Quizás debería decir autos. Hubo varios autos a través de los años.

Cuando primero empecé a trabajar como personal de la organización MSIA, yo quería ser el chofer de J-R. Yo veía que John Morton conducía a J-R y yo quería esa posición. Uno de los primeros autos que conduje fue un Lincoln marrón y la placa de matrícula decía *TRAVELER* (Viajero). También hubo un Lincoln azul que tenía dos tanques de gas; esto fue producto de la crisis de gas de la década de 1970. (J-R sabía cómo superarla). Yo conducía el Lincoln de doble tanque y cuando el primer tanque se vaciaba, buscaba la perilla para activar el segundo tanque. Luego hubo una sucesión de autos Lexus y una vez tuvimos un Range Rover.

Estoy mencionando los autos porque conducir era mi vida. Me acuerdo la lucha que tenía para mantenerme despierto mientras J-R verificaba las Cintas SAT y los CD y otros medios de "NOW Productions" que habían sido grabados cuando él presentaba un seminario. Iba más velozmente para asustarme a mí mismo y mantenerme despierto. Había veces en que J-R se dormía en el auto, roncando suavemente. Yo cuidadosamente evitaba los baches. Era una verdadera habilidad el dominar una manera de conducir que permitiera a J-R dejar su cuerpo para hacer el trabajo. ¡Qué tiempos locos!

Ahora frecuentemente sueño que lo estoy conduciendo en su Lexus 2008. En el pasado, cuando tenía esos sueños, John conducía el Lincoln marrón o un Jeep, y yo estaba en el asiento trasero.

El Amor de un Maestro

(Yo odiaba eso. Como mi personalidad tiene su lado competitivo, yo quería ser el conductor). Ahora me encuentro en el asiento de adelante, como una metáfora, conduciendo al Maestro.

Tuve un sueño en junio del 2015 en el que estaba tratando de encontrar la dirección en la que tenía que ir. No sabía si tenía que ir hacia la izquierda o hacia la derecha. En ese sueño no podía ir a ningún lado. Miré a J-R, y me pareció que me estaba diciendo que llorara. Lo que estaba haciendo en el auto era sufrir por haberlo perdido. Era como si J-R me estuviera diciendo que yo no iba a poder seguir hasta que no manejara mi dolor por su muerte.

"Las cosas que me llegan son a las que se refería Uta Hagen en su libro A Challenge for the Actor (Un desafío para el actor), *como 'objetos internos'. Ella dice que algo sucede en la psiquis de tal manera que recuerda un evento en relación a algún objeto, y que ese objeto, cuando es tocado o visto, puede gatillar la memoria nuevamente".*

"(Con respecto a experimentar la pena) yo sé que quedarme tirado en una cama no ayuda. Lo probé. Y luego de estar tirado por ahí, igualmente J-R se ha ido y aún tengo que lavar los platos".

CAPÍTULO 2

Reflexiones Sobre La Muerte y La Pérdida

Mientras escribo esto, Beau, el hijo del Vice Presidente Joe Biden, falleció hoy y se está llevando a cabo el servicio del funeral. Creo que no debe haber algo peor que un padre teniendo que sepultar a un hijo. Anteriormente, nunca hubiera podido entender ese tipo de dolor. Uno podría sentir compasión, pero no entender lo profundo de la experiencia hasta no haber pasado por una experiencia similar.

Cuando tenía 23 años, perdí a mi medio hermano, Carlos. Yo vi cómo esto afectó a mi mamá. Yo no lo entendí en ese momento. Pero ahora perdí a mi abuela y a John-Roger en el mismo año. Creo que he tenido una dosis substancial de empatía. Con esas experiencias, en mi corazón puedo sentir la pena por esas personas que pierden a un miembro de su familia o a amigos muy cercanos. Ahora yo puedo entender su dolor. Ahora me es difícil decirle a alguien que se va a sentir mejor. He leído sobre los pasos de la pérdida y el duelo, y todo el material psicológico sobre el proceso. Creo que intelectualmente, sí lo entiendo; con el tiempo, uno se siente mejor. Pero en este momento, eso no me consuela.

También sé que la mayoría de las personas que pierden a alguien muy allegado a ellos tienen que aguantarse y volver a sus vidas, volver a trabajar. Yo no sé cómo pueden hacerlo. Afortunadamente yo no he tenido que hacer eso. Tengo gran respeto y compasión por cualquier persona que lo hace. Pero quizás ser obligado a confrontar la nueva realidad ayuda. No sé. Creo que no hay una sola respuesta que sea correcta para todos. Sólo puedo hablar por mí. Sé que quedarme tirado en una cama no ayuda. Lo probé. Y luego de estar tirado por ahí, igualmente J-R se ha ido y aún tengo que lavar los platos.

Pero por ahora, aún vivo en la misma casa donde he estado desde 1988: la casa de John-Roger. No me molesta estar aquí. Amo las fotos, el consuelo de lo conocido y eso es realmente sanador. No es que de miedo o sea extraño, para nada.

Las cosas que me llegan son a las que se refería Uta Hagen en su libro: *A Challenge for the Actor (Un desafío para el actor)*, como "objetos internos". Ella dice que algo sucede en la psiquis de tal manera que recuerda un evento en relación a algún objeto, y que ese objeto, cuando es tocado o visto, puede gatillar la memoria nuevamente. Nada se ha vuelto tan aparente, tan claro con respecto a lo que significa un objeto interno cuando el otro día sin querer toqué la silla de ruedas de John-Roger. Eso lo gatilló. Toqué la manija de su silla de ruedas y me inundé de recuerdos. Todo apareció de nuevo. No lo podía creer. No tienes idea de qué te lo va a provocar. Estas cosas no son malas. No son eventos para criticar. Son como la vida diaria, como el olor de su ropa. Son las cosas que amo. Menciono todo esto en el caso de que esta toma de conciencia pueda ayudar a alguien.

*"Era un gran hombre, por encima de todo.
Ya no verán mis ojos a nadie como él".*

– WILLIAM SHAKESPEARE (*HAMLET*)

"Creo que sería ideal si tuviéramos salones para la conciencia de uno mismo, donde todos pudiéramos ir y obtener nuestra realización personal y caminar por el mundo en ese estado. Creo que sería un mundo tanto mejor".

CAPÍTULO 3

Empezando a Estudiarme

Para cuando se publique este libro, van a haber pasado tres años desde la muerte de J-R, y voy a haber completado mis clases en Psicología Espiritual con los doctores Ron y Mary Hulnick en la Universidad de Santa Mónica, que fue fundada por John-Roger. El aprendizaje se hace usando técnicas que crearon John-Roger, Carl Jung, Erik Erikson, Carl Rogers, Fritz Perls y muchos otros. Aunque en realidad es una expansión de una psicología más académica, es interesante saber cómo podemos combinar las técnicas y habilidades psicológicas con la intuición, que es la parte espiritual, y realmente dejar que fermente, hacer que crezca. El curso empieza con el despertar y el estudio del alma de una manera que yo llamaría académica/científica/terrena. Es realmente genial.

Yo llego a estos cursos desde el lado espiritual, a través de mi trabajo con John-Roger en el Movimiento del Sendero Interno del Alma (MSIA) y el Seminario Teológico y Escuela de Filosofía Paz (PTS por sus siglas en inglés). Estas escuelas son para mí, lo que había soñado hace muchos años en algún lugar cósmico lejano antes de haber nacido. Sí, tengo la memoria de una reunión con unos "seres" antes de nacer y se me mostró cómo tenía que venir aquí y hacer mi camino.

Ahora estoy en mi camino, una parte del cual era servir a J-R y estar conectado a la Corriente del Sonido y dentro de las escuelas de misterios donde se aprende cómo tener conciencia.

Creo que sería ideal si tuviéramos salones para la conciencia de uno mismo, donde todos pudiéramos ir y obtener nuestra realización personal y caminar por el mundo en ese estado. Creo que sería un mundo tanto mejor. La conciencia de mí mismo es mi mayor búsqueda ahora, eso y ser consciente de lo que está a mi alrededor, lo que pasa a través de mí, lo que está enfrente. Y luego servir a Dios y al Señor y estar aquí y servir. (Por cierto, Dios: si además de eso pudiera ser actor, sería genial).

Antes de que me involucrara en estos cursos espirituales, estaba en clases de actuación con personas como Stella Adler, Uta Hagen, Howard Fine, Peggy Fury, y John Abbott. Todos brindaron la misma conclusión: todo es momento a momento. Estar en el momento presente es lo que concede la conciencia de uno mismo. En estas clases, aprendimos a no estar cohibidos por nuestro trabajo como actor o artista pero sí a tener conciencia de uno mismo. Mientras yo estaba filmando *Guerreros Espirituales*, Howard Fine me dijo que actuar es revelar, no esconder. Ése es mi camino. De eso exactamente se trata el actuar y también la vida.

CASIO: *¡Por siempre y para siempre adiós, Bruto!*
Si volvemos a vernos, sonreiremos en verdad.
Si no, ciertamente, ha sido oportuna esta despedida.

BRUTO: *¡Pues bien: avancemos entonces!*
¡Oh! Si uno pudiera saber con anticipación
el fin del asunto de este día!
¡Pero basta saber que tendrán término,
y entonces conoceremos el resultado!
¡Ea! ¡Venid! ¡Marchemos!

– WILLIAM SHAKESPEARE (JULIUS CAESAR)

"Me encuentro preguntando toda clase de cosas locas, como: '¿Por qué?' Pero luego me doy cuenta de que necesitaba un descanso".

CAPÍTULO 4

La Mentalidad de Estar en El Asiento Trasero, o el Meterse Bajo Tierra

Aunque no fuera más, este libro te va a dar el sentido más directo, franco, provocativo y honesto de mi devoción. No quiero que esto parezca presumido. Sólo quiero compartir mi historia tan honestamente como pueda. Yo amaba la devoción, me intoxicaba. Y con el fallecimiento de J-R, ahora me encuentro reflexionando sobre mi propia vida.

Una de las tomas de conciencia que tuve hoy fue el recuerdo de mi padrastro pegándole a mi madre. Cuando yo era niño, mi padrastro le pegaba incansablemente a mi madre. Yo intentaba intervenir, pero sin mucha suerte ya que él era grande y muy fuerte y yo era un niño pequeño y flaquito. Muchas veces esto ocurría dentro del auto y luego de un intento inútil para hacer que se detuviera, yo me arrastraba hasta el fondo del piso del asiento trasero. Allí me acobardaba, indefenso, esperando a que todo terminara. Tengo ese sentimiento de inutilidad y desolación hoy, a más de 50 años de edad.

Cuando me acordé de estos episodios, me apareció la comprensión del momento en que las personas se disgustan conmigo. En cuanto yo siento que hay algún tipo de confrontación, simplemente quiero desmoronarme y meterme bajo tierra. O en mi caso, en el piso del auto. Es como un lugar de protección para las personas que viajan en el asiento trasero.

Estoy familiarizado con la mentalidad del asiento trasero, de meterse en un agujero. En cuanto estoy en una situación donde escucho algún tipo de discusión o que alguien está pegando o gritando, tiendo a querer esconderme. Cuando estoy en alguna reunión donde hay conflictos, tiendo a tensionarme y prepararme para lo peor. De lo que estoy consciente es cómo J-R hacía que me expandiera, poniéndome en posiciones de líder para que yo aprendiera a ser más fuerte. Había una parte mía que quería desmoronarse y J-R me animaba a que me mantuviera fuerte. Arriesgarme a salir de mi zona de comodidad y pedir lo que quería, tal como solicitar roles en una película, también fue parte de ello. Siempre estaba yendo a las audiciones para hacerme más fuerte. Él me empujaba para que yo me mantuviera fuerte en mi integridad sin lastimarme a mí mismo ni a otros. Cómo cuidar de mí mismo en vez de estar en contra.

Necesito perdonarme con respecto a mis desmoronamientos. J-R siempre decía que somos responsables por lo que sucede en nuestra vida. Yo lo permitía, lo promovía o lo creaba.

En las escuelas laicas, la perspectiva se enfoca más en el mundo físico/material. En el reino de la psicología espiritual, como en la Universidad de Santa Mónica, trabajan fuertemente en que uno entienda su intención, su responsabilidad y su aceptación de cualquier problema. Realmente me gusta esto porque "le enseña al hombre a pescar", en vez de darle el pescado al hombre. Construye fortaleza e independencia. Creo que es importante que existan escuelas como ésta; le enseñan a las personas a que piensen por sí mismas y no a culpar a otros. Ésa es la clave.

"Las cosas bien hechas y con cuidado, se eximen del miedo".

– WILLIAM SHAKESPEARE *(ENRIQUE VIII)*

"Todo esto es fantástico, pero en un nivel personal, realmente extraño a John-Roger. A pesar de su fragilidad y de su edad, aun así yo estaba tan apegado a que estuviera aquí con nosotros; conmigo".

CAPÍTULO 5

Algunos pensamientos post J-R

Desde la partida de J-R, en los días y las semanas recientes, mis experiencias en los reinos interiores han sido asombrosas. Mayormente aparecen en los sueños. Con toda la devoción, con todas las enseñanzas que me dio John-Roger, realmente sobresalí en abrirme a las experiencias interiores. Jugué muy bien el rol de estudiante. Me gustaba mucho.

Así que me estoy dando cuenta de esto y sé que estoy entrando en mis competencias de las maneras en que J-R me enseñó. Y lo que es realmente claro es cuánto me amo a mí mismo y a otros y cuán dramáticamente ha cambiado todo para mí desde su muerte.

Por supuesto, las cosas no cambiaron sólo para mí. Luego de la partida de J-R hubo un cambio definitivo en mi universo. J-R dispuso todo para que hubiera un sucesor que se hiciera cargo de las partes claves de su trabajo aquí en este nivel y entrenó muy bien a ese sucesor. Ése es John Morton. Sin embargo, la presencia de John-Roger y lo que yo experimenté en él como la conciencia del Preceptor, no están; esa energía, que era tan predominante en el planeta, no está aquí. Puedes sentir su ausencia; digo, yo la puedo sentir. Bien, si conoces el trabajo de Carl Jung sobre el inconsciente colectivo, sabes que estamos todos conectados. Entonces esto significaría que en el espíritu J-R está conectado con nosotros ahora mismo y por lo tanto no estamos separados. La separación es una ilusión.

Todo esto es fantástico, pero en un nivel personal, realmente extraño a John-Roger. A pesar de su fragilidad y de su edad, aun así yo estaba tan apegado a que estuviera aquí con nosotros; conmigo. He hablado con otros que no estaban físicamente tan cerca a J-R y su perspectiva es que después que partió J-R, ellos todavía estaban conectados a él. Entonces, claramente es mi propio proceso de pérdida y todos tienen una conexión con John-Roger y John Morton.

Con frecuencia John-Roger nos decía que Jesús era su jefe. En la línea espiritual de sucesión que nosotros seguimos, Jesús y J-R son los jefes de John. Siento que estamos en buenas manos. Yo reconozco a John Morton como el Viajero presente anclando la energía del Viajero aquí en la Tierra. Es una época asombrosa.

Y también, el estar enamorado de mi novia, Nicole, es como un regalo de J-R. Yo la amo profundamente. Sin embargo, en última instancia, lo que me enseñó J-R es que se trata realmente de amarme a mí mismo. Así que aún estoy trabajando en amarme a mí mismo. Mientras tanto, amo a Nicole y amo y extraño a J-R.

En realidad, creo que hay algo cósmicamente gracioso en todo esto. Como J-R siempre decía: "Si vas a reírte de algo más tarde, ríete ahora". Por lo tanto, me estoy riendo.

*"No hay nada bueno o malo,
sólo el pensamiento lo hace así".*

– William Shakespeare (Hamlet)

"J-R compartió cuentos sin fin sobre su niñez y su familia. A través de estos cuentos, se hace evidente que su papá y su mamá fueron sus maestros principales".

CAPÍTULO 6

Una Breve Historia de J-R

La mayor parte de lo que voy a relatar aquí no tiene importancia en el gran contexto. J-R casi nunca hablaba de estas cosas. Pero me imagino que les gustaría un poco de contexto ya que hablo tanto de él. Aquí lo tienen.

J-R se llamaba Roger Delano Hinkins y nació el 24 de septiembre de 1934 durante la Gran Depresión en los EE.UU. Fue criado en Utah y fue considerado parte de la "generación silenciosa". Esa generación consistió en unos 50 millones de personas que nacieron entre 1925 y 1945. Experimentaron inestabilidad económica y también son los que lucharon en la Segunda Guerra Mundial y en Corea.

Su familia no tenía demasiado dinero pero siempre hubo una abundancia de amor. Como el dinero escaseaba en esos primeros años, una Navidad los niños de la familia Hinkins (dos varones y tres mujeres) encontraron sólo terrones de carbón en sus medias de Navidad. Pero luego de dejar que Roger y sus hermanos se quedaran inquietos un rato, su papá les dijo que iba a salir y les pidió a los chicos que le trajeran sus zapatos. Y cuando fueron a buscarle los zapatos al papá, allí estaban sus regalos de Navidad.

J-R compartió cuentos sin fin sobre su niñez y su familia. A través de estos cuentos, se hace evidente que su papá y su mamá fueron sus maestros principales y la fuente de muchas de sus enseñanzas posteriores.

J-R contó que en 1957 el Espíritu le pidió que aceptara el manto del Viajero. Como él lo cuenta, le respondió que no. Más o menos en ese tiempo, su hermano sufrió un accidente en una mina de carbón donde fue herido gravemente, dejando una gran parte de su cara quemada. J-R dejó su trabajo y tomó otro trabajo en el hospital donde estaba su hermano para poder estar allí con él.

Luego, durante los años siguientes sucedieron unos poderosos eventos personales que le cambiaron la vida. J-R no hablaba de ellos en detalle, pero en algunos seminarios contó que eventualmente el Espíritu le pidió que llevara a dos almas de vuelta al hogar en el Reino del Alma y él accedió. Dijo que estas dos almas fueron su madre y su padre.

J-R también compartió conmigo con respecto a algo que sucedió durante ese período. Me contó que hubo una joven mujer a quien amó y tuvieron un hijo llamado Scott. Los dos murieron en un accidente de auto. Debo decir que hay veces en que escuchas algo y piensas: "Eso es interesante". Otras veces, escuchas algo y simplemente sabes que es verdad, de una manera u otra. Esta última historia fue así. Cuando J-R y yo estábamos escribiendo juntos el guion de *El guía espiritual*, incluimos ese incidente en la película, pero fue una escena muy breve y creo que muchas personas no la captaron. No estoy contando esto aquí para convencer a nadie. Pueden creerlo o no. Estas son cosas que J-R compartió conmigo sobre lo que había sucedido en su vida. No era información para mi mente; fue lo que experimenté cuando estaba hablando con él.

Considerando sus enseñanzas, es evidente que J-R estaba muy firmemente basado en las realidades y en los temas prácticos del mundo físico. Él sabía que para prosperar espiritualmente, uno tenía que ocuparse de sus responsabilidades del nivel físico. Él solía decir que la vida no es gratis y que es necesario tener un trabajo si uno quiere quedarse aquí. Cuando uno salía a comer con J-R, podía ver que su crianza en la época de la Gran Depresión se reflejaba en sus elecciones de comida. Sus gustos eran muy modestos, comía de manera muy sencilla.

Hablando de comer, J-R me contó la historia de un gurú que comía mucho. Cuando los espectadores lo juzgaban, el gurú explicó que ésa era su manera de comer el karma de sus estudiantes. J-R me dijo que él había hecho lo mismo. A veces ir al baño era una manera para despejarse. Pero esencialmente, J-R era una esponja. Eso es lo que hace el Amor.

Él se llevó mucho karma de las personas a nuestro alrededor. Eso hacía J-R; si alguien tenía cáncer, si era permitido, él se lo llevaba. Si alguien estaba pasando por una difícil separación y a él se lo permitían, él se lo llevaba. Si alguien estaba incumpliendo en algún área, él se lo llevaba. No creo que fuera fácil, pero como J-R no estaba apegado al mundo material, esto podía pasar directamente a través suyo. Aun así, yo creo que tiene que haber afectado su cuerpo de alguna forma.

Ver a J-R en su rol del Viajero Místico era siempre asombroso. Pero una de las cosas que siempre me fascinaban cuando yo estaba trabajando en *El Viajero Místico*, el documental sobre su vida, era preguntarme cómo era J-R antes de recibir las llaves espirituales que cambiaron su vida radicalmente. Yo sé que él se crió en Utah y que su papá trabajaba en las minas de carbón hasta que subió de categoría y llegó a ser gerente. También sé que J-R había llegado a ser gerente de una tienda Cornet y fue a la Universidad en Utah. Por un tiempo trabajó en una prisión de la zona, luego se mudó a California donde fue un surfista muy dedicado. Vivió en San Francisco y en algún momento trabajó de investigador de seguros; luego se mudó a Los Ángeles donde enseñó en un colegio. Pero fuera de su familia, muy pocas personas realmente conocen la vida personal de J-R, y no estoy seguro de qué tanto aún ellos sepan luego de que él se fuera de Utah. (Nota: si quisieras saber más de la historia personal de J-R, lo más comunicativo que fue acerca de su vida fue cuando escribimos juntos la película *El Viajero Místico*. La película está llena de anécdotas muy sutiles y no tan sutiles sobre la vida de J-R. Podrías ver cuantas puedes captar).

En uno de los viajes anuales del MSIA a San Francisco, Nathaniel, Zoe (Golightly) Lumiere, Eddie Chow (un amigo del MSIA y residente del área) y yo, decidimos hacer un poco de investigación para el *Viajero Místico*. Como co-director con J-R, quería tener un sentido del medio ambiente en el que se había movido J-R durante ese período de su vida. Así que nos lanzamos bajo la lluvia para ver si podíamos verificar algunas de las anécdotas que habíamos escuchado de J-R con respecto a su juventud antes de empezar su trabajo espiritual.

Sabemos que alrededor de los 24 años, él fue investigador de fraude de seguros durante un tiempo mientras vivía en San Francisco. Por lo tanto fuimos a la dirección cerca del distrito *Tenderloin*, ya que J-R me había mencionado que él había vivido allí. Encontramos el lugar y al principio realmente nos impresionó el haberlo podido ubicar. Luego nos miramos y dijimos: "¿Y qué?" El hecho de reconstruir la vida mundana de J-R fue mi manera de ayudarme a entender lo que él habría experimentado tempranamente en su búsqueda de Dios y que era una parte indisoluble de su ADN.

Para darles una idea del lado vehemente de J-R, hay una anécdota que él relató en el libro *El guía espiritual* de cuando vivía en San Francisco:

> Algunos de los seres más grandes de este mundo han dicho cosas como: "Conócete a ti mismo" y "Sé fiel a tu propio ser".
>
> Como a los veinte años vi la siguiente máxima en la entrada de una escuela secundaria en San Francisco: "Sé fiel a tu propio ser". Recuerdo haber detenido mi auto y pensado: "¿Por qué habrían de poner algo tan ambiguo en la entrada de una escuela secundaria? ¿Por qué no poner algo así como: 'Salud, riqueza y

felicidad'?" Eso era universal, pues todos quieren estar sanos y ser ricos y felices. En cambio, "Sé fiel a tu propio ser" me parecía una pérdida tremenda de tiempo.

La deshonestidad te hace perder el derecho a la ayuda divina. Pero nunca me daba cuenta en qué estaba siendo deshonesto. Tenía muy claro que era imposible manejar el auto cuando se le acabara el combustible y que me pondrían una multa por no poder moverlo, pero pensaba: "¿Qué importa? Me van a multar de todas maneras, así que simplemente voy a estacionarlo aquí aunque aún tenga combustible. ¡Vamos, pónganle una multa y ya!". Me daba lo mismo a nivel mental, pero algo en mí no se cansaba de repetir: "¿A quién quieres engañar?"

Sabía que en dos años más me iría de la ciudad y del estado y que no sabrían adónde me había ido, por lo tanto, todas esas multas iban a ser una cortesía de la ciudad. Después de todo, fue un buen trato. Creo haber estacionado donde quise en la ciudad de San Francisco durante aproximadamente dos años y medio, por un costo promedio de cincuenta centavos de dólar por día.

Recuerdo al Juez, un hombre imponente, quien me miró y exclamó:

—¿Qué crees que estás haciendo?

—Creí que me estaba saliendo con la mía —respondí.

El Juez me hizo preguntas durante un largo rato. Yo se las respondí, pero mi actitud dejaba mucho que desear. Era como si estuviese diciendo: "¿Qué puedes hacerme? ¿Matarme?", dentro de mí se oía: "No lo digas. ¡No abras la boca!"

El Juez preguntó:

—¿Te arrepientes de haber estacionado de esa manera?

—No. No me arrepiento de haber estacionado en esos lugares, pero no lo voy a volver a hacer —contesté.

—Bueno —continuó diciendo el Juez— ésa era mi siguiente pregunta. ¿Aprendiste algo?

—Claro que sí, respondí. No es nada divertido estar aquí, frente a usted y a este fiscal.

Me preguntó qué hacía yo en esa ciudad. Mirándolo a los ojos le conté todo con lujo de detalles. A continuación preguntó:
—¿Qué buscas?
—Me estoy buscando a mí mismo —respondí.
—¿Has ido a ver a un psiquiatra? —quiso saber.
—Sí —contesté.
—¿Y qué te dijo? —me preguntó.
—Me dijo que él tampoco podía encontrarlo.

El Juez me sugirió que le preguntara a un sacerdote. Le respondí que había ido a ver a varios. Le di los nombres de todas las personas que había consultado: los profesores, los psicólogos, el psiquiatra, los sacerdotes. El Juez preguntó:
—¿No te dio vergüenza?
—No fui a verlos pidiendo ayuda, como si yo estuviese enfermo. Estaba en una búsqueda. Estoy buscando a mi propio ser, a ese ser que se menciona en: "Sé fiel a tu propio ser".
—¡Buena suerte! —concluyó el Juez.
—De pronto, lo comprendí todo. No me había dicho: "Buena suerte"; lo que dijo fue: "¡A la suerte de Dios!"[2]

Algo dentro de mi comenzó a decirme: "Oye, bobito, presta atención", pero también pensé: "No pienso escuchar toda esta sandez". Estaba empezando a descubrir quién era el ser y cada vez que me acercaba un poco a lo que era, me asustaba. Pensaba: "¿Quieres decir que eso está en mí? ¡Vamos! Eso es más de lo que puedo soportar. No pienso… ¡No, no, no!"

Como un comentario aparte, encontrar esa escuela en San Francisco con la cita: "Sé fiel a tu propio ser" se volvió una parte de mi investigación para la película *Viajero Místico*. Estaba fascinado siguiéndole los pasos a J-R antes que recibiera las Llaves y muchos

---

[2] N. del T.: Juego de palabras en inglés: *Good luck* (Buena suerte) y *God luck* (A la suerte de Dios).

de sus seminarios me ayudaron también a conectar los puntos. Era importante armar esta película de la manera más rigurosa posible y me llevó tres años terminarla.

En los primeros tiempos, J-R utilizaba acrónimos graciosos para sus "Jefes de Arriba". Me han dicho que J-R decía cosas como: "El 'bus'(autobús) necesita 'gas' (combustible)". Aparentemente, el acrónimo "BUS" significaba "Los muchachos arriba" y "GAS" significaban "La sociedad de ángeles guardianes"[3].

Hay un millón de otras anécdotas sobre cuán intrépido era J-R en probar los límites y ser implacable consigo mismo en verificar cosas. Afortunadamente, la mayoría de estas anécdotas las puedes escuchar en las grabaciones de sus seminarios. La anécdota sobre las multas y el juez están en el paquete de audio que se llama "El Guía Espiritual", en el CD/mp3 *En búsqueda de mi verdadero ser*, así como en el libro del mismo nombre.

---

[3] N. del T. En inglés: BUS, acrónimo de "The Boys Upstairs" y GAS, acrónimo de "The Guardian Angel Society".

"Me acuerdo del Consejo Kármico. Yo era nada y me reuní con unos Ancianos. Me estaban contando algo con respecto a las antiguas escuelas de misterios adonde tendría que estudiar o donde ya estaba asistiendo. Me lo mostraron todo y yo acepté. También tenía que decidir si quería estar con un padre fuerte o un padre cariñoso. Yo elegí el padre fuerte; y creo que esto es lo que me preparó para trabajar con John-Roger".

CAPÍTULO 7

En El Comienzo (por Lo Menos para Mí)

Un recuerdo de antes de haber nacido:

Me acuerdo del Consejo Kármico. Yo era nada y me reuní con unos Ancianos. Me estaban contando algo con respecto a las antiguas escuelas de misterios adonde tendría que estudiar o donde ya estaba asistiendo. Me lo mostraron todo y yo acepté. También tenía que decidir si quería estar con un padre fuerte o un padre cariñoso. Yo elegí el padre fuerte y creo que esto es lo que me preparó para trabajar con John-Roger.

Y un recuerdo al nacer:

Me acuerdo estar en una fila con un grupo de otras almas arriba de unos pilares blancos como si estuviéramos en una cinta transportadora. Éramos luz blanca siendo formada en cientos de cuerpos humanos, esperando entrar a la tierra. Luego nací.

Estos dos recuerdos prepararon el camino para mi vida esta vez. Era como haberle dado un vistazo al guion de una película y luego comparar eso a lo que estaba viendo en la pantalla. De todos modos, aquí va un poquito acerca de mí y mi vida:

Nací con el nombre de Jesús García. Mi nombre de actor es Jsu García. Y eventualmente J-R me llamaría simplemente "Zeus" hasta que partió; a él le gustaban los nombres de una sílaba.

Vengo de un hogar de una familia separada, por lo que supongo que sobrecompensé al entrar en el Movimiento del Sendero Interno del Alma en donde me conecté con John-Roger. Me doy cuenta de que todos son mi familia y sé que soy amado. Sin embargo, el Movimiento lleva eso a un nivel diferente. Es una familia formidable.

Nací en Nueva York y me criaron en Newark, New Jersey. Viví junto al río, cerca de la cervecería Ballantine Beer. Me acuerdo, incluso cuando era muy pequeño, que sentía intuitivamente que algo siempre me estaba cuidando. No sentía peligro, solo que me estaban observando o que me estaban cuidando. Siempre me sentí protegido. Quizás fue así como crecí junto a prostitutas y ladrones y aprendí el amor.

Fue esta presencia, la que ha estado conmigo toda mi vida. El color violeta que vi cuando tenía 13 años se sentía como una respiración a mi lado. Cuando J-R habla del nivel etérico, es un poco así. Puede darte un poco de miedo, pero debo recordar que más allá de este está el Alma. Quizás estoy cerca. Está conmigo hoy. Estoy consciente del cuento sobre el hombre que ve las huellas de una sola persona en la arena y piensa que Dios lo ha abandonado, cuando realmente eran las huellas de Dios, cargándolo.

También sentía que la casa donde vivía tenía, lo que ahora llamaría, "criaturas astrales" que yo podía presentir en las habitaciones oscuras. Me imagino yo que era como cualquier niño, percibiendo todas estas cosas extrañas. Tenía miedo de cruzar la calle porque creía que había brujas. Muy del estilo de Harry Potter, antes de

En El Comienzo (por Lo Menos para Mí)

Harry Potter. Pero para mí era real, por lo menos en mi imaginación. Era muy vívido y muchas veces me daba miedo.

Todo parecía estar en blanco y negro para mí en Nueva Jersey a fines de la década de los 60. Parte de lo que lo hacía así fue mi relación con el hombre que iba a convertirse en mi padrastro. Llamémoslo Jorge, que no es su verdadero nombre. En ese tiempo, él cumplía el rol de padre sustituto y estaba casado con mi madre. Él era muy bueno conmigo pero tenía unos malos hábitos, entre los cuales serle infiel a mi madre y también pegarle, muy fuerte. Me crié en ese ambiente y era terrible. Yo estaba muy enojado por esto.

Pero al mismo tiempo, yo quería a ese hombre. Para mí, él era mi padre. Pero, ¿cómo podía tratar tan mal a mi mamá? Una vez él y mi mamá tuvieron una gran pelea en el medio de la calle y yo estuve involucrado porque cada uno me tironeaba en distinta dirección. Finalmente Jorge me miró y me exigió: "¿Te irás conmigo o con ella?". ¿Cómo se supone que un niño pueda hacer una elección así? Pero lo tuve que hacer y elegí a mi madre. Esto fue muy doloroso, hasta que me di cuenta de que fue para mi mayor bien, para que yo pudiera conocer a J-R y trabajar con él.

Esa situación fue un punto de referencia para el resto de mi vida. Tenía que ser cuidadoso y responsable cuando me encontrara en una posición de tener que elegir. Lo odio. Sin embargo, ahora veo que hay alguien/algo dentro de mí que sabe más. Reconozco y amo esa parte. Me llevó a John-Roger. Gracias a Dios.

Aun así, cuando pienso en ese momento, me parece horrible que un niño tuviera que pasar por esa situación. Más adelante le conté a mi mamá que me sentía culpable por haber rechazado a Jorge, pero haberme ido con ella fue la mejor decisión de mi vida porque aquello me condujo finalmente a mi vida espiritual. A veces pienso que si me hubiera ido con Jorge, esa elección me hubiera llevado a la cárcel.

El Amor de un Maestro

Mucho más adelante le dije a mi madre que no tenía que ver a un psiquiatra para resolver esto porque cuando estaba con John-Roger, hablar con él durante un día era como un año de psicoterapia.

De todos modos, yo elegí y busqué el amor. O por lo menos, busqué lo que ahora creo que J-R hubiera querido que yo tuviera en esta vida. Y creo que un poder superior (lo que J-R llamaba "los muchachos de arriba") hizo que eso sucediera. Creo que esos poderosos me ayudaron a elegir a mi mamá en vez de a Jorge; me llevó a John-Roger y al trabajo espiritual en el cual estoy tan agradecido de estar involucrado.

El hecho es que yo soy un bastardo. Yo sé que mis amigos se están riendo y están totalmente de acuerdo con esto, pero lo que yo quiero afirmar es que mi madre y mi padre biológico no estaban casados. La gente me decía que yo era un bastardo y yo respondía que era cierto. No agregaba que estaba en muy buena compañía, considerando que Alexander Hamilton, Leonardo da Vinci, Oprah Winfrey, Confucius, Steve Jobs y T.E. Lawrence (podría seguir) también son hijos extramatrimoniales.

Cuando era niño, pensaba que Jorge era mi padre porque eso fue lo que me dijeron. Pero me mintieron. O quizás pensaron que me estaban protegiendo. No lo sé. Sin embargo, cuando cumplí dieciséis años, descubrí quién era mi verdadero padre, así que supe que Jorge no era mi padre biológico. En ese momento fue un gran shock, pero me recuperé bastante rápido.

Cuando era pequeño mi madre muchas veces estaba fuera de casa trabajando o haciendo otras cosas, por lo tanto era bastante normal que me dejaran en casa de otras personas. Cuando nos mudamos a Florida, uno de mis lugares favoritos era la casa de mi tía en Orlando. Mi tía era una hermosa mujer y yo la amaba. Me acuerdo de estar jugando con mi tren y mi pista eléctrica de autos de carreras, cuando tenía ocho o nueve años, y por la tarde comía naranjas. Me encantaba subir a los naranjos durante las tardes calurosas de Florida y chupar las naranjas.

En El Comienzo (por Lo Menos para Mí)

También me acuerdo de caminar quizás una milla y media (casi un kilómetro y medio) a la escuela todos los días y ver un grupo de arañas colgadas en sus telarañas al costado del camino. Y no eran arañas pequeñas, eran arañas gigantes. Me imagino que muchas personas se hubieran espantado, pero en realidad son muy comunes esas arañas en Orlando. Eran parte de mi vida cotidiana.

Tengo muchos recuerdos de las veces que me quedaba donde mi tía. Una noche, cuando estaba en una especie de sueño crepuscular, vi a un hombre en un traje blanco. Era un tanto angelical, no sentí nada negativo en él. Simplemente apareció en mi habitación por un rato y yo no tuve miedo. No dije nada sobre lo que había visto, pero al día siguiente mi tía me contó que ella podía ver a la persona que había vivido (y fallecido) en esa casa. Cuando dijo eso, le conté lo que había visto y ella dijo que ése había sido él. Asumimos que el hombre en el traje blanco era el fantasma de esa persona, pero de hecho, la tía y yo estábamos canalizando algo que más tarde aparecería en mi vida.

No puedo decir que tuve una infancia normal. Algunos de los sucesos en mi joven vida fueron bastante raros. Por ejemplo, mi abuelo, quien se había divorciado de mi abuela y se había mudado a Los Ángeles, trabajaba para la refinería San Pedro y, para ganar algo extra, tenía como hobby ser corredor de apuestas clandestinas. Me acuerdo ver al abuelo juntando dinero y pedazos de papel en una peluquería cuando yo era un adolescente. Eventualmente, pude entender y atar cabos.

Mi abuela también siempre jugaba a la lotería, como muchos de los vecinos. Mi abuela y su marido vivían en la sección Little Havana de Miami. Allí me crié cuando no estaba en Orlando.

Algunas personas soñaban con números y los jugaban, y otros tenían supersticiones con respecto a los números. Otros jugaban los mismos números una y otra vez. No importaba cuántas veces no salía su número, igualmente pensaban que algún día iba a ser el número ganador. ¿Les suena familiar?

Cuando yo era niño, la gente en mi medio ambiente tenía muchas otras ideas raras. Por supuesto, todos creíamos en el Cristo y rezábamos. Y también había santos. Dios mío, había toneladas de santos y eso era muy confuso. Estaba Lázaro con el perro y las heridas. Estaba María, y también me acuerdo de Isabel, la mamá de Juan el Bautista. Sus imágenes estaban colgadas en todas las paredes de nuestra casa y también en las de nuestros vecinos.

Siempre estaba colgada la imagen típica de Jesucristo: un hombre blanco con ojos azules. Al estar con amigos latinos, escuché a algunos preguntar: ¿Por qué Jesús no es latino? O, ¿por qué Jesús no es negro? A los norteamericanos y europeos no les gusta reconocer que él realmente venía del Medio Oriente; la Biblia dice que era un galileo hebreo israelita, por lo tanto los eruditos creen que tendría tez cetrina oscura de apariencia semítica.

Entonces, es improbable que esa imagen con ojos azules y cabello castaño claro, se pareciera a Jesús. La versión de la Biblia del Rey Jaime dice: "Su cabeza y su cabello eran blancos como el algodón, blancos como la nieve y sus ojos eran una llama de fuego"; entonces quizás tenía una permanente o un peinado afro blanco. O podría haber sido un muchacho totalmente norteamericano. (En fin, no lo creo.)

Cuando era pequeño, fui a una iglesia pentecostal en Orlando. En la escuela dominical, el cura o ministro gritaba: "¡¿Sientes el Cristo que entra en tu corazón?!". Él gritaba y toda la gente a mi alrededor gritaba: "¡Sí! ¡Sí! ¡Sí!". Lloraban y parecían sentirlo auténticamente. Pero yo me sentía excluido. Pensaba: "Un momento, ¿por qué Jesús no puede estar dentro de mí?" Quería sentirme amado y aceptado así que dije que sí, aunque yo no sintiera a Jesús en mi corazón. Ahora sí siento a Jesús en mi corazón. Aún más que eso. Yo sé que el Cristo es J-R y tengo la experiencia del tremendo amor y consuelo de J-R/Cristo y estoy incluyendo a Jesús ahí también. Esta experiencia es lo que yo buscaba cuando era más joven, sólo que no lo sabía.

En El Comienzo (por Lo Menos para Mí)

No me ayudaba el haber estado en una relación obsesiva, confusa e interesante con Jesucristo por un buen tiempo. Mi nombre de pila era Jesús. Me pegaban en la escuela y me intimidaban a causa de mi nombre. Los niños de la escuela me perseguían y cantaban la letra de "Jesucristo Superstar", que era popular en ese momento: "Jesucristo Superstar, eres quien dicen en realidad..".. Mirando para atrás, me doy cuenta que quizás solo me estaban tomando el pelo en forma graciosa y yo estaba siendo hipersensible. Creo que todo lo que estaba sucediendo en mi vida realmente era una preparación para llegar a ser más fuerte, más resistente y aun así, más vulnerable. Y J-R tenía razón: me daba mucha fortaleza conectarme con mi propia vulnerabilidad.

Otra ciudad donde crecí fue Los Ángeles (nos mudábamos mucho). Me acuerdo que cuando era niño caminaba en L.A. con el abuelo adonde un peluquero para que me cortara el cabello. Había un sillón de cuero, como los sillones duros de dentista con un apoya-pies, con el que siempre me golpeaba el tendón de Aquiles. Mi cuello y mi cabeza jamás se sentían cómodos cuando me sentaba en ese sillón de peluquería. Me acuerdo que el peluquero era semejante al personaje Sweeney Todd, el demonio de la calle Fleet, con su navaja de afeitar y cuero, cuando afilaba y calentaba la cuchilla. Y recuerdo que me ponía en la cara crema de afeitar calentita y espumosa.

Por supuesto que en ese tiempo yo no tenía barba, pero usaban la navaja en los niños para que quedara en una línea recta cuando cortaban el cabello en la nuca. Al finalizar, me ponían talco con un cepillo grande y muy suave, para quitar de la nuca y los hombros el cabello restante. Eso sí que era genial. Hoy en día, a pesar de esos sillones incómodos, me encantan las peluquerías antiguas donde los ventiladores de techo soplan el cabello cortado y el poste a rayas de barbero girando afuera.

Otra persona que me causó una gran impresión y tuvo influencia en mi vida fue una señora que enseñaba cuentos sobre Jesús leídos de la Biblia, cuando mi madre y yo recién llegamos a Los Ángeles. ¡Yo la amaba! Ella reunía a los niños a su alrededor en el callejón detrás de nuestro departamento cerca de la calle Temple y nos contaba los cuentos de Jesús. Era un retroceso a los tiempos antes de la historia escrita. No había libros, sólo cuentos contados por ella. Era tan real: yo estaba allí con Jesucristo, pero en los callejones de L.A. Cuando le pregunté a J-R quien era ella espiritualmente, me dijo: "Era tu ángel".

Poco después de esa experiencia con ella yo empecé a ver más a menudo la luz violeta. Me acuerdo que esto fue más o menos al mismo tiempo que falleció Bruce Lee, en el verano de 1973.

Ese es un vistazo a mi niñez; algunas de las cosas que sobresalen y algunas de las que influyeron en quien me convertí. Luego, después de cumplir los 20 años, las cosas empezaron a cambiar.

"Pero Jesús dijo: dejad a los niños venir a mí y no se lo impidáis; porque de los tales es el reino de los cielos".

– Versión de la Biblia del Rey Jaime, Mateo 19:14

*"Si me daba mucha hambre, saqueaba el Centro Vedanta
y robaba fresas de los jardines.
A veces hasta dormía en el Templo Ramakrishna".*

CAPÍTULO 8

Llegando al Viajero

Los eventos que me iban a llevar a conocer a John-Roger empezaron en 1980, en la casa de Leigh Taylor-Young, durante una reunión de MSIA o de Insight para adolescentes. Los Seminarios Insight son una organización de crecimiento personal fundada por John-Roger, que se desarrolló como un seminario fenomenal para adultos y adolescentes. Yo era un adolescente casi ya en mi mayoría de edad, con mucho miedo al amor poderoso que había dentro del salón. Yo buscaba el amor y realmente no sabía cómo encontrarlo. Necesitaba un sentido de pertenencia, quería pertenecer a algo. Pero no sabía cómo dejar entrar al amor. En ese salón era todo muy intenso, esos jóvenes se expresaban con valentía y estaban tan abiertos y vulnerables. El salón era luz brillante. Yo soñaba con ser así, pero aparentemente tenía que pasar por otras experiencias antes de poder abrirme a un amor genuino.

Cuando entré a la casa, en el vestíbulo había una foto de un hombre en un traje blanco que se veía muy angelical. Me quedé frío porque era el mismo hombre a quien yo había visto tantos años atrás en la casa de mi tía en Florida. Me voló la cabeza. Pero aún no sabía quién era este hombre.

Ahora sé que lo que vi en la casa de mi tía era la forma radiante del Viajero. Pero de todos modos, antes de que pudiera preguntarle a alguien sobre la foto, el evento había comenzado. Muchos adolescentes compartían situaciones que eran bastante personales y profundas. Yo no podía manejar la energía. Estaba involucrado en mis propios problemas y no los podía compartir frente a un grupo de extraños. Yo creía que estaba equivocado teniendo el tipo de problemas que tenía. Era muy sensible con respecto a estas cosas y cómo me sentía a raíz de ellas y simplemente me guardaba estos sentimientos. En vez de empezar el camino de crecimiento personal, elegí las drogas para manejar ese dolor. Pero también empecé con mi sueño de ser actor y a explorar cómo podría cumplirlo.

Yo siempre había sabido, aún de niño, que quería ser actor. Más que eso, quería ser una estrella. Empecé a encontrar maneras de conocer gente que conocía a otra gente en el negocio. Empecé a experimentar la vida loca que tendía a suceder alrededor de la farándula. Existe una gran diferencia entre el arte de actuar y la industria del espectáculo. La farándula y perseguir la fama duelen. John Lennon escribió una canción llamada *"Fama"* cantada por David Bowie, escucha esa canción y entenderás lo que quiero decir. Hubo veces en que me dejé atrapar por la fama.

Cuando tenía alrededor de 16 años, me volví independiente y tenía que sobrevivir. Para hacer dinero me convertí en una especie de pseudo-carpintero. Como mucho, sabía cómo levantar una pared de tablas de yeso.

Vivía en el sótano de una mansión en las colinas de Hollywood, junto con un grupo de criaturas sin identificar que escuchaba moverse en la oscuridad. La verdad sea dicha, yo no quería saber qué eran.

El dueño de la casa era un tipo llamado Dr. Julian. Sus padres vivían arriba y eran muy buenos conmigo. Entendían que era un actor hambriento y me daban de comer. El viejo abuelo me enviaba sándwiches de mantequilla de maní y mermelada. Nunca me olvidaré la bondad de ese viejito.

Dr. Julian era un hombre formidable. Eventualmente arregló para que su amigo Michael Bell me tomara bajo su ala y fuera mi mentor hasta que cumpliera los 18 años. Michael es un fantástico actor de doblaje y de cine y él me dio la oportunidad de entrar en el mundo de la actuación, con dignidad.

A la vuelta de la esquina de la casa del Dr. Julián estaba el Centro Vedanta y Templo Hindú. Yo no tenía mucho dinero... Bueno, en realidad estaba en la pobreza marginal y sin casa. Vivía en un sótano. Si me daba mucha hambre, saqueaba el Centro Vedanta y robaba fresas de los jardines. A veces hasta dormía en el Templo Ramakrishna.

No tenía idea de lo que se trataba este grupo espiritual hasta que más tarde J-R compartió conmigo acerca de ellos. Sea cómo sea, yo me dormía en el Templo pidiéndole a Dios que me ayudara, que por favor me salvara.

J-R me confirmó que había sido una bendición el haber estado conectado a ellos. Realmente aprecio el Centro Vedanta por todo lo que me dio; cuando gané dinero a través de mi carrera de actor, doné bastante dinero al Centro Vedanta como una especie de devolución por sus benditas fresas. Y quiero agradecer a Ramakrishna por el cuidado que encontré a través de su organización cuando era más joven y también al Dr. Julian, por su amabilidad.

Una vez le pedí a J-R que viniera conmigo en el auto para ver el Centro Vedanta y él fue y bendecimos el área. Incluso hoy en día yo bendigo y oro por el Dr. Julián y el Centro Vedanta. Sin embargo, en esos días mi vida como actor no era muy glamurosa.

Eventualmente encontré al agente apropiado quien me colocó más firmemente en la dirección correcta. Empecé a ir a clases de actuación y empecé a estudiar en serio. En ese tiempo estaba enfocado en el mundo y en las cosas materiales y siempre me sentía vacío, especialmente cuando trataba de escapar a través de actividades mundanas. Muchas veces simplemente sentía un vacío interior y no sabía cómo llenarlo.

Por lo tanto, como muchos otros, continué buscándolo en el mundo a través de la fama y las drogas. Proporcionaban un alivio temporal, como mucho. Luego empezaron a llamarme para distintos roles en películas y pensé que iba a ser lo más grandioso porque sería el cumplimiento de algo que me había empeñado en conseguir. No resultó cierto. En el medio de lograr lo que pensaba que quería, me di cuenta de que me estaba preguntando si esto era lo único que había. Pensé y esperé que hubiera más en la vida que eso.

Al seguir persiguiendo mis objetivos, igualmente me sentía frustrado. Tenía, o estaba bien en el camino de tener, todas las cosas que significan el éxito en una carrera de actor y la realidad de lo que eso era no se igualaba con mi creencia de lo que iba a ser.

Por ejemplo, yo estaba haciendo películas siendo más joven que James Dean cuando él empezó a ser famoso. Realmente pensé que iba a ser otro James Dean. Más tarde, después de lograr muchos papeles y haber aparecido en roles significativos en algunas películas muy exitosas, me di cuenta de que era suficientemente bueno para alcanzar o incluso llegar más lejos que James Dean. Aún así no alcanzaba todavía a llenar el agujero dentro de mí. Todavía era bastante joven y tenía mis héroes. Quería ser ellos. Luego me di cuenta de que yo *era* ellos pero simplemente a mi propia manera. Finalmente tomé conciencia de que había logrado mucho más, a una joven edad, que lo que habían logrado muchos otros actores e igualmente esto no me hacía feliz.

Y lo que es peor, cuando lograba un objetivo me deprimía porque no sabía qué iba a hacer para lograr algo más importante aún. Entonces hice lo único que se me ocurrió, que era ponerme objetivos aún más altos. Quería estar en la Guía de TV y quería estar en cada una de las revistas para adolescentes como Scott Baio, un actor que yo admiraba en ese tiempo. Y lo logré. Pero aun así faltaba algo. No importaba qué objetivo me fijara y luego lograra, nunca satisfacía esa hambre y ese vacío.

Eventualmente me detuve y miré con mucho detenimiento mi vida. Estaba en la cima de mi carrera. Tenía un muy buen agente, pero me estaba anestesiando a mí mismo y mi dolor con substancias. Y estaba muy triste. No tenía alma. Estaba buscando algo pero no sabía qué era.

En aquel entonces los Seminarios Insight todavía estaban en mi periferia. Lo que los hacía muy divertidos era la energía extraordinaria en el edificio central de Insight en Santa Mónica. Aunque yo realmente no entendía qué estaba sucediendo allí en esa época, me acuerdo que la energía estaba fuertísima, era eléctrica. Había una tienda donde se podían comprar seminarios de J-R en casetes, y libros y otros materiales de estudio de J-R. Había una clínica de salud, Baraka, donde podías acceder a tratamientos alternativos, desde ayuda quiropráctica hasta acupuntura y otras terapias energéticas. Podías estudiar Psicología Espiritual en la Universidad Koh-E-Nor, ahora llamada Universidad de Santa Mónica. Podías inscribirte para Insight o cruzarte con Tony Robbins y caminar sobre las brasas ardientes en el patio del fondo. ¡CARAY! Me inscribí. Tuve experiencias físicas alucinantes a través del poder de la mente sobre la materia.

Acuérdate del contexto: en ese tiempo estaba actuando y me iba muy bien. Ahora, estaba por volar.

Caminé sobre el fuego en el Hotel Sheraton Universal, donde más adelante asistiría a talleres con J-R durante décadas. En uno de los seminarios con Tony Robbins, caminé sobre las brasas ardientes cuatro veces, más veces de lo que se permitía en el seminario. Tony se molestó y al mismo tiempo, quedó impresionado. Yo quería más. Por supuesto, tan pronto dije en mi mente: "Caray, caminé sobre el fuego", me quemé. Tony nos daba un punto de presión para apretar y al día siguiente, no tenía ampollas. Él era asombroso y una parte esencial de mi vida.

Había personas a mi alrededor (conocidos, no amigos) que me decían que tenía que tomar uno de los seminarios Insight. Por un tiempo no les presté atención, pero eventualmente tomé el Insight I. Mientras me estaba anotando para el Insight I y II, vi un grupo de personas y allí en el medio estaba John-Roger caminando hacia la salida con su séquito. Pensé: "¡Caray, John-Roger!". Es como si hubiera visto a Elvis. Los Seminarios Insight fueron tan impactantes que dejé de drogarme. No mucho después de mi primer Insight, conocí y empecé a salir con una chica. Le dije que ella tenía que tomar Insight y lo hizo. A ella le gustó y las cosas entre nosotros iban bastante bien; luego tuve una recaída y volví a consumir.

Mi novia intentó mantenerme lejos de las drogas, pero era casi una batalla perdida. Aun así, finalmente me cansé de mi propio comportamiento y tomé Insight II, una experiencia más enfocada y aún más profunda que el Insight I. Fue el seminario más increíble que alguna vez haya tomado. Literalmente me cambió la vida.

A través de ese seminario me di cuenta (desde un lugar muy visceral) que lo que realmente estaba buscando era el amor. Quería saber qué era el amor. Siempre había pensado que el amor era lo que sucedía cuando caían los pantis. Pero empecé a darme cuenta que era mucho más que eso. Había escuchado a gente hablando del amor incondicional. ¿Qué era eso? El Insight II me dio una cierta idea de lo que era y quería más. Pero mi vida se dirigía a un nuevo camino cuando, al salir por la puerta después de mi graduación de Insight II, el tipo que había facilitado mi seminario me miró y me dijo: "Tú tienes que leer Disertaciones". Y lo escuché.

Luego de mi Insight II, quería conquistar el mundo. El seminario había abierto mi corazón y quería empezar a vivir los principios que había descubierto durante el seminario. Uno de ellos era vivir con integridad y cumplir con mi palabra.

Poco después de graduarme del Insight II, tuve la oportunidad de aparecer en una película de Steven Spielberg. Pero para hacer eso, habría tenido que romper con mi acuerdo de aparecer en una película menos prestigiosa que iba a filmarse en Sudamérica. A causa de lo que había aprendido en el seminario, elegí mantener mi compromiso original. Un amigo de Insight II, quien sabía que iba a estar fuera para la filmación de mi próxima película, me deseó éxitos y me dio una pila de libros espirituales para leer mientras estaba de viaje. El autor era este hombre John-Roger. Yo devoré esos libros durante la filmación en Colombia.

Antes de viajar a Sudamérica América, estaba mirando los libros y vi la foto del autor en la contratapa de uno de ellos. Era la misma foto que había visto en el estante de la casa donde había ido a la reunión de adolescentes varios años antes, el mismo hombre que había visto en la casa de mi tía hacía más de diez años. Y bien, sí que fue raro. No tenía idea que lo que había visto donde mi tía había sido la forma radiante del Maestro. Esta es la clase de cosa que sucede cuando el Maestro te elije. A pesar de mi ignorancia de lo que realmente estaba sucediendo, decidí que me iba a llevar los libros a la filmación.

Así que me fui para Colombia y me acuerdo haberle rogado a Dios que quería más amor, verdadero amor en mi vida. Estando en Colombia, en esos días cerca de la muy presente tentación de las drogas, nuevamente me dejé tentar y recaí. Pero también conocí a una chica y me enamoré. Yo tenía mucho dolor emocional en ese período y realmente no estaba muy claro emocionalmente. Quería experimentar el verdadero amor. Terminé casándome con ella seis meses después de que volvimos a los Estados Unidos.

Entretanto, había leído todos los libros espirituales que había llevado conmigo y de alguna manera erróneamente había decidido que si quería ser espiritual iba a tener que abandonar todo. Yo no estaba listo para eso. Por supuesto, más adelante me daría cuenta que no tenía que sacrificar todo, sólo tenía que encontrar la disciplina dentro de mi corazón para no tener que *estar apegado* a algo. Pero todavía no había llegado a esa comprensión.

Luego de mucha diversión en Colombia con mi prometida, mientras también leía los libros espirituales, decidí volver a casa y estudiar las disertaciones y realmente meterme en un camino más enfocado espiritualmente. La manera en que veía que lo podía hacer era seguir los consejos de mi facilitador de Insight II y empezar a leer las Disertaciones del Movimiento del Sendero del Alma, pequeños libros de las enseñanzas claves de John-Roger. Las Disertaciones eran, y aún lo son, los materiales primarios de aprendizaje del MSIA, la organización fundada por J-R y que yo llegaría a reconocer como una escuela de misterios.

De hecho, más adelante, cuando reflexionaba sobre mi sueño de antes de encarnar, empecé a darme cuenta que no era acerca de una escuela terrena que iba a encontrar en esta vida, y que de hecho, esta era la escuela para la cual me había estado preparando.

De acuerdo a las instrucciones que venían con las Disertaciones, leería una por mes. Cada una de ellas trataba de un principio, como el perdón, o sobre trabajar con una energía espiritual llamada la Luz o hasta de cosas mundanas, como la procrastinación o las relaciones.

Lo que no me di cuenta en ese tiempo era que las Disertaciones no solo daban información. J-R las había cargado de tal manera que en realidad conectaban al lector con la conciencia del Viajero Místico y la Corriente de Sonido, la energía espiritual que J-R anclaba y con la que trabajan las personas conectadas con el Movimiento (o la energía que trabaja con ellos). Leer las Disertaciones también es una preparación para la iniciación en la Corriente del Sonido para aquellos que eligen ese sendero. De alguna manera, cada Disertación se relacionaba con el desafío o la lección que yo tenía que manejar ese mes. Poco después de empezar a leer las Disertaciones, empecé a tener unas experiencias increíbles.

Una tenía que ver con la Disertación en sí. En la tapa de estos libritos en ese tiempo, había un dibujo de un hombre. Se veía viejo y sabio, exactamente como uno esperaría que fuera un maestro espiritual. Un día, ese hombre realmente se presentó en mis ejercicios espirituales (la forma de meditación del MSIA, cantando un sagrado nombre de Dios).

Otra experiencia que tuve es que verdaderamente vi a un Señor de uno de estos reinos no materiales. Esta muy poderosa presencia entró en mí y supe que estaba experimentando algo que no era de este mundo.

Otra fue la flor violeta en el centro de mi tercer ojo. Esta flor pulsaba y se movía y cambiaba de tamaño, de grande a pequeña. En un momento mientras leía las Disertaciones, me volvió el recuerdo de cuando había visto esta flor y el color por primera vez y comprendí que J-R, el Viajero, siempre me había estado cuidando. Nunca había estado solo. Este color violeta es la señal del Viajero y en ese tiempo, de John-Roger en particular. En los seminarios he escuchado a J-R hablar sobre seguir esta luz que es la luz que te atrae hacia la Corriente de Sonido. El Viajero es el guía hacia el Corazón de Dios y una de sus señales es la luz violeta.

En el medio de todo esto, descubrí que además de los libros y estas Disertaciones, había cintas en casete de este hombre John-Roger con sus conferencias dadas alrededor del mundo. (No eran tan antiguas como las cintas de 8 pistas, pero casi. Recuerda, ésos eran los días antes de los CD o MP3). Pedí una cantidad y me metí de lleno en estas enseñanzas. Estaba encantado con este hombre y con lo que hablaba.

No tardé mucho tiempo en darme cuenta que las cintas tendían a sacarme de mi cuerpo. Era como si yo estuviera tanto sentado en mi silla como también en otro lado. Era como estar en un estado un poco más meditativo. Claro que esto era bastante genial, pero también realmente quería entender lo que estaba escuchando en las cintas. Entonces me metía en mi auto, ponía un casete en el equipo de música y escuchaba mientras conducía durante horas. El estar en el auto me obligaba a estar despierto y enfocado mientras absorbía lo que decían las cintas. Realmente me estaba saturando con este conocimiento. Era como que estas cosas ya estaban en mi interior e igualmente tenía que despertar a ellas.

Para esta época mi novia y yo ya estábamos en los Estados Unidos y yo había decidido casarme con ella. El matrimonio me posaba desafíos y yo luchaba para que la relación siguiera. Uno de los desafíos era que ella había estado en una relación con un hombre que había empezado a practicar meditación intensamente cuando ellos ya eran pareja. Él se iba a meditar durante horas todos los días y ella esencialmente se sentía abandonada.

Yo la conocí antes de entrar en Disertaciones; entre las fiestas y las drogas, probablemente lo que ella menos se esperaba era que yo me involucrara con la espiritualidad. Sin embargo era algo que yo realmente deseaba. Entonces esto fue exactamente lo que pasó. Seguro que para ella fue un *déjà vu* y eso fue un problema. Ahí estaba yo, meditando dos horas por día, tal como su ex. Esto y que yo me fuera a todos los eventos crearía una separación entre nosotros.

Empecé a darme cuenta de que quizás tendría que sacrificar uno o el otro; mi búsqueda espiritual o mi mujer, no porque eso fuera lo que tenía que hacer para ser espiritual, sino porque yo no tenía la disciplina, un panorama más amplio o las herramientas para hacer las dos cosas. Como te puedes imaginar, estaba tan involucrado en lo material que esto no fue una elección fácil.

Más tarde aprendí una de las citas más importantes de J-R que me ayudó a entender: "La libertad que te doy a ti es la libertad que tomo para mí".

"Mi alma está en el cielo".

– WILLIAM SHAKESPEARE
(SUEÑO DE UNA NOCHE DE VERANO)

"Me di cuenta que necesitaba cambiar algunas cosas realmente básicas sobre cómo yo abordaba la vida. Decidí comprometerme con las enseñanzas espirituales al 100%. Fue entonces que tuve mi primer encuentro cara a cara con John Roger".

CAPÍTULO 9

Empieza el Entrenamiento

Al tratar de sostener la relación con mi esposa de ese tiempo, participé en una serie de talleres que las varias organizaciones fundadas por John-Roger estaban ofreciendo. En 1987 o 1988, fuimos juntos a ver a J-R dando un seminario en San Diego. Fue increíble porque fue allí que vi a J-R sobre un escenario y escuché en mi mente que era mi amigo. "Lo conozco". No tenía idea cómo supe eso... pero lo sabía.

Camino al escenario, J-R pasó al lado nuestro y se detuvo ante una pareja adelante de nosotros. Preguntó si planificaban tener niños porque, dijo, no hay ninguna razón para casarse si no van a tener hijos. Miré a mi señora y me acordé que le había dicho que yo no quería hijos. ¡Cielos! Me acuerdo de ir caminando con ella hacia el estacionamiento y de meterme en el auto. Al entrar a la autopista, al lado del auto iba un Lincoln marrón; John Morton conducía y John-Roger estaba en el asiento trasero, leyendo. Clavé la mirada y nunca solté la imagen. Soñé que un día yo sería ese conductor, especialmente para John-Roger.

Poco tiempo después, John-Roger y los Dres. Ron y Mary Hulnick ofrecieron un evento llamado El Taller de Relaciones, adaptado del libro de John-Roger: *Relaciones: Amor, Matrimonio y el Espíritu*. Lo facilitaban los Hulnick; había escuchado que eran fenomenales así que aproveché la oportunidad para tomarlo.

El taller fue fantástico. Se trataba del amor incondicional y de mejorar la relación consigo mismo. Pensé que eso era lo que necesitaba para salvar mi matrimonio. Había pensado que en el taller iba a aprender cómo "arreglar" a mi esposa. Lo que aprendí fue que se trataba de mí, no de ella. Si alguien tenía que cambiar, era yo. Ahí era donde se empezaba. Claro, era más fácil decirlo que hacerlo.

En el taller también aprendí que no tenía que depender de mi mujer ni asfixiarla, pero que podía apoyarla. Intenté animarla a que trabajara conmigo con las cosas que yo había aprendido, pero ésa no era su manera. Me di cuenta entonces que tenía que darle la libertad a ella de ser quien era y dejar que hiciera lo que tenía que hacer.

También me di cuenta de que necesitaba cambiar algunas cosas realmente básicas sobre cómo yo abordaba la vida. Decidí comprometerme con las enseñanzas espirituales al 100%. Fue entonces que tuve mi primer encuentro cara a cara con John Roger.

Una característica clave en estos eventos era que la gente podía hablar con los facilitadores, en frente del grupo, de sus problemas o sus preocupaciones. Podíamos aprender mucho sobre nuestras propias situaciones al escuchar cómo otros manejaban sus problemas. Pero compartir así con John-Roger era otro nivel muy diferente. Era como si él pudiera ver profundamente en los corazones de las personas que compartían.

Yo había madurado lo suficiente como para que mi resistencia a compartir mis asuntos personales en frente de un grupo ya no fuera tan fuerte como cuando era adolescente. Había participado en suficientes seminarios y clases de actuación para darme cuenta que este tipo de compartir era realmente beneficioso, tanto para la persona que compartía como para las personas que escuchaban. Por lo tanto cuando llegó el momento de compartir, estaba ansioso por tener mi compartir con J-R.

Yo estaba en primera fila y al caminar hacia el escenario, J-R se detuvo, se agachó y me preguntó mi nombre. Dije que era Jesús

García, y él dijo: "No, el Espíritu me dice otra cosa". Pensé un segundo y le dije mi nombre artístico: Nick Corri. J-R asintió y dijo: "Ése es".

Me iluminó pensar que de alguna manera había sido reconocido. Fue un reconocimiento diferente y experimenté a J-R verificando con el Espíritu, me conocía de allí. A través de mi ego, había considerado que me había reconocido por mis películas.

Luego J-R subió al escenario, y estaban eligiendo dos o tres personas para compartir con él. Yo levanté mi mano junto con otras 30 o 40 personas y me tomó por sorpresa cuando me señalaron.

Me puse de pie y J-R me miró, y como había sucedido en San Diego, en ese momento me di cuenta, desde un lugar muy profundo, que conocía a John-Roger desde hacía mucho tiempo. Es difícil de explicar, pero hay personas que conocemos a través de muchas vidas. Para mí, J-R era una de esas personas.

Una de las cosas que le pregunté a J-R ese día fue si podía hacer mi trabajo espiritual con él e igualmente ser actor. J-R dijo que sí. Y él me ha ayudado a través de los años a ser exitoso como actor y además a soltar mi necesidad de serlo.

Me acuerdo que me sentí como entre nubes por ese compartir con John-Roger. En algún nivel, yo sabía que había hecho algo más que conocer al hombre. Quizás no tenía el vocabulario, pero sabía que algo había sucedido ese día. Llegué a darme cuenta de que había conocido a un verdadero guerrero espiritual, el Viajero Místico.

Otra cosa que compartí ese día es que le dije a John-Roger que quería trabajar con él. En esos días él tenía un pequeño grupo de personas que trabajaban cerca de él, y yo quería ser uno de ellos. Le dije directamente que quería hacer lo que hacía John Morton: "Quiero ser como John Morton". Lo que realmente estaba diciendo era: "Quiero ser tu amigo y dedicarme a ti y a tu trabajo".

Me dijo que hablara con John. Entonces hice una cita para una entrevista con John. Más tarde esa noche, cuando la gente estaba saliendo del evento hacia el estacionamiento, vi lo que me pareció que eran J-R y John Morton en un Lincoln marrón. Saludé con la mano a la persona que iba del lado del acompañante; el auto se detuvo, bajó la ventanilla y J-R y yo nos miramos fijamente. Parecía como si no se acordara de mí, entonces me volví a presentar: "Soy Nick, el actor". Me dijo: "Sí, ya sé, te vimos en tu película *Gotcha*". No podía creer que me había reconocido de mis películas.

Definitivamente quería encontrar una manera de estar más cerca de J-R pero, ¿cómo? Entretanto, una buena amiga, Marla Ludwig, me dijo que la manera de llegar a J-R era empezar por hacer jardinería en su casa en Mandeville. Así que empecé haciendo trabajo como jardinero voluntario en la casa en el Cañón de Mandeville donde vivía J-R.

El día de mi cita con John, él se reunió conmigo afuera, al lado de la piscina en la parte de atrás. Me acuerdo que estaba vestido con pantalón corto y medias blancas hasta las rodillas. Era claro que era un atleta y yo sabía que muchas personas admiraban a John. Durante el tiempo que pasé con él, vi cómo inspiraba a las personas para que fueran detrás de lo que querían y para que se mantuvieran físicamente en forma.

La entrevista en sí fue realmente genial. Yo simplemente repetía: "Seguro", mientras él hablaba. Y todo el tiempo seguía pensando en vivir allí con el Jefe.

John todavía no había recibido las llaves de la Conciencia del Viajero Místico, y yo estaba ignorando su advertencia: trabajar con J-R no era glamuroso. Le di las gracias e insistí en que le dijera a J-R que yo quería trabajar con él. Yo iba todos los días hasta que un día mientras estaba arreglando unos tubos de PVC en la cancha de voleibol, J-R salió con dos paletas de helado en la mano y me ofreció una. Yo me quedé anonadado. No podía creer que estuviera allí parado junto a mí. La experiencia fue increíble. Estaba totalmente enganchado.

Yo amé su forma de ser. Había una profunda conexión que era desde el alma, y se sentía como si Dios estuviera mirando a su hijo.

"¿Están bien seguros de que nos hallamos despiertos?
Algo me dice que dormimos, que soñamos todavía".

– WILLIAM SHAKESPEARE
(SUEÑO DE UNA NOCHE DE VERANO)

"Curiosamente, John-Roger, quien está radicado en Los Ángeles, estaba dando unos seminarios y haciendo su trabajo espiritual en Nueva York al mismo tiempo que yo estaba allí. (¿Una coincidencia cósmica?) Pude enviarle una nota y lo invité a visitarme en la locación adonde estaba filmando. Me sorprendió enormemente cuando apareció con su asistente, realmente me asombró".

CAPÍTULO 10

Viajando con el Viajero

Un poco más adelante, me enteré sobre los viajes anuales que John-Roger había estado liderando al Medio Oriente y a la Tierra Santa. Con el nombre de PAT IV, eran como retiros/peregrinajes que duraban aproximadamente un mes. Las siglas PAT (*Peace Awareness Training*) en inglés, significan Entrenamientos de la Conciencia de Paz, y había una serie de tres (PAT I, PAT II y PAT III) que se hacían en forma de retiro durante 5 o 6 días. Tomar estos entrenamientos era un requerimiento para poder sentar las bases para el PAT IV. En total, hubo siete viajes del PAT IV entre 1984 y 1990.

En el viaje de ese año, unas 150 personas iban a volar a Aswan, Egipto, para luego embarcarse en un crucero por el Nilo, haciendo meditaciones, visitando templos y haciendo los procesos interactivos del PAT durante su estadía en el barco. También irían en un tour a través de la Tierra Prometida: Israel. Estaba incluido en la agenda explorar la vieja ciudad y una estadía en un Kibbutz llamado Nof Ginosar.

Yo tenía que ir. Pero yo no había participado en los entrenamientos PAT I a III, que eran requisito y que costaban varios cientos de dólares cada uno. En realidad, tampoco tenía los mil y pico de dólares que se requerían para reservar mi lugar en el PAT IV. No me importó. De alguna manera, yo iba a ir.

Cuando empecé a tener cada vez más profundas experiencias con J-R, comencé a hacer cambios en mi vida. Por un lado, había dejado todo para estar limpio y sobrio. Desafortunadamente, cuando estar limpio se vuelve un objetivo en la vida, empiezan a desaparecer los amigos para quienes estar drogado y volado es una parte integral de la vida. Cuando esto sucedió, vi que de alguna manera ellos me estaban autorizando en mi uso de la droga. No los estoy culpando, pero me hice responsable y rompí mi relación con las personas que todavía quedaban en ese grupo. Mi esposa me ayudó y nosotros avanzamos.

Por lo tanto me estaba manteniendo sobrio y viendo que mi carrera cambiaba un poco de rumbo. No diría que se estuviera cayendo. Había pasado a tener menor prioridad para mí, que mi alma y mi progreso espiritual. Cuidarme (relacionado con mi Ser) se volvió mi prioridad número uno. Estaba empezando a ver que lo que yo deseaba era al Espíritu. Todos esos años de no aprender con respecto a quién era, de dónde venía, de qué se trataba la vida, me habían distraído de mi verdadera pasión. Claro, estaba aprendiendo cómo pagar el alquiler, hacer dinero y ser un actor exitoso. Pero estaba tan metido en ser una estrella de cine que me olvidé de vivir la vida. Había frenado esa parte y me sentía muy presionado y no sabía por qué.

Estar casado al principio era muy hermoso, y luego apareció toda la culpa católica. Mi creencia era que yo tenía que ser exitoso en este matrimonio porque, después de todo, yo era católico y no había otra opción. Estaba atrapado en la falsa creencia de que a los católicos no nos es permitido el divorcio. Sin embargo, con el tiempo, empecé a ver que muchos de mis problemas se relacionaban con mi sentido de carencia y mi baja autoestima y se hicieron más evidentes en nuestro matrimonio. Eso era lo que yo proyectaba, por lo menos.

En el proceso, nos olvidamos de amarnos a nosotros mismos y cada uno ser su verdadero ser en la relación. Estábamos demasiado ocupados jugando algún tipo de papel que teníamos que jugar y que era imposible cumplir, se llama "karma".

En el medio de todo esto, estaba metiéndome más profundamente en las enseñanzas del Viajero. Estaba en mi segundo año de lectura de las Disertaciones para la Conciencia del Alma, y cuando surgió la oportunidad de completar mi serie de tres balances de aura (son tres niveles), me apuré para llegar a Las Vegas a último momento para el balance de aura número 3, que era otro requisito para el viaje del PAT IV.

Para ampliar más lo que es este proceso, aquí está lo que dice John-Roger en su juego de tres libros de *Cumpliendo la promesa espiritual:* "Los balances de aura son hechos personalmente por personas que están entrenadas específicamente para hacerlos, y son una técnica para despejar el aura (o campo de energía) que rodea tu cuerpo físico. En el MSIA ofrecemos una serie de tres balances de aura: el primero trabaja sobre al aura física; el segundo, en el aura emocional; el tercero, en el aura mental/espiritual. Cada balance de aura ayuda a despejar desequilibrios en el aura y a fortificar la conciencia para que pueda manejar mejor el estrés diario, tensiones y cambios emocionales. Los balances de aura también ayudan a que la mente, el cuerpo y las emociones tengan un fluir de mayor creatividad. Un aura equilibrada puede asistirte a tener una percepción más certera de ti y del mundo, y a estar más disponible a la presencia del Espíritu en tu vida".

Ese tercer balance de aura me llevó muy profundamente a mi interior, y en un cierto momento noté que J-R estaba en la habitación. Fue a mis pies y se quedó parado allí, tocando los dedos y las almohadillas de mis pies. No puedo ni empezar a describirte cuán profundo fue eso. John-Roger me estaba sosteniendo mientras la persona haciendo el balance completaba su servicio.

Este fue el primero de los dos "sujetalibros" que se completaron muchos años más tarde al estar yo parado a sus pies y sosteniéndolo mientras él respiró por última vez en este mundo.

No mucho después de esta experiencia en Las Vegas, me apareció un gran papel en una película de Merchant Ivory con el título de *Esclavos de Nueva York*. Por lo tanto mi esposa y yo nos fuimos para Nueva York. Vivíamos en un lindo piso y lo estábamos pasando muy bien. Luego, lo que solo puedo nombrar como milagros empezaron a suceder.

Curiosamente, John-Roger, quién estaba radicado en Los Ángeles, estaba dando unos seminarios y haciendo su trabajo espiritual en Nueva York al mismo tiempo que yo estaba allí. (¿Una coincidencia cósmica?) Pude enviarle una nota y lo invité a visitarme en la locación adonde estaba filmando. Me sorprendió enormemente cuando apareció con su asistente, realmente me asombró.

Esa visita me impactó, no solo porque J-R vino. Verlo con su nuevo asistente me pegó muy fuerte. Me descolocó porque pensé que al haber contratado a este hombre, él ocuparía *mi* lugar en el grupo del personal de J-R. Me acuerdo que yo estaba trabajando en una de las escenas de la película y lo único en que podía pensar era qué estaba haciendo frente a una cámara en vez de estar junto a J-R.

Eso realmente me señaló que lo que quería hacer era ser esa persona. *Tenía* que ser esa persona. Creo que fue una toma de conciencia clave que inició un verdadero cambio kármico en mi vida. También creo que si la película en la que estaba trabajando hubiera sido un éxito, mi vida hubiera sido muy diferente. Sospecho que no habría ido a mi primer PAT IV y no hubiera terminado como parte del grupo del personal. Pero la película fue un fracaso y mi vida se elevó.

Mirando para atrás, parecería que J-R y los poderes superiores manejaron las cosas de tal manera que yo pudiera conseguir el dinero para el viaje del PAT IV a Israel. Se podrán imaginar que el precio de un mes para viajar en el Medio Oriente, los pasajes de avión y todo eso, suma. El costo total eran varios miles de dólares. Yo no tenía esa cantidad de dinero. Estaba pagando el viaje en cuotas, pero así y todo…

Para cuando J-R dejó la locación, yo realmente me había conectado con él. Fue maravilloso y me sentía como si estuviera enamorado. No un amor romántico; era como volver a conectarme con mi absolutamente mejor amigo de muchas vidas. Fue una experiencia de inmersión total a un amor espiritual que era puro, como el amor de una madre por su hijo. Yo creo que fue el producto de eones de reencarnaciones, de simplemente "saber" las incontables veces que habíamos estado juntos.

J-R ha hablado con respecto al impulso del alma y cómo, cuando eso sucede, puede ser un momento convergente de cambio. Entonces a veces yo tenía una experiencia de la Corriente del Sonido, una brisa, un trueno o lluvia, y esto podía marcar el comienzo de un sendero completamente diferente en mi vida. Así fue aquello.

Un par de noches después de que J-R estuvo en la locación, me invitaron a una fiesta. Habría sido bueno para mi carrera el estar allí con los demás invitados, así que decidí ir. Hacía poco que había fallecido Andy Warhol, y muchas personas del grupo Warhol en ese escenario artístico de la cultura alternativa de Nueva York, iban a estar en la fiesta. Fue en el distrito de Tribeca.

Tribeca estaba a punto de comenzar a crecer rápidamente como barrio, pero en ese tiempo estaba bastante deteriorado. Había pisos industriales enormes, donde yo me juntaba con todos estos artistas, actores y tipos creativos. En esta noche en particular, me estaba subiendo a un taxi con un grupo de personas yendo para la fiesta. Estas fiestas eran bastante locas, con mucho alcohol y muchas drogas.

De pronto, tuve la percepción de que tenía que hablar con J-R. No fue que me sorprendiera tanto, pero internamente tuve la sensación de que yo era una puerta y que la oportunidad estaba golpeando.

Fue en ese momento que hice una elección que afectaría el resto de mi vida. Sé que ésta es una declaración dramática, pero es absolutamente verdad. Elegí dirigirme hacia J-R y no hacia la fiesta y la vida que esa elección implicaría. Yo estaba estudiando las Disertaciones en ese momento y no me estaba drogando, estaba siendo atraído hacia J-R. El amor es lo que te hala hacia la Corriente del Sonido. J-R era la Corriente del Sonido, sólo que yo no sabía cómo expresarlo en esa época.

Miré por la ventanilla del taxi y vi que estábamos pasando frente al Hotel Sheraton, el hotel donde estaba hospedado J-R. Sin pensarlo dos veces, le pedí al chofer del taxi que se detuviera y me bajé del auto. Los demás pasajeros me miraron con una mezcla de asombro y sorpresa. Le pagué al chofer y me acerqué a una cabina telefónica. Puse unas monedas y llamé a la habitación de J-R; ¡y contestó él! Fue asombroso. Terminamos hablando durante horas; yo afuera en la cabina y él arriba en la habitación del hotel.

Yo estaba en el mundo actoral, pero estaba mirando esa otra vida; la vida espiritual con John-Roger. Vi que eso era lo que realmente quería. Pero no sabía cómo hacer para que sucediera. Pensé que no podría ser parte de esa vida. J-R ya tenía a muchas personas trabajando con él. Aun así, hablábamos. Y hay algo increíble que sucede cuando el estudiante ve a su maestro o a su guía espiritual. Es como que finalmente había encontrado lo que había estado buscando casi toda mi vida y muy internamente, en lo profundo, yo lo sabía. De ahí en adelante, yo era de J-R. Él siempre decía: "La disposición para hacer, te da la habilidad para hacer". Una vez que hice de ésta mi intención, se manifestaron los métodos.

No mucho tiempo después de los eventos en Nueva York, yo estaba en Miami. Fui a un seminario grabado de John-Roger, y corrió el rumor de que J-R había entregado las llaves de la Conciencia del Viajero a John Morton. Yo entré en pánico, pensando que había perdido mi oportunidad de estar con el gran maestro John-Roger. Pensé que significaba que J-R se retiraba.

Aunque me sentí feliz por John, yo estaba profundamente conectado a J-R. Lo llamé llorando y me dijo: "No te preocupes, te tengo. Soy tu Viajero". Más tarde comprendería que un Maestro marca a sus iniciados, y yo estaba marcado por John-Roger.

Sentí alivio. Pero no solo quería estar conectado a John-Roger, también quería ser parte de su grupo. Entonces eso se convirtió en mi desafío mayor; cómo entrar y ser parte del grupo cercano de personas sirviéndo a J-R.

Lo primero que hice fue decirle que yo quería participar del PAT IV, aun cuando no tuviera todos los requisitos: haber completado los retiros de PAT I, II y II; y tampoco tenía el dinero. Pero poco tiempo después, la hija de Giséle Bersot tuvo el mismo problema; un día se me acercó y me dijo que iba a participar del PAT IV. Cuando le pregunté cómo lo logró, me dijo: "Le escribí a John-Roger y se lo pedí". Él dijo: "Sí". ¡Obvio! Como dice la famosa cita en la Biblia: "No tienen porque no piden". (*Santiago 4:2*) Lo pedí y él me aprobó. Ésa fue una lección que nunca olvidaría. Con respecto al problema de dinero, siempre le estaré agradecido a Ozzie Delgadillo (quien hace poco falleció) por prestarme los primeros USD 1 000 para el depósito para que pudiera anotarme en la lista. Un mes más tarde, le pude devolver la suma total.

Poco tiempo después, terminé de filmar y me entregaron mi último cheque. ¡Lo hice! Pagué el saldo de mi viaje y le di un montón de dinero a mi esposa. Pero había más por enfrentar y manejar; tenía que ver con nuestro matrimonio. Yo tenía que explorar este mundo nuevo. Ella estuvo de acuerdo en que yo viajara, aunque un poco a regañadientes, y me dijo que se quedaría en Nueva York. Así que partí hacia mi primer viaje del PAT IV.

En la primera parte de ese viaje volamos a Israel. J-R estaba en primera clase, y la mayoría de los demás que íbamos en ese vuelo estábamos en clase turista. Una vez en el aire, J-R dejó su asiento en la cabina delantera y vino para visitarnos atrás en turista. Aunque había una cantidad de personas allí que iban al viaje del PAT IV, yo me sentía un poco dejado de lado y no parte del grupo. Parecía que todos se conocían bastante bien y yo no conocía a nadie. Pero J-R vino directamente para hablar conmigo. Una vez más, sentí que me había encontrado con uno de mis mejores amigos con quien no me había visto en un tiempo y volvimos a empezar donde habíamos dejado la última vez.

Luego de que J-R volviera a su asiento, seguí pensando sobre lo que yo quería. Cuanto más pensaba, más me sentía impulsado a moverme hacia lo que me estaba ocurriendo internamente. Tomé una respiración profunda, caminé hacia primera clase y parado en el pasillo, empecé a hablar con él. No sabía lo que estaba sucediendo, pero muy pronto me encontré casi caído sobre el piso con mi cabeza en el regazo de J-R, llorando. Sentí que había estado llorando durante horas y que estaba despejando vidas enteras de karma. No sé si eso es lo que estaba sucediendo, pero eso es lo que mejor lo describe.

J-R me sostuvo mientras salieron cosas que yo ni siquiera sabía que estaban en mi interior. Ése fue otro hito en mi travesía de reconectar con J-R, y eventualmente iba a saber que habíamos sido amigos muchísimas veces antes.

Mi vida con él iba a comenzar nuevamente ahora.

Dos años más tarde, en otro PAT IV en el año 1990 (¿quién hubiera imaginado que ese iba a ser el último?), me sentí inspirado por Michael Feder, uno de los miembros del personal de J-R. Realmente sentí respeto por la manera en que él manejó ese viaje. Era una época de locura. Saddam Hussein había tomado Kuwait y, a causa de los disturbios en la región, había largas filas de autobuses intentando cruzar el Mar Rojo. Cuando Michael trabajaba con J-R, yo vi que sucedían milagros. Encontramos una fila de camiones y autobuses de por lo menos una milla (1,6 km) de largo, pero de alguna manera Michael pudo conseguir que estuviéramos juntos y al frente de la fila en tres autobuses. Yo admiré el liderazgo de Michael y la devoción de John Morton por John-Roger. Ésas eran las dos cualidades que adopté al ir estableciéndome en mi nueva vida.

"Ama a todos, confía en pocos, no hagas daño a nadie".

– WILLIAM SHAKESPEARE
(*A BUEN FIN NO HAY MAL PRINCIPIO*)

"Para agregar aún otra cereza en el pastel, en el viaje en tren a Leningrado me iniciaron en la Corriente de Sonido de Dios. Fue una experiencia increíble. Diría que todos mis balances de aura, mis ordenaciones e iniciaciones han sido en trenes o en locaciones exóticas e intrépidas, lugares que nunca pensé que podría visitar. Definitivamente nunca olvidaré ninguno de mis viajes, especialmente éste".

CAPÍTULO 11

Avanzando por mi Sendero Espiritual

En el MSIA, luego de leer dos años las Disertaciones, un estudiante puede pedir la iniciación en la Corriente del Sonido. Lo que esto significa es que el estudiante se ha preparado y ha desarrollado el apoyo interno para seguir aprendiendo a través de la siguiente etapa de los estudios espirituales, que es cantar un tono sagrado o un nombre de Dios que es cargado espiritualmente únicamente para esa persona.

Yo estaba aproximadamente en esa etapa de mis estudios cuando me embarqué en el viaje del PAT, como al borde de este siguiente paso. Por supuesto, yo no tenía manera de saber si estaba listo para recibir este nivel de iniciación, solo lo podía pedir.

Quiero enfatizar cuán poderosas son las Disertaciones. Son libritos compactos y la información en ellas a veces puede parecer bastante sencilla. Sin embargo, luego de muchos años y de haber completado los doce años de Disertaciones puedo testificar, como algo que sé y no que pienso, que no se trata de las palabras en el contenido. Son un portal a la Conciencia del Viajero Místico que está tanto dentro de todos nosotros como también en lo que yo llamaría los reinos exteriores del Espíritu. Son una puerta a través de la cual las personas pueden entrar en lo que llamamos la Corriente del Sonido de Dios.

Quizás estoy proyectando, pero realmente no me daba cuenta de lo que tenía entre manos cuando empecé a leer las Disertaciones. Sin embargo, especialmente en los tres o cuatro años antes de que falleciera J-R, me di cuenta de que las Disertaciones fueron un catalizador de experiencias bastante profundas en la Corriente del Sonido y que se convirtieron en hitos sobre el sendero por el que yo avanzaba, e indicadores de lo que iba a suceder. Como había desarrollado un verdadero amor por registrar y mantener un registro de las cosas, algo que aprendí de John-Roger, me estaba haciendo más consciente de estas experiencias.

Pero volvamos a la historia. La primera parte del viaje era Ámsterdam. Pasamos la noche allí y volamos a El Cairo, Egipto. Luego hubo un viaje nocturno en tren a Asuán. Cuando a la mañana siguiente llegamos a Asuán, nos embarcamos en el barco que nos llevaría río arriba por el Nilo, dirigiéndonos hacia Alejandría. Fue la experiencia bíblica más bella que haya tenido en toda mi vida.

Cuando estábamos en esta peregrinación teníamos que leer, o ya haber leído, tres libros: *Viaje al Este* de Herman Hesse; *Iniciación* de Elisabeth Haich, y por supuesto, las Disertaciones del MSIA. Con respecto a las Disertaciones, muchas veces el tema que desarrolla ese mes resulta ser exactamente lo que la vida te presenta para manejar. Ésa es la magia de las Disertaciones. Lees la Disertación, luego el Espíritu te trae la lección para que puedas integrar la enseñanza. Por lo que el viaje resultó más que interesante.

Yo disfruté tanto de ese viaje. Fuimos a cada uno de los templos a lo largo de esa parte del Nilo. Inmediatamente me pegué a John-Roger y fui dondequiera que él fuera.

Desesperadamente, todavía quería ser parte del personal de J-R pero no tenía idea de cómo hacer para que esto sucediera. Así que simplemente seguía estando presente y haciendo lo que hiciera falta. A través de esta acción fue que empecé a entender lo de la intención primero y que luego el Espíritu traería los métodos. Todas las cosas empezaron a ser borrosas, pero sí me acuerdo que en algún momento de ese viaje, me dijeron que a partir de ese momento yo sería parte del grupo del personal de J-R.

En realidad, yo no sabía la totalidad de lo que eso significaba, pero no me importaba. Estaba con J-R. Una de las cosas que sí descubrí que eso significaba, era que iba a poder hacer cosas junto con John Morton y los otros miembros del grupo. Podía pasar tiempo con ellos y observar cómo J-R trabajaba con su grupo y cómo compartía. Era muy hermoso.

Durante mi primer PAT IV en 1988, empecé a aprender que J-R era un lector insaciable. A veces lo veía leer un libro y la noche siguiente en un seminario citaba alguna referencia de su lectura. Las cosas inspiraban a J-R, era un buscador. Una vez me dijo: "Busca primero el reino de los cielos y todo lo demás se te dará. Acuérdate que dice 'busca', no dice 'encuentra'". Lo entendí. Sólo buscar. Tratar de encontrarlo puede ser frustrante, pero buscar es grandioso. Yo me convertí en un buscador también.

En el PAT IV de 1990, uno de los miembros del personal y yo pasábamos horas en su cabaña leyendo *Las Crónicas Vampíricas* de Anne Rice y los libros de *La Momia*. Yo no era un lector veloz, entonces a veces recibía los libros después de que los demás los hubieran leído. Aunque esto no parezca algo importante, en realidad me ayudó cuando me encontré con Tom Cruise unos años más tarde. (Esa anécdota la cuento más adelante.)

Me estaba acostumbrando a estar extra-oficialmente en el grupo del personal cuando estábamos entrando a la Tierra Prometida. Israel era bellísimo. Tuve unas experiencias muy profundas estando allí y me encontré en la vía rápida para aprender cómo servir en esta nueva posición. El viaje fue increíble y al mismo tiempo, se esfumó. Antes de que me diera cuenta, nos estábamos preparando para dejar la Tierra Prometida.

Al finalizar el viaje del PAT IV, John-Roger y otras personas iban a seguir en un viaje de la paz, en tren, a Alemania y a Rusia a través de Europa del Este. Yo no estaba preparado para estar lejos de J-R. Yo quería ir en este viaje extendido para estar con él. Entonces pregunté si él me podía llevar. Él miró a Brooke Danza, quien dirigía la agencia de viajes Esprit y era responsable de la organización del PAT IV y los otros viajes del personal de J-R, y le dijo: "Anótalo para el resto del viaje". Luego giró hacia Phil Danza, el jefe de NOW Productions y le dijo: "Entrégale un *walkie-talkie* y una radio". Giró de nuevo para mirarme, guiñó el ojo y dijo: "Eres de mi grupo del personal cercano". Yo no tenía idea de lo que eso implicaba, pero no me importaba. Sólo quería estar al lado de J-R.

Para agregar aún otra cereza en el pastel, en el viaje en tren a Leningrado me iniciaron en la Corriente de Sonido de Dios. Fue una experiencia increíble. Diría que todos mis balances de aura, mis ordenaciones e iniciaciones han sido en trenes o en locaciones exóticas e intrépidas, lugares que nunca pensé que podría visitar. Definitivamente nunca olvidaré ninguno de mis viajes, especialmente éste. Luego en Alemania, camino a Rusia, de repente todo se detuvo y llegué a un punto muerto.

Mirando para atrás, estaba experimentando el proceso de estar muriéndome a este mundo. El alimentarme del maná y lo que John-Roger me estaba permitiendo ver en los reinos interiores abrió mi tercer ojo, sin embargo aún tenía apegos al mundo. J-R diría que no es el apego a las cosas lo que causa el dolor sino el desapego. Parte de esto era porque realmente extrañaba a mi esposa. Me sentía dividido cuando me di cuenta de que esto no era simplemente un desvío en el viaje de la vida; se estaba convirtiendo en el camino principal para mí. Estaba luchando con la decisión –una decisión profunda—de si ésta era la vida que quería.

Al sentir la agonía de la decisión, algo se volvió muy claro: había llegado al punto sin retorno. Era casi una increíble toma de conciencia. Extrañaba a mi esposa, pero muy profundamente, yo sabía que ésta era la vida que quería. Y finalmente se me hizo lo suficientemente claro como para admitírmelo a mí mismo.

Este movimiento espiritual que sucedía dentro de mí era muy fuerte y poderoso. Era un maremoto que no se podía detener, ni por una relación, ni un matrimonio, ni una carrera, por nada. Al concientizarme, llamé a mi esposa. Sin duda yo estaba apegado a ella, pero también estaba indudablemente dedicado a mi "Verdadero Ser". Me acuerdo cuando contestó el teléfono y yo le conté que subiría un avión para volver inmediatamente si ella quería que volviéramos a estar juntos.

Hubo un largo silencio en la línea.

Cuando le conté a J-R lo que había sucedido, me aconsejó que volviera donde ella luego del viaje y que me divorciara, para que ambos pudiéramos estar libres. Me dijo que me vería en su casa en el Cañón de Mandeville en el mes de octubre; faltaban un par de meses. Reconociendo la sabiduría de sus consejos, hice lo que él había sugerido. Sucedió exactamente como él dijo. No fue fácil, ni para ella ni para mí, pero los dos sabíamos que era lo mejor para ambos. Y en el mes de noviembre, todo se completó y me mudé a la casa de John-Roger.

A pesar del entusiasmo y del sentido de aventura en mi nueva vida, y aún sabiendo que no podía sostener apropiadamente mi matrimonio, me llevó años superar la pérdida de mi esposa. Fue duro. Cuando esto me molestaba mucho, J-R me decía que era mejor cortar de una sola vez la cola del perro y no cortarla de a pedacitos. Esos pequeños pasos eran mucho más dolorosos que un corte rápido. ¡Bum! Y luego nunca más había que lidiar con ello. Pero no pude hacer más que cortarlo de pulgada en pulgada y el dolor se estiró durante muchísimo tiempo.

Nunca más vi a mi ex esposa luego de nuestro divorcio en Nueva York. Cada uno tomó su propio rumbo. Dios la bendiga. Luego del viaje a Rusia, J-R y John fueron a Corea y yo terminé la película de Merchant Ivory, volviendo a filmar ciertas escenas.

Luego, mi nueva vida realmente comenzó.

*"John-Roger había entregado las llaves de
la Conciencia del Viajero Místico a John Morton
el 19 de junio de 1988; se completaría la transferencia
el 18 de diciembre de 1988, para asegurarse de que
John pudiera sostener la energía. Como John se estaba
moviendo hacia una nueva posición, yo sentí una necesidad
desesperada de aprender todo".*

CAPÍTULO 12

Trabajando para J-R

Para el 1° de octubre de 1988 me había mudado a la casa en el Cañón de Mandeville donde vivía el grupo del personal de J-R y estaba limpio de drogas, libre de alcohol y no tenía ninguna relación que me atara legalmente. Era como un renacimiento. Luego empezó mi entrenamiento con John-Roger, el guerrero espiritual.

Te aviso de antemano que yo siempre había querido ser un cura o algún tipo de monje. Y Mandeville, cuando me mudé allí, básicamente era un monasterio. Las reglas eran que no había sexo al menos que fueras casado. Phil y Brooke Danza eran el único matrimonio viviendo allí y tomaron mayormente el papel de abuelos porque más adelante, si alguien en el grupo del personal más cercano quería casarse, tenían que irse de la casa. Además de que no se permitían relaciones sexuales, no se permitía fumar ni beber, ni había ajo, cebolla o cerdo. Era un hogar puramente espiritual.

Mandeville también era un lugar de trabajo espiritual. NOW Productions tenía sus oficinas y estudios, y una tonelada de equipos de audio y video, metidos en el sótano en un espacio para sólo la mitad de esa capacidad. En la planta baja estaban J-R y los hombres que trabajaban cercanamente y viajaban con él, incluyéndome a mí. Además de la habitación de John-Roger había dos habitaciones a cada lado del hall, donde vivíamos y que también usábamos para empacar las maletas y prepararnos para los viajes. Nosotros, los del grupo del personal, hacíamos nuestro trabajo, hacíamos ejercicios espirituales y también empacábamos para los viajes, todo dentro de estas habitaciones. Cuando trabajábamos, estábamos atentos por si J-R nos llamaba por el intercomunicador diciendo que teníamos que partir a algún lado. Cuando nos llamaba, teníamos que responder rápidamente. Por ejemplo, si J-R decía que íbamos a salir, solo teníamos un par de minutos para vestirnos y estar listos para partir y salir a toda velocidad al área de estacionamiento. Si te tardabas demasiado, te dejaban parado allí en el estacionamiento.

Mi primer trabajo con J-R fue el de ser su guardaespaldas para una reunión en un restaurante público. Me encantó, era como estar en una película. Yo empecé a trabajar con J-R hacia el final de un período de amenazas en contra de su vida. J-R no tenía miedo pero obviamente yo no lo quería perder. Me dijo que me sentara por allá y simplemente observara. Lo hice y no pasó nada, gracias a Dios. J-R y esta persona hablaron y eso fue todo. Sería el comienzo de muchas reuniones y muchos lugares adonde iría con él y donde él me diría: "Siéntate allí y observa". Yo no lo comprendía totalmente, pero ahora es claro lo que él me estaba enseñando en ese tiempo.

Con respecto a las finanzas, así como J-R, eventualmente yo tomaría un voto de pobreza, lo cual significaba que nada me pertenecía; la iglesia cubriría mis necesidades. Ese voto funcionó desde el 2007 hasta el 2016. Antes de eso, desde 1988 hasta el 2006, yo era un voluntario.

La casa en Mandeville era pura energía, era mágica. Era, y aún es, fenomenal. Era realmente un club de espiritualidad y todos éramos muy unidos. Estábamos haciendo el trabajo del Señor y de muchas maneras, éramos como los Beatles. Por supuesto, si uno de los hombres se casaba o empezaba a salir con alguien, había un período de ajuste a la nueva persona (novia/esposa) siendo parte de la banda.

El lugar favorito en Mandeville era el salón de estar con J-R, mirando una película tras otra, o la cocina revisando el correo traído por el cartero; cada uno de nosotros tenía su buzón propio en la cocina.

Jason Laskay, quien vivía en la casa y era un maestro ebanista y carpintero, hizo un gran trabajo y la casa se veía maravillosa. Mandeville básicamente es una casa estilo rancho americano construida en la década de los treinta o cuarenta y renovada a través del tiempo. El jardín del fondo era para los perros. Había Weimaraner, Rottweiler, Bóxer y hasta hubo algunos Dálmatas. Si has escuchado muchos seminarios, quiere decir que has oído a J-R hablar de los perros.

Uno de los mejores momentos en Mandeville era la Navidad, cuando había pilas de regalos. Era una aventura abrirlos todos y compartir lo que nos habían enviado los miembros de la iglesia. Sin embargo, un día, quizás fue en el 2011, J-R dejó de abrir regalos, entonces nosotros decidimos que tampoco los abriríamos. Era muy raro; había regalos envueltos que quedaron durante años apilados en un rincón del salón. Finalmente, durante una cena de Navidad en el 2016, los abrimos como una manera de honrar a John-Roger. Creo que también fue como un rito de paso.

Una de las reglas en Mandeville era que si rompías algo, lo hacías arreglar. Nunca se nos culpaba si rompíamos algo pero definitivamente nos teníamos que hacer cargo de las consecuencias.

Otra regla que aprendí era: "Lo que sucede en Mandeville, se queda en Mandeville". Las personas compartían cosas muy sagradas y no nos correspondía hablar de ello. El trabajo de J-R también era sagrado y él le hacía saber a las personas qué es lo que quería que supieran. Por lo tanto si veíamos que sucedía algo en la casa, nunca queríamos estorbar lo que el Espíritu estaba trayendo presente, así que manteníamos la boca cerrada.

Éstas eran realmente las reglas básicas. Si estabas cerca de J-R o planeabas mudarte a Mandeville, se te hacían saber estas cosas.

Al instalarme, y cuando el shock de ese cambio de tal magnitud empezó a disiparse, noté que el grupo del personal había cambiado. Cuando empecé a trabajar para J-R y a cuidarlo en el viaje extendido del PAT, había un cierto número de hombres en su grupo del personal cercano. Pero para el mes de noviembre, algunos de ellos se habían casado o habían seguido su camino; por lo tanto cuando llegué a la casa, solo éramos John Morton, J-R y yo. John-Roger había entregado las llaves de la Conciencia del Viajero Místico a John Morton el 19 de junio de 1988; se completaría la transferencia el 18 de diciembre de 1988, para asegurarse de que John pudiera sostener la energía. Como John se estaba moviendo hacia una nueva posición, yo sentí una necesidad desesperada de aprender todo para ayudar personalmente a J-R y ser efectivo como ayudante.

Yo observaba a John Morton como el hombre que sabía los tejes y manejes de todo. Su devoción y dedicación eran ejemplos resplandecientes para mí. Él se sentaba en la cocina al lado de los buzones mirando la televisión, con nuestro gato Cheerio colgado de su hombro, ronroneando, mientras se encargaba de toda la correspondencia y cartas para J-R. En ese tiempo no había correo electrónico ni Internet, ni computadoras que no fueran el Apple Lisa y el Mac II. John se convirtió en un verdadero modelo para mí de lo que J-R necesitaba a su alrededor.

Luego John contrajo matrimonio. Al principio me entristeció que se fuera de la casa. Pero luego me sentí muy bien porque nos dejó solos a J-R y a mí.

Al vivir con J-R aprendía mucho y muy rápidamente. Una de las primeras cosas que abordó fue la auto-disciplina. En realidad yo había estado aprendiendo sobre la disciplina cuando participaba en el ROTC (siglas en inglés de "Cuerpo de Entrenamiento de Oficiales de Reserva") en la escuela secundaria. Me gustaba vestir con uniforme y me gustaba el orden que se enseñaba en clase. Aunque fracasé en la mayoría de cosas enseñadas en clase, en un momento dado el sargento del ejército me preguntó si yo sabía disparar un arma. Le dije que sí y me llevó al campo de tiro. Me fue muy bien. Me incluyó en el equipo de tiro del colegio y llegamos al segundo puesto en el *Sharp Shooting State Championship*, un campeonato del estado de tiro al blanco.

Nuestra clase de ROTC salió en excursión por un fin de semana a Fort Ord en 1980, mientras yo estaba en el Fairfax High School (escuela secundaria). Nos quedamos en sus barracas y nos turnábamos para hacer guardia nocturna mientras los demás dormían. Esto era "hacer como" si estuviéramos en guerra. Ser un centinela y servir para proteger y defender fue algo que empezó a formarse en mi ADN y me preparó para servir a J-R.

Realmente fue mi entrenamiento para lo que llamábamos la Vigía Nocturna en Mandeville. Era un trabajo que rotábamos entre los del grupo, cuando nos teníamos que quedar despiertos durante la noche, manteniendo la energía limpia y sosteniendo a J-R y a los demás mientras dormían. A mí me gustaba mucho y eventualmente llegué a hacerlo muy bien. Aún hago la Vigilia Nocturna cuando siento que el Espíritu me lo pide.

Años más tarde yo conducía a J-R y pasábamos por Fort Ord de paso para el Centro de Conferencias Asilomar donde íbamos a los retiros de Viviendo en la Gracia. Siempre estaban presentes las antiguas columnas de energía y luz, disponibles para entrar en ellas.

Quiero reconocer y agradecer que cuando empecé a trabajar con el grupo del personal cercano, John Morton fue de gran ayuda. Trabajar con J-R y estar con él es, cuando menos, una experiencia única, y John realmente me ayudó a entrar con cuidado a ese rol; al menos, entrar con cuidado a algo que era como ser lanzado a la parte honda de la piscina.

Una de las primeras cosas que me enseñó John Morton cuando llegué a Mandeville, fue la de asegurarme de decir lo que pensaba y ser consecuente con lo que decía. Quizás suene cursi, pero con J-R realmente tenías que hacer eso o si no ibas a tener problemas.

(Eso lo aprendí ¡y cómo!). También meditaba mucho para mantenerme equilibrado.

Muchas veces cuidaba a J-R mientras él meditaba en su habitación. Me quedaba en un sillón de ejercicios espirituales tratando de leer o trabajar en la computadora (siempre y cuando la computadora no hiciera ruido). Luego de un rato me impacientaba, me iba en puntas de pie hacia la puerta y empezaba a girar la manija. Una voz desde la oscuridad preguntaba: "¿Qué haces?" La conciencia de J-R era omnipresente en su totalidad. "Nada", le susurraba. "¿A dónde ibas?". "Quiero salir a tomar un poco de aire". "OK, cuando vuelvas no hagas ruido". Sabía todo. Era imposible darse cuenta si alguna vez estaba en un sueño profundo; él podía percibir todo lo que sucedía en la casa.

J-R tenía una variedad de formas de dormir. Si roncaba, era un sueño liviano, entonces teníamos que tener cuidado en nuestra vigilia. Cuando no escuchabas que roncaba, significaba que estaba durmiendo profundamente. Durante muchos años yo observé el estado de descanso de J-R. También descubrí que según cómo yo manejara el auto, eso hacía que durmiera más profunda o más livianamente.

Una de las cosas que desearía haber guardado es una colección de todas las notas que nos escribimos con J-R a través de los años. Mi habitación estaba en el hall del fondo de la casa. Los ayudantes de J-R frecuentemente nos levantábamos temprano para hacer mandados. Muchas veces, antes de irme, yo le escribía una nota a J-R y se la deslizaba por debajo de la puerta de su habitación. A veces preguntaba: "¿Zeus? ¿Eres tú?". "Sí", le contestaba. A veces quería venir conmigo, otras veces yo cancelaba los mandados que iba a hacer y nos íbamos en el auto a comer a algún lado.

Una de las cosas que aprendí justo al principio cuando me uní al grupo era que solo puedes estar libre de las "telarañas" espirituales cuando J-R te pide específicamente que hagas algo en sus archivos. Me acuerdo de un miembro del grupo que había estado buscando algo en los cajones del escritorio de J-R, mirando inocentemente sus cosas sin haber chequeado primero con J-R, y eso le afectó mucho. Sintió que su cara y sus ojos estaban reaccionando como si estuvieran atrapados dentro de una telaraña.

Cuando J-R volvió a Mandeville esa noche, le pidió que lo ayudara. J-R le dijo muy directamente: "No pongan sus narices en mis cosas". Él me explicó que todas sus cosas están protegidas por una red espiritual. Entendimos claramente que la casa de J-R en el cañón de Mandeville estaba protegida por seres. Si tienes malas intenciones, te cae el karma. El personal que ha vivido allí lo entiende y nosotros existimos junto con estos seres. Son guardianas del universo.

Una vez, durante el retiro de Viviendo en la Gracias en la década de los noventa, yo le llevé la correspondencia a J-R. La correspondencia de los iniciados generalmente permanecía en el salón del retiro, pero esta vez pensé en ahorrarle tiempo llevándole la correspondencia a la habitación del hotel. Entré, le entregué la correspondencia y él dijo: "¿Te pedí que me trajeras esta correspondencia?". "No", contesté, sintiéndome mal. "Pensé en traértela y así ayudarte". Me dijo con seriedad: "El infierno está lleno de buenas intenciones", y luego me dijo: "Voy a dejar que tengas la experiencia del karma que está en aquellas cartas". Me miró y luego el dolor y la oscuridad universales de todas estas personas que le escribieron a J-R me cayeron encima. "Necesitas experimentar por lo que yo paso cuando haces cosas que no te conciernen, a menos que yo te lo pida", me dijo. Creo que me dejó con este karma durante una hora. Yo lloraba y me sentía profundamente aplastado. Caminó hacia mí, sonrió y me tocó en el hombro. De repente, alivio. Por un momento fui Atlas y luego él me quitó el mundo que me estaba aplastando. J-R dijo: "Lleva estas cartas de vuelta". "¡Sí, señor!". Volví corriendo al salón. Me amó lo suficiente para mostrarme por lo que tenía que pasar él y que hacía todos los días para sus iniciados.

Lo interesante es que, aunque yo vivía con un maestro, con un guerrero espiritual, eso no significaba que él estuviera constantemente encima, siempre enseñándome algo. Para nada. Mi relación con John-Roger empezó y se construyó primeramente desde una fuerte amistad. Definitivamente me apoyó como amigo durante mi dolor luego del divorcio. Eso es parte de ser un guerrero espiritual: "cortas" todo lo que no sea la verdad con la espada de la verdad. Y tu corazón es tu escudo o tu armadura de resistencia. Si te golpean y te caes, vuelves a levantarte. Mientras que el divorcio de mi esposa fue uno de los desafíos más grandes por los que tuve que pasar en mi vida, creo que lo logré porque tenía un muy buen y sólido amigo a mi lado. Nunca hubo un mejor amigo para nadie como lo fue John-Roger para mí.

*"Y sobre todo esto: Sé sincero contigo mismo
y de ello se seguirá, como la noche al día,
que no podrás ser falso con nadie".*

– William Shakespeare (Hamlet)

"Unos días más tarde sucedía un terremoto en esa área. Pasó tantas veces que cuando J-R me decía que teníamos que ir a algún lado, yo naturalmente esperaba que luego de nuestra visita seguiría un temblor. J-R decía que él estaba provocando los temblores, lo hacía para hacérselo más liviano a la tierra".

CAPÍTULO 13

Moviendo los Terremotos

Yo trabajé con John-Roger y lo cuidé durante 26 años. Debes entender, ese fue un trabajo de 24 horas al día, siete días a la semana. Literalmente. Fuera de los días que estaba actuando en películas o filmando, además de las películas de J-R, yo estaba con J-R día y noche. Y los días de J-R eran realmente de 24 horas.

No era raro que él se me aproximara alrededor de la medianoche o aún más tarde y me dijera que tomara las llaves del auto, que teníamos que salir. Muchas veces me pedía manejar hacia el este. Entrabamos a la Autopista #10 y nos íbamos por Rosemead, el lugar donde él había vivido y enseñado en la escuela secundaria en su encarnación como el "Sr. Hinkins". A veces llegábamos hasta Idyllwild.

Nos quedábamos allí en el medio de la nada hasta las tres de la mañana más o menos, luego J-R me decía que nos diéramos la vuelta y regresáramos. Unos días más tarde sucedía un terremoto en esa área. Pasó tantas veces que cuando J-R me decía que teníamos que ir a algún lado, yo naturalmente esperaba que luego de nuestra visita seguiría un temblor. J-R decía que él estaba moviendo los temblores para hacérselo más fácil a la tierra.

Menciono esto porque quiero tocar el tema de algunos de los trabajos en los que se involucraba J-R. Él hacía mucho trabajo interior del cual no nos contaba nada. Quizás de tanto en tanto él hablaba de algo así, pero no con frecuencia.

Una de las cosas que sí nos contó fue durante el viaje a Europa en 1988 cuando visitamos el muro de Berlín. En ese tiempo, el comunismo parecía estar más fuerte que nunca. J-R hizo un ejercicio con nosotros durante el cual colocamos una "lombriz de Luz" dentro del muro y luego dijo que este se caería dentro de los dos años siguientes.

Muchos de los que conocíamos a J-R lo tomamos al pie de la letra. Pero otros no podían creerlo. Y no lo creyeron hasta que el muro cayó en 1989.

Yo creo que J-R estaba haciendo cosas con este alcance y de esta naturaleza todo el tiempo. Pero no hablaba de ello. Y nosotros no supimos cómo preguntarle. Aún si lo hubiéramos hecho, dudo que J-R nos hubiera contado.

Si fuéramos miembros de la iglesia católica, no tengo duda de que podríamos comprobar que J-R hizo tres milagros y entonces él sería San John-Roger.

Como nota al margen, algo interesante sucedió hace un par de años, cuando estaba yendo para Idyllwild con Nicole. Íbamos allí para celebrar el cumpleaños de otro amigo que había servido en el grupo del personal de J-R junto conmigo.

Fue muy lindo conducir y llevar a Nicole ese día; se sentía como si J-R estuviera con nosotros y le empecé a contar algunas historias de las veces que J-R y yo veníamos por estos lados. Y como era de esperar, mientras estábamos allí, hubo tres temblores en Idyllwild. Nicole sintió el primero a eso de las seis de la mañana ese día.

*"Nuestras dudas son traidoras y muchas veces nos hacen
perder el bien que podríamos ganar
si no temiéramos buscarlo".*

– William Shakespeare
(Medida por medida)

"Cuando me uní al grupo y viajábamos e íbamos a distintos lados, me entusiasmaba. Por supuesto, si íbamos a una playa, yo quería ir donde estaban las chicas. Pero como J-R era el jefe, yo le preguntaba cuándo iríamos donde estaban las chicas. No me llevó mucho tiempo en darme cuenta que para nosotros, no había chicas con quienes estar. Teníamos trabajo por hacer".

CAPÍTULO 14

Historias sobre Trabajar con J-R y las Cosas Aprendidas

Poco tiempo después de que comenzara a trabajar con J-R, nos encontrábamos en un avión regresando de alguno de nuestros viajes. J-R tenía un montón de correspondencia que le habían enviado desde Prana, las oficinas centrales administrativas de la iglesia, que ahora se llama Peace Awareness Labyrinth & Gardens (Por sus iniciales en inglés, PALG - Laberinto y Jardines para la Conciencia de Paz).

Como aclaración: las personas que se involucraron con el trabajo de J-R antes del año 2000 tienden aún a llamarlo Prana, que son las iniciales de "Purple Rose Ashram of the New Age" (Ashram de la Rosa Púrpura de la Nueva Era). Después de todo, el Movimiento comenzó a fines de la década del sesenta y principio del setenta), cuando la búsqueda de la nueva era espiritual era muy amplia, especialmente entre los hippies, etc. Me acuerdo que J-R decía que los hippies trajeron presente una conciencia amorosa, abierta y valiente.

J-R empezó a revisar las pilas y pilas de papeles, que en su mayoría eran cartas de los iniciados y ministros que le escribían. Separó una pila y empujó los papeles hacia mí diciendo: "Tú. Lo que está en español". Esto que hacía J-R era normal para su grupo del personal.

El Amor de un Maestro

Lo miré perplejo y me preguntó si yo sabía leer español. Le dije que sí. Le dije eso porque yo decía lo que fuera con tal de poder estar junto a J-R. Básicamente yo lo veía como una mentira, pero J-R decía que yo haría lo que fuera necesario para poder estar cerca.

El hecho es que a mí me costaba mucho leer en español, podía leer sólo un poco. J-R me miró como si viera a través de mí, luego volvió a tirarme un pedazo de papel y me preguntó qué era lo que estaba diciendo la mujer. Lo miré y traté de descifrarlo. Pero finalmente le dije que yo no tenía idea.

J-R negó con la cabeza y le pidió a otro que le tradujera la correspondencia en español.

Una vez que fui parte del personal, aprendí rápidamente que J-R era muy puntual. Cuando me mudé a la casa en Mandeville para trabajar, yo era bastante puntual, porque había aprendido a llegar a tiempo por mis experiencias en la escuela secundaria con el ROTC, y más tarde en mis trabajos como actor, cuando tenía que estar a tiempo para las filmaciones. Las compañías te llaman para que llegues a las cinco o seis de la mañana, y tienes que estar allí a esa hora. El tiempo realmente es dinero en el negocio de las películas. Rápidamente aprendí que si J-R decía que nos íbamos a tal hora, si alguno no estaba listo, el auto se iba sin ellos. He escuchado más de un cuento de un miembro del personal corriendo detrás del auto de J-R.

Aprendí con respecto a esto por mí mismo porque, durante los primeros nueve años cuando éramos solo J-R y yo, era muy común que J-R me llamara por el intercomunicador de mi habitación para decirme que me preparara porque nos íbamos. Eso significaba que tenía sólo unos minutos para prepararme, vestirme y llegar al auto antes de que él se fuera a desayunar o a reunirse con John Morton. No había que hacerlo esperar, o él diría: "El billete de dólar esperando al peso". Esto sucedía especialmente en Santa Bárbara, donde yo hacía de chofer para J-R y John Morton, al llevarlos a sus reuniones durante el desayuno, el almuerzo y la cena.

Debo decir, como comentario, que los mejores momentos que pasé con J-R fueron durante el desayuno. Era camaradería alrededor de la comida.

J-R también viajaba mucho. Era la naturaleza de su trabajo. Íbamos a ciudades por todo el país y el mundo para que J-R pudiera trabajar con sus iniciados dondequiera que estuvieran. No había lugar al que J-R no fuera para salvar sus almas y luchar por ellas.

Ni ser puntual ni ser un gitano eran un problema para mí. Mi padrastro me llevaba a todos lados, vivíamos en hoteles y a veces dormíamos en la cabina de su camión, así que estaba acostumbrado a ese tipo de vida cuando me junté con J-R. Más tarde, me di cuenta de que no solo era capaz de tolerar ese estilo de vida, sino que realmente disfrutaba viajar con J-R.

A veces, especialmente al principio, me sentía como si me estuvieran sacando de lo que se había convertido en un medio ambiente cómodo, un hogar. Eventualmente, sencillamente decidí que me gustaban los Holiday Inns, los Hoteles Radisson y los albergues La Quinta. A medida que nuestra familia del MSIA iba madurando y haciéndose más exitosa en el mundo, nos quedábamos en mejores hoteles porque la gente cuidaba de J-R. Pero no importaba dónde nos quedáramos, Denny's seguía siendo el restaurante preferido. Supongo que nuestros organismos se acostumbraron a las recetas de Denny's. Creo que eso era otro reflejo de la crianza de J-R durante la Gran Depresión. Al ir yo acostumbrándome a la rutina, yo cooperaba con prácticamente todo (el no cooperar no iba a hacer otra cosa que causarme un malestar).

Cuando me uní al grupo y viajábamos e íbamos a distintos lados, me entusiasmaba. Por supuesto, si íbamos a una playa, yo quería ir donde estaban las chicas. Pero como J-R era el jefe, yo le preguntaba cuándo iríamos donde estaban las chicas. No me llevó mucho tiempo en darme cuenta que para nosotros, no había chicas con quienes estar. Teníamos trabajo por hacer.

Viajar con J-R siempre traía una lección, así como la vida en general lo hace si estás prestando atención. Pero viajar tenía sus experiencias particulares.

Una vez yo estaba con J-R en Ámsterdam haciendo escala; estábamos en un gran aeropuerto internacional haciendo el check-in. Yo tenía el carrito con las maletas y estaba vigilando la pequeña maleta de J-R donde él guardaba el efectivo para las propinas, el transporte, o para pagar los eventos del día. Esta vez estábamos preparándonos para viajar a Rusia y a Alemania. J-R estaba en el mostrador haciendo el check-in a un metro o dos de donde yo estaba con la maleta. Me había dicho que vigilara sus maletas y este se convirtió en un momento decisivo que me trajo un profundo aprendizaje.

Yo estaba bastante atento, pero quité mis ojos del carrito. Me encaminé hacia J-R, dejando el carrito que estaba a menos de un par de metros. J-R me miró y me preguntó si estaba vigilando la maleta. "Claro", le dije y miré hacia atrás al carrito. Se me fue el alma a los pies. La maleta de J-R ya no estaba.

J-R ni siquiera parpadeó. Me miró, sonrió y dijo: "Supongo que ese tipo necesitaba el dinero más que nosotros. Dios lo bendiga". Y eso fue todo. Hicimos una declaración policial y colocamos la Luz. Creo que lo más asombroso que experimenté fue, a pesar de todo, que J-R ni una sola vez se refirió al incidente, nunca me culpó.

Estoy mencionando esto porque esa sola experiencia me enseñó a estar más que atento con las maletas cuando estaba con J-R en el aeropuerto, y a estar más alerta . Me volví muy enfocado cuando empecé a tener más responsabilidad en los viajes PAT; me hice muy observador porque era responsable por todas las maletas. Créeme que después de esa única experiencia, ni una sola maleta más fue robada durante mi turno.

Lo más importante que me llevé de esta experiencia fue el amor que me llegó junto con la gracia. J-R siempre enseñaba con amor.

En otro viaje, estaba en París con J-R. Me estaba sintiendo algo deprimido y no me daba cuenta por qué. Empecé a contarle a J-R sobre una experiencia del pasado que yo había tenido estando en un departamento en particular en París, al que le habíamos puesto el nombre de Departamento de los Modelos. Era donde todas las modelos y los actores se quedaban cuando estaban viajando de ida o de vuelta de algún trabajo y todos compartíamos el costo.

Le contaba a J-R acerca de haber estado en ese departamento cuando una filmación me llevó desde París a Italia, y mientras me estaba quedando allí, me había sentido muy deprimido. Al contarle la historia, J-R me pidió que lo llevara al departamento, por lo tanto así lo hice. Nos quedamos afuera del edificio y le señalé la ventana del departamento. J-R simplemente se quedó de pie un momento, como si estuviera meditando y luego me preguntó cómo me sentía. Le dije que me sentía mucho mejor, que todo estaba bien. Me dijo que ya no tenía que pensar más sobre ese tema. Más tarde me dijo que él estaba completando lo que yo había dejado allí y borrando cualquier energía ectoplásmica que tuviera alguna fuerza sobre mí.

Desde ese día, ya no tuve nada que me halara hacia el departamento ni hacia mis experiencias al haber estado en París durante mis tiempos de actor.

Lo que aprendí es que uno puede siempre borrar las experiencias negativas del pasado sobre una persona, un lugar o una cosa. Por ejemplo, si tuvieras una mala experiencia con respecto a un lugar, la puedes actualizar volviendo a ese lugar y pasándola bien. Es una manera de actualizar la memoria y de soltar los sentimientos que te pueden deprimir.

J-R pudo cambiar mis huellas del pasado. Hizo esto en otras locaciones también. Cuando pasé a formar parte del grupo del personal, fui con J-R a San Francisco y él me pidió que lo llevara al mismo lugar que había sido emocionalmente desafiante durante mi relación con mi ex esposa. Lo hice y él mágicamente borró la energía que yo tenía atada en ese lugar. Actualicé San Francisco con maravillosas experiencias con John-Roger como los eventos de firma de libros, los maratones de videos sobre J-R y proyecciones de sus películas.

Como pueden imaginar, viajar con J-R era mágico.

"Aquél dicho que aprendí de John Morton: "Di lo que piensas y sé consecuente con lo que dices", se aplicaba totalmente a J-R. Cuando J-R hablaba, lo hacía en serio; y si me decía algo como que me iba a enderezar, yo sabía que era mejor alejarme lo antes posible. Aprendí que él era muy veloz, sus reflejos eran rapidísimos. Antes de que yo pudiera parpadear, él me habría abofeteado y encima se hubiera comido una rosquilla".

CAPÍTULO 15

Estar con J-R Era Ser un Estudiante

No voy a decir que yo era un ángel. Y como al principio de mi trabajo con J-R yo estaba más o menos en el pico de mi carrera como actor, mi autoestima estaba, digamos, bien alta. Por lo tanto, yo no era la persona más fácil con quien estar en un viaje de trabajo. Pero J-R debe haber visto algo en mí (o quizás fue la conciencia de las muchas vidas que habíamos pasado juntos) que lo ayudó a tolerarme.

No estoy dando excusas por mis payasadas, pero sí sé que parte del tiempo era bastante prepotente cuando estaba con J-R. No me juzgo por eso ahora porque en ese momento no sabía hacerlo de otra forma. Esa es una de las claves que siempre repetía J-R: "Todos están haciendo lo mejor que pueden de acuerdo con lo que saben. Cuando sepan más, lo van a hacer mejor". De la manera en que yo funcionaba, yo no había aprendido a ser lo suficientemente sensible.

La sensibilidad terminó siendo el talento que J-R realmente hizo que apareciera en mí. Yo podía llegar a ser agresivo y prepotente para conseguir lo que quería en el mundo. Pero para estar con J-R, yo no tenía que hacer eso. De hecho, si lo hubiera hecho, él simplemente se hubiera alejado.

Podría tomarse esto como una contradicción, pero otra cosa que aprendí de J-R fue la perseverancia. Descubrí que hay una gran diferencia entre mantenerse firme en conseguir algo o buscarlo agresivamente.

En cuanto inicié mi trabajo con J-R, empecé a aprender. A través de los años, básicamente, J-R me entrenó.

Aquél dicho que aprendí de John Morton: "Di lo que piensas y sé consecuente con lo que dices", se aplicaba totalmente a J-R. Cuando J-R hablaba, lo hacía en serio; y si me decía algo como que me iba a enderezar, yo sabía que era mejor alejarme lo antes posible. Aprendí que él era muy veloz, sus reflejos eran rapidísimos. Antes de que yo pudiera parpadear, él me habría abofeteado y encima se hubiera comido una rosquilla. (Cuando digo abofetear, lo digo metafóricamente. Pero es muy probable que sí se hubiera comido una rosquilla. A J-R le encantaban las rosquillas).

Un muy buen ejemplo de esto sucedió en Egipto. Estábamos en un viaje del PAT IV, preparándonos para el espectáculo de música y sonido frente a la Esfinge. Estos espectáculos son muy dramáticos y empiezan justo al atardecer cuando está bajando el sol. Son interpretados por actores británicos acompañados por música dramática y muy sonora. Te da una sensación real de los tiempos de antaño. Estaba anocheciendo y J-R y yo estábamos uno frente al otro, comiendo. Yo estaba hablando, haciendo preguntas y francamente siendo bastante molesto. Finalmente J-R dijo: "No hables". Seguí hablando, entonces él levantó su vaso de agua y dijo: "Te voy a echar esto en la cara si no te callas". Yo le dije: "A que no te atreves". Antes de que me diera cuenta... ¡Chof! Estaba empapado. La gente se empezó a reír y yo más. Realmente lo entendí. J-R no habla con amenazas; si dice que va a hacer algo, se pone en acción.

Aprendí en ese momento que J-R era auténtico. De lo que llegué a tomar conciencia es que J-R accedía a muchas cosas en niveles multidimensionales. Yo era joven y aún no tenía la experiencia del arte de quedarme quieto y observar a John-Roger trabajando. Pero aun así, era divertido.

J-R usaba lo que tenía a mano para enseñar, y específicamente, para enseñarme a mí. Cuando me mudé a la casa de J-R en Mandeville, yo no tenía la costumbre de mirar televisión. Mi actividad era leer guiones y libros porque yo estaba en el mundo de la actuación. Amaba las enciclopedias y tenía mi propia colección de enciclopedias y libros. Esto era antes de que existiera Google; tenía mis propios libros porque siempre tenía curiosidad por todo.

Ese comportamiento continuó con sorpresas cuando me mudé a Mandeville. A J-R le gustaba acostarse y mirar televisión, pero él pasaba muy rápidamente de un canal a otro. Nunca se quedaba en un canal el tiempo suficiente como para involucrarse. Realmente me irritaba mirar los programas así. Le preguntaba qué era lo que estaba haciendo. Él decía que estaba mirando televisión. Yo le contestaba que definitivamente él no estaba mirando televisión porque nunca se quedaba suficiente tiempo en un canal como para ver nada. Él hizo esto conmigo durante meses, quizás años.

Eventualmente yo descubrí que el que tenía el control remoto era el rey. Una vez tomé el control remoto de J-R y le pregunté si lo podía usar. Dijo: "Sí, claro", entonces empecé a pasar por los canales. Al rato ya estaba absorto viendo un programa. Tan pronto como empecé a estar involucrado, J-R me dijo que cambiara de canal. Luego empezamos esta rutina que era como una comedia, él pidiéndome que cambiara de canal y yo intentando quedarme con el programa que estaba mirando. Esto pasó más de una vez, diría muchas veces.

Por supuesto, J-R me estaba enseñando algo, pero yo no me daba cuenta. ¿Quería que le devolviera el control? ¿Yo lo estaba atacando? ¿Los programas de televisión lo estaban lastimando? Cuando le preguntaba por qué quería que yo cambiara de canal, no me contestaba. En su lugar, me dijo que destruíamos universos cuando preguntábamos: "Por qué". Por supuesto, yo le decía:

"¿Por qué?" Y él contestaba: "Acabas de destruir otro universo". Es un camino muy resbaladizo, y uno siente que está al borde del precipicio. Y yo me seguía preguntando qué es lo que me estaba enseñando y él seguía pasando de canal en canal.

Otra técnica que J-R usaba para enseñarme esta lección en particular era algo así:

Zeus: J-R, quiero preguntarte algo acerca de mi iniciación.
J-R: ¿Tienes hambre?
Zeus: No. En cualquier caso, tuve un sueño y me preguntaba...
J-R: Yo tengo hambre.
Zeus: ¿Qué te gustaría comer?
J-R: Un sándwich de atún, asegúrate de que esté...
Zeus: Cortado en cuatro. Claro ¡ya te lo preparo!

Entonces me iba para la cocina para hacerle el sándwich, mientras él se sentaba en su sillón reclinable y miraba televisión. Cuando terminaba de preparar el sándwich, se lo llevaba e intentaba volver a mi pregunta. Pero antes de que pudiera pronunciar una palabra J-R saltaba nuevamente.

J-R: ¿Chiles picantes?
Zeus: Ya se los puse. ¿Mayonesa?
J-R: Sí, por favor, poca. Pan tostado.
Zeus: Aquí tienes.

J-R inspeccionaba el sándwich cortado en cuartos y yo me sentía muy bien porque el sándwich había sido aprobado. Entonces volvía a probar con mi pregunta.

Zeus: Cuando yo sueño con un accidente ¿eso significa que podría haber pasado en la vida real?
J-R: ¿Me puedes traer un vaso de agua?

Ya me estaba sintiendo frustrado.

Zeus: Vamos, J-R, me estás evadiendo.

J-R simplemente se reía entre dientes y continuaba divirtiéndose.
De lo que eventualmente me di cuenta era que J-R estaba rompiendo mis patrones al no ceder ante mi manera de pensar. En ese momento yo no lo sabía, pero la mente simplemente sigue y sigue, sin un real propósito. J-R estaba en el reino del Alma y aún más arriba y la manera de llegar a él era a través del Amor, no de las preguntas.
Llegaba al punto en que yo simplemente me reía. Ya no me importaba mi pregunta ni qué estuvieran pasando por televisión.
Eventualmente me di cuenta de que no se trataba de la televisión o sándwiches de atún: él estaba despejando patrones que no me estaban sirviendo. Fue cuando finalmente me di por vencido de querer saber por qué él estaba haciendo la rutina de cambiar canales, que me dijo que era porque quería mantener la mente distraída pero no dejar que el programa lo atrapara demasiado. J-R me estaba enseñando cómo mirar televisión (o la vida) sin dejarme atrapar por el drama.
A veces J-R era mucho más directo conmigo con respecto a despejar patrones o hábitos... o adicciones. Sí, yo tenía adicciones, y una de las que se me pegaron era bastante insidiosa. Empezó cuando John y Laura, su esposa de entonces, llevaron a J-R y al hijo adulto de Laura a los Juegos Goodwill en Seattle.
Un día, el hijo de Laura nos llevó a tomar café a una cafetería muy novedosa. Se llamaba Starbucks®. Y el hijo de Laura hablaba loas de los granos de café. Entonces probé un café de Starbucks hecho de sus famosos granos, un grano tostado exprés envuelto en chocolate... y no pude parar. Así empezó; me convertí en un adicto al café y granos de Starbucks. Con el tiempo, a través de todos los

PAT y un sinfín de viajes y eventos en los que participé, yo estaba (lo admito) embebido en café.

Por supuesto, poco después, las cafeterías Starbucks abrieron en todos lados. No había lugar en donde no hubiera un Starbucks. Ese logo verde estaba grabado en mi cerebro.

A partir de entonces, cada día cuando conducía a J-R a algún lado, yo le decía: "Quiero detenerme y tomarme un café Starbucks". Creo que llegué a tomarme unos siete expresos diarios. Era duro. Y esa era la energía que estaba usando en vez de la energía interna, espiritual. Entonces J-R empezó a trabajar conmigo.

El diálogo se convirtió en:

Jsu: ¿Puedo detenerme aquí para comprarme un café de Starbucks?
J-R: No.
Por lo tanto, empecé a trabajar eso con J-R.
Jsu: ¿Qué significa eso?
J-R: Significa que no.

Finalmente, empecé a darme cuenta que tenía una adicción al café de Starbucks.

Lo que terminé haciendo fue cambiar a distintas marcas para que se interrumpiera el patrón y que yo no me sintiera atrapado en una adicción. Empecé a ir a cualquier tipo de cafetería común.

Al final, hacer esto rompió con mi hábito del café, porque aún tomo café pero no me tomo ocho expresos por día. Y seguro que ya no voy tan seguido a Starbucks.

Otra adicción de la cual me sacó J-R fue a las palomitas de maíz. Íbamos mucho al cine. Mucho. Siempre compraba palomitas porque me gustaban tanto, mientras que J-R compraba caramelos masticables Red Vines®.

Un día J-R me miró junto con al paquete de palomitas y dijo: "Sabes, estás comiendo un poco de más de eso, ¿qué tal seis meses?".

"¿Seis meses?"

"Sí. No quiero que comas palomitas. Tómate un respiro durante seis meses".

¡Ay Dios mío!, seis meses. Pero estuve de acuerdo y luego de un tiempo, ya no me molestaba. ¿Ahora como palomitas? Sí, pero las disfruto en vez de estar comiéndolas como un hábito o una adicción.

J-R era un maestro en ayudarme (y a todos sus estudiantes, en realidad) a romper patrones y despejar adicciones. Lo suyo era la Trascendencia del Alma, y la naturaleza del alma es la liberación. Si vamos a llegar a tener una conciencia del alma, no podemos hacerlo si estamos encadenados a un hábito o a una adicción.

Según mis observaciones, J-R podía vivir multidimensionalmente. Él permitía que sus ojos y su mente se enfocaran en algo que era terriblemente absorbente. Él lo mantenía suficientemente interesante como para distraer la mente, y así dejaba su cuerpo. Hay una cita genial de J-R con respecto a esto:

> "Ahora es el momento para dirigirte a tu propio lugar en quietud. Nadie en la casa siquiera necesita saber que estás haciendo tus ejercicios espirituales. Puedes tener el televisor prendido y tus ojos mirándolo y estar viajando en el Alma. Puedes estar acostado silenciosamente y cantar el HU o tu tono de iniciación, y no hace falta que la persona a tu lado sepa que lo estás haciendo".
>
> – JOHN-ROGER, D.C.E.

Esa fue una de las técnicas que aprendí de J-R. En estos días me doy cuenta de que tengo el televisor prendido mucho tiempo, y a veces me permito estar absorto. Pero es como que la televisión es para el ruido blanco, y en el ruido blanco, como J-R, yo me voy a otros lugares. La realidad es que él nunca me dijo adónde iba cuando miraba televisión, por lo tanto no puedo atestiguar con respecto a la efectividad de mi viaje del Alma cuando miro televisión. Sin embargo, puedo decir que eventualmente me volví muy experto en usar el control remoto. Yo tenía talento y fui entrenado por el Maestro. Lo mantuve feliz. Aprendí cómo quedarme suficiente tiempo en un canal como para que J-R pudiera dejar su cuerpo. Cuando eso ocurría nosotros del grupo del personal, decíamos: "J-R se fue", que era nuestro código para cuando viajaba en el Alma.

A J-R también le gustaba mirar los infomerciales. Durante el período de nueve años cuando éramos él y yo solos, uno de mis trabajos era anotar todos los pedidos que teníamos llamando al *1-800-SendUsYourMoney* (Envíenos su dinero). Esto fue antes de que existiera Internet.

A J-R siempre le gustaron las nuevas tecnologías y él quería que yo pidiera cosas aun cuando parecieran bastante extrañas. Yo discutía con él sobre lo que a mí me parecía una estafa, y nuestros diálogos eran algo como lo siguiente:

J-R: Pídelo.
Zeus: Por favor, J-R. Están vendiendo la posibilidad de tener abdominales firmes en 5 minutos y tú sabes que estos tipos en la propaganda están llenos de esteroides y nosotros no lo estamos.
J-R: Pídelo.
Zeus: Pero...
J-R: Pídelo.
Zeus: Está bien.
J-R: También los accesorios especiales.
Zeus: Con solo mirar esto, J-R, yo sé que todo esto es falso.
J-R: Yo no lo sé.
Zeus: Yo sí. No vamos a vernos así como ellos en 5 minutos.
J-R: No lo vas a saber hasta que lo pruebes.
Zeus: ¿Compro uno entonces?
J-R: Sí. Y todos los accesorios.

Esta era una gran lección para mí. J-R era una clase de hombre de "ver para creer y de poner a prueba". Tener la experiencia y saber, era la clave. Dejar que la mente haga suposiciones y dé por sentado todo tipo de cosas impide la experiencia. Nosotros pedíamos todo tipo de dispositivos y cosas que a J-R le interesaban; y él estaba interesado en todo.

La clave es que ahora me encuentro chequeando estas cosas por mí mismo. (Pero todavía necesito averiguar cómo conseguir abdominales firmes en 5 minutos).

Las computadoras Apple® explotaron cuando Steve Jobs volvió a la compañía y nosotros entrábamos todo el tiempo a las tiendas de dispositivos (antes que se crearan los tiendas Apple en línea) mirando todo lo recién llegado. J-R amaba lo que Steve Jobs había creado en Apple porque era muy innovador.

Esto definitivamente tiene su influencia en mí hoy día. Soy un "trol" de los infomerciales de Internet. Me gusta mirar los dispositivos nuevos. Amo cualquier cosa que sea nueva, y soy curioso acerca de las cosas nuevas. Creo que esa era la naturaleza de J-R: Amor y curiosidad.

Los otros programas que a J-R le gustaba mirar por televisión eran los tele evangelistas y los oradores motivacionales. Gene Scott era uno de sus favoritos. J-R me decía que Gene Scott era el mejor académico, conocía la Biblia y los diferentes idiomas mejor que nadie.

Cuando Tony Robbins aparecía en los comerciales, J-R le enviaba la Luz. También le gustaba Jim y Tammy Faye Bakker, nunca los juzgó. También mirábamos a Kenneth Copeland y Paul Crouch y su señora. J-R le tenía mucho respeto a Billy Graham. Una vez, J-R, John Morton y yo fuimos a un gran estadio para ver a Benny Hinn, y también visitamos la Catedral de Cristal de Robert Schuller para ver su espectáculo de Navidad. Otro que le gustaba a J-R era Terry Cole-Whittaker. Cambiábamos de canales mucho tiempo buscando a los tele-evangelistas; algunos días era como estar todo el domingo en la iglesia en Mandeville.

El Amor de un Maestro

J-R no afirmaba que él sabía todo y verlo mirar a los tele-evangelistas era siempre interesante. Muchas veces cuando el predicador en televisión decía: "Levanta tus manos y recibe la bendición del Señor", yo miraba a J-R y él tenía sus ojos bien abiertos y sus manos en el aire listo para recibir la energía del Cristo. Me miraba y decía: "Vamos". Yo levantaba mis manos y me unía a él. Siempre era como estar en una iglesia cuando estaba con J-R.

Sin embargo, estar con J-R no era solo estar en una iglesia, también era estar en la Universidad, con esteroides. De alguna manera, la vida es como estar en una escuela donde hay aprendizajes constantes. Estar cerca de J-R era estar siempre en una escuela de misterios porque yo estaba constantemente con el maestro. En mi vida antes de conocer a J-R, si se presentaban las lecciones, yo podía tratar de manejarlas o ignorarlas; al estar con J-R, si se presentaban las lecciones yo las tenía que manejar o me tenía que ir, para siempre. Entonces elegí aprender a manejarlas, aunque no siempre estaba feliz de hacerlo.

Me acuerdo de un día en que se presentó una oportunidad cuando estaba en el auto con J-R. Yo estaba "presionando" para que algo sucediera a mi manera aun cuando mi Maestro/Viajero supiera lo que era para mi mayor bien. Yo insistía para que me diera lo que yo quería, y J-R simplemente se volvió hacia mí y me dijo que detuviera el auto y que me bajara. ¡¿Qué?! Estábamos a más de 300 km de casa.

Enseguida presté atención y le pregunté qué quería decir. Me dijo que yo tenía que bajarme del auto. Entonces me bajé y él se fue conduciendo el auto. No es que haya girado la esquina o empezado a disminuir la velocidad. Simplemente me dejó allí, a merced de mis propios pensamientos. Tuve la oportunidad de mirar bien de cerca, durante cinco o diez minutos, lo que había hecho y casi ensucio mis pantalones.

Cuando empecé a darme cuenta de lo tonto que había sido, J-R apareció en el auto y me preguntó si ahora estaba bien. No me juzgaba, lo preguntaba con total amor. J-R no guardaba ningún tipo de pensamiento malo o resentimiento. Sonreía con amor cuando volvió. Yo me subí al auto y me olvidé de mi pena y volví a reír. Y también aprendí la lección. Desafortunadamente, ese tipo de lección la recibí muchísimas veces. Yo creo que J-R tenía infinita paciencia.

Algunas veces mis "problemas" eran más profundos y no se despejaban luego de unos pocos minutos de estar envuelto en el karma. Hubo un período en que yo no la estaba pasando bien, y no estaba procesando muy bien mis problemas. Entonces, una noche volvimos de algún lugar y J-R me dijo que él necesitaba que yo me mudara de allí.

El hecho es que él le pedía a todos los del grupo del personal que se fueran cuando estábamos fuera de equilibrio, y eso realmente me preocupaba. Durante muchos años, aún hasta el día de su transición, frecuentemente yo le preguntaba si yo estaba interfiriendo y si él quería que yo me fuera. Yo jamás quise estorbar su trabajo. Algunas veces él me respondía: "Sí", a modo de prueba, y yo le decía: "NO, no me voy". Me miraba sonriendo, guiñando el ojo y se reía. J-R era un constructor de fortaleza.

Afortunadamente (para mí), la mayoría de las veces decía: "No, quédate", así que no me tenía que ir (entretanto yo transpiraba bulones cada vez que preguntaba). A veces decía que si cabía tal pregunta, entonces era hora de irse. Pero solamente esta vez dijo que sí, que me tenía que ir. De verdad me estremeció.

Solo con pensar en mudarme literalmente me enfermé. Hasta ese momento, si me decía que me fuera, yo mejoraba un poco mi comportamiento y él dejaba que me quedara. Esta vez no sucedió así. Con un pequeño gesto de su mano, me devolvió mi karma, y me dijo que me tenía que ir.

Me sentí destrozado. Intenté escabullirme de donde me había metido. Intenté de todo, incluso llorar, y nada funcionó. De hecho implorar y ser patético definitivamente no inmutaba a J-R. Durante horas, básicamente estuve de rodillas con mis manos en sus pies, besándolos. Experimenté la humillación total. Nunca había llegado a un punto tan bajo.

Finalmente, me dijo que se iba a ir a la cama, y que me podía quedar a dormir. Le pregunté si se había atravesado el karma y me dijo que no. Luego le pregunté si él me lo podía quitar para que no tuviera que pasar por esto. No respondió. Devastado, me fui a acostar.

Me levanté en la mañana y empecé a hacer las cosas que generalmente hacía en la casa. Cuando llegó el momento de salir, J-R me dejó conducir. En ese momento supe que quizás tendría la oportunidad para aprender un poco más de mí mismo, y de volver a mi camino. Le pregunté a J-R si el karma se había despejado. Me miró y esta vez me dijo: "Veremos".

Poco a poco, al yo corregir mi comportamiento, el karma se despejaba y yo volvía a estar en buenos términos con J-R. Creo que fue duro para él, pero J-R era implacable al trabajar conmigo, sin importar cuánto le costara. Creo que eso era cierto con todas las personas con las que trabajó: J-R no elegía la salida fácil ni dejaba las cosas a medio hacer.

Sé que J-R me quitaba todo lo que yo equivocadamente creía que yo era o tenía. A veces era tan despiadado que quise morirme un millón de veces. Sin embargo, también era un proceso asombroso.

Conforme pasaba el tiempo, vi que J-R sabía exactamente cómo quitarme los patrones. En cuanto yo volvía a estar apegado a mi forma de pensar, él rompía el patrón. Era así de audaz. Sus irrupciones eran muy calculadas y muy atrevidas. Básicamente, yo tenía que acatarlo. Aunque él fuera mi maestro, él no estaba trabajando para mí. Era yo quien estaba trabajando para él.

A veces para que J-R me prestara atención (y acuérdate: yo soy actor y quería atención), lo llamaba "Roger". Cuando le decía "Roger", él se sonreía y a veces se le llenaban los ojos de lágrimas. Estaba conectado a Roger Hinkins; de tanto en tanto esa parte de él volvía a la superficie.

"A todos presta oídos; tu voz a pocos".

– WILLIAM SHAKESPEARE (HAMLET)

"Muchas veces cuando estaba conduciendo para J-R, recibía algún tipo de señal, como luces o destellos violeta, cuando algo estaba por ocurrir. Podían relacionarse con cualquier cosa, pero siempre significaba 'presta atención.'"

CAPÍTULO 16

Conduciendo para John-Roger

Además de enseñarme con la televisión, J-R trabajaba mucho conmigo cuando yo conducía el auto. Por ejemplo, yo podía estar distraído con mis pensamientos y perder la salida de la autopista. Entonces yo empezaba a preguntarme qué era lo que estaba pensando que me había hecho perder mi enfoque. A J-R realmente no le gustaba cuando esto sucedía. Lo que hacía era mover su conciencia y ponerse dentro de mi cabeza para saber dónde estaba mi atención realmente cuando yo perdía la salida. Entonces me preguntaba: "¿Qué has estado haciendo?". Yo sabía que me había descubierto, y tenía que admitir que estaba distraído. No podía mentir, ni pensar en alguna excusa ni esconder mis pensamientos porque él estaba allí dentro y *sabía* lo que yo había estado pensando.

Al principio no lo entendía, pero era difícil mentirle a J-R porque yo no tenía demasiadas barreras. Él podía ver a través de mí. Para él, yo era como un libro abierto. Por lo tanto le podía contar lo que fuera acerca de lo que yo estaba haciendo o pensando. No había nada que J-R no supiera de mí.

Entonces, cuando él me pescaba distraído mientras yo conducía, el diálogo era más o menos así:

J-R: ¿En qué estás pensando?
Zeus: Sobre esa chica en la película.

J-R: ¿Qué pensabas de ella?
Zeus: Pensaba que es linda.
J-R: Sí, es linda, ¿verdad?
(En este punto, J-R está tratando de hacerme hablar más).
Zeus: Sí que lo era...
J-R: ¿La deseas?
Zeus: ¡No! Sólo la estaba mirando.
J-R: Puedo ayudarte a que la tengas. Es fácil.
Zeus: Sé que puedes hacerlo. No, estoy bien, solo quiero servir y estar aquí, pero a veces me engancho.
J-R: Ten cuidado con lo que creas. Puedo ayudarte a despejar algunas cosas pero si fantaseas demasiado o creas de más en tu mente, entonces tendrás que cumplirlas y así ya no te puedo ayudar.

Ya había llegado al punto en que le rogaba a J-R que las despejara porque yo había visto lo que sucedía cuando él ayudaba a la gente a conseguir lo que quería. Yo no quería eso. Yo quería seguir trabajando con J-R.

Por lo tanto tenía que aprender a tener cuidado con lo que ponía en mi mente porque el corazón lo seguiría, y luego lo físico seguiría al corazón. Se me ocurre que esa es una de las razones por las que es tan importante estar en el presente.

J-R me enseñaba cómo extender mi conciencia hacia adelante y enviar la Luz para preparar una llegada a salvo. Empezaban a aparecer puntos y destellos violetas. En viajes muy largos, como en las grandes autopistas de Utah o Nevada, especialmente si estábamos conduciendo un auto nuevo, J-R me decía que estaba bien si me apuraba un poco, lo que significaba que podía apretar el acelerador para comprobar la velocidad del auto nuevo. Los puntos o destellos blancos eran algo bueno; esto significaba que la conciencia de J-R estaba adentro de mí, mirando a través de mis ojos y verificando mi conciencia. Los destellos violetas muchas veces eran señales de advertencia. Desde mi experiencia, aprendí que esas luces eran indicadores de que J-R estaba mirando por dentro. Podían relacionarse con cualquier cosa, pero siempre significaban "presta atención". Yo observaba que su conciencia estaba en todos lados pero jamás se imponía. Debías permitir que entrara. No es una posesión o entidad ni nada de eso, es conciencia.

Cuando J-R aparecía en mi conciencia, yo no experimentaba que se estuviera "apoderando" de mí, como si fuera un médium. Por el contrario, J-R realmente quería que yo estuviera consciente cuando estaba conduciendo y no que estuviera volado, por lo tanto estos eran recordatorios: eran advertencias para que yo estuviera alerta.

Estar alerta siempre es una buena idea, y una vez en particular, tuve un lindo premio por ello. Estaba llevando a J-R a una cita con un médico en Beverly Hills en la década de los noventa. Ese día estaba muy consciente y noté a cuatro personas caminando muy lentamente por la acera. Me llamaron la atención y cuando miré más de cerca me di cuenta de que era el ex Presidente Ronald Reagan y tres agentes del servicio secreto acompañándolo. Para esa época la enfermedad de Reagan ya lo había debilitado y caminaba muy encorvado.

Desde que puedo acordarme, he tenido una conexión con Reagan; cuando tenía 16 años, soñé que le habían pegado un tiro. Tres días más tarde fue exactamente lo que sucedió. Entonces le dije a J-R que quería saludarlo y le pedí si podía enviar la Luz. J-R dijo que sí, entonces me detuve un tanto abruptamente y me bajé del auto. Caminé hacia el ex Presidente Reagan y por supuesto, los agentes me advirtieron que me volviera al auto. Luego Reagan me vio y se dio cuenta de que yo no iba a causarle problemas. Nos miramos a los ojos y él sonrió. Yo lo saludé con la mano y con lentitud, los movimientos de sus manos me indicaron su gratitud por habernos detenido.

Los agentes insistieron en que yo volviera al auto y yo les dije que se relajaran, que él ya no estaba oficiando de presidente, y que nosotros simplemente lo estábamos saludando. Luego la Luz se movió entre todos nosotros y J-R estaba allí energéticamente, conectándonos a todos. Fue una experiencia mágica ver cómo se despejaba la tensión. Volví a meterme en el auto con J-R y seguimos hablando sobre el ex presidente y orando por él. Realmente fue uno de esos momentos especiales, y sucedió porque yo estaba prestando atención. (Bueno, eso y además porque tuve la audacia de detenerme y no ser intimidado por tres agentes del servicio secreto).

Muchas veces J-R y yo simplemente hablábamos mientras yo lo conducía. Éramos dos tipos hablando sobre sus vidas. Una vez cuando estaba conduciendo desde el retiro de Viviendo en la Gracia en Asilomar, por la ruta de la costa en California del Norte, le mencioné una experiencia que yo había tenido unos años antes mientras conducía por Big Sur. Le conté que cuando estaba pasando por un área en particular, había tenido una sensación muy rara, de miedo. No se iba y de hecho había empezado a intensificarse. Poco después, me encontraba muerto de miedo. Le conté que se parecía a la vez cuando yo era muy joven y vivía en New Jersey, que había tenido la sensación de que cerca a nosotros vivían unas brujas. Al conducir por Big Sur, le conté, yo percibía algo grande y muy poderoso; la energía era muy espesa y la podía sentir por encima de mi auto.

Le describí cómo había empezado a oscurecer y la mayoría de los lugares que pasaba estaban cerrados. Llegué a una ciudad, pero no tenía dinero para pasar la noche en un motel, así que atravesé velozmente la ciudad mientras se volvía más y más oscuro y las secuoyas formaban un arco frondoso por arriba de mi auto.

J-R simplemente escuchó mi relato, luego "se fue a algún lugar" en su conciencia, como frecuentemente hacía cuando verificaba algo. Me miró y me dijo que yo había estado en la senda meridiana de un dragón que vive allí.

¡¿Dragón?! En realidad, lo creí porque lo había sentido. Sólo la enormidad de un dragón podría describir esta experiencia que fue tan real para mí.

Un poco más tarde J-R mencionó el vuelo 243 de Aloha Airlines en 1988, que había sufrido un daño extenso luego de una descompresión explosiva inexplicable que había ocurrido durante su vuelo. J-R me dijo que él había seguido la pista interiormente, y el avión había cruzado una senda meridiana o líneas de energía que los dragones etéreos usaban para viajar. Eso me voló la cabeza porque tenía mucho sentido para mí después de mi experiencia de Big Sur.

La mente está limitada a lo que sabe, y de lo que me hablaba J-R iba más allá de la mente y hacia "lo conocido que no se puede conocer", si tienes ojos para ver y oídos para oír.

Conducir con J-R era todo un despertar y estos son relatos que no se pueden olvidar. Yo los cuento, no para convencerte con respecto a ellos, sino para recordarlos.

*"Acepta sin juicio lo que suceda en el plano físico
y estarás en condiciones de manejar los cosas
con un éxito nunca antes visto.
De la misma manera en el Espíritu,
acepta por igual lo que ocurra y lo que no ocurra,
sin emitir juicios, y esa aceptación
contribuirá a tu progreso espiritual".*

– JOHN-ROGER, D.C.E.

(DE SU LIBRO PASAJE AL ESPÍRITU)

CAPÍTULO 17

Más Allá de Lo Que Se Ve a Simple Vista

Como indiqué en el último capítulo, no todo lo que J-R me enseñó era sobre auto conciencia. También me dio una idea sobre lo que yo llamo las cosas fantásticas. Por ejemplo, J-R me mostró cómo ver los templos etéricos en los Alpes Suizos.

J-R, John y Laura, sus hijos Claire y Zane y yo habíamos viajado a Suiza por motivos de trabajo. Luego, John y su familia volvieron a casa porque los niños tenían que ir a la escuela, J-R y yo continuamos viajando por el país. Fuimos a varios lugares, como Zermatt y otras montañas del estilo del Matterhorn. Al viajar en el auto, J-R decía cosas como: "Fíjate en los templos etéricos". Entonces yo miraba y por supuesto, no veía otra cosa que montañas. Entonces J-R me daba ciertas pistas para abrirme y empezar a buscar las otras dimensiones en vez de sólo esta dimensión física.

Me decía que no mirara fijamente en línea recta sino que mirara un poco por el costado, con mi visión periférica. No era fácil, pero eventualmente empecé a tener ciertas vistas de estos lugares que no eran físicos. Para mí, se veían como una continuación de una capa superior de los Alpes.

J-R también me habló sobre la Lluvia Espiritual y cómo verla. Dijo que era una forma del espíritu, que a veces llueve sobre las áreas verdes. Se ve como una garúa, una llovizna. A veces es el reino de los Devas que está exhibiendo sus poderes.

Durante un tour del grupo por Inglaterra hacia finales de la década de los noventa, el misterioso fenómeno de los círculos en los cultivos era la noticia de ese verano. El viaje fue organizado por Brooke Danza, J-R y John Morton, como extensión de una aventura en Irlanda. Viajamos en uno o dos autobuses a diferentes partes de Inglaterra visitando muchos círculos que habían estado apareciendo en el Reino Unido en los cultivos.

No puedes ver un círculo en los cultivos cuando estás allí; necesitas altura. Cuando los ves de primera mano, es imposible imaginar que un ser humano los haya creado, y mucho menos literalmente de la noche a la mañana. Parecía ser una increíble cantidad de trabajo producir estos diseños quizás del tamaño de la mitad de una cancha de fútbol, sobre acres de heno. Cada círculo consistía en un patrón complejo, un diseño perfecto y aplanado sobre el heno o pasto grueso que estaba doblado o aplastado de una manera en que el pasto no estaba quebrado. Los tallos apuntaban muy precisamente en una dirección u otra, arremolinados o en espirales, y a veces hasta estaban entrelazados como un canasto. Claramente, ningún instrumento de la tierra podía hacer eso tan consistentemente, a pesar de que los escépticos insistieran con respecto a sus teorías de engaños. Sólo para crear círculos perfectos y sencillos, necesitarías cortar simétricamente una gran cantidad de madera contrachapada y luego realmente hacer presión con la fuerza de muchos hombres. Aun así, algunos tallos se romperían o apuntarían en direcciones al azar. El guía del tour nos contó que fueron creados usando algún tipo de calor radiante y mucho peso para dibujar los diferentes patrones en el heno, que podían ser circulares, en sentido horario o antihorario. Los diseños únicos eran siempre impredecibles de un círculo a otro y el método con el que fueron hechos nunca fue explicado de manera contundente. Sin embargo, una creencia común entre las personas de mente más amplia es que fueron creados por los Objetos Voladores No Identificados (OVNIS).

Una noche, cuando muchas de las personas salieron a caminar con un guía para intentar ver los OVNIS, J-R, Nat, yo y algunos más nos quedamos en el autobús. J-R se sentó allí y nos señaló los OVNIS arriba en el cielo. Me acuerdo que estábamos afuera en la campiña inglesa, encima de una colina orientada hacia una pequeña ciudad. En ese entonces no había polución que aminorase la luz de las estrellas o las constelaciones. Podíamos ver los movimientos de lo que parecía un gran número de OVNIS, que se diferenciaban claramente de las luces intermitentes de un avión o alguna otra aeronave manufacturada por el hombre.

Menciono esto porque J-R siempre nos estaba enseñando y demostrando las energías sutiles presentes en los mundos interiores y exteriores, más allá de esta manifestación densa llamada Tierra. Nos mostró que aún dentro del cuerpo físico, existen muchos niveles; y J-R estaba en contacto con todos ellos. También escuché en algún momento que J-R había dicho que había alienígenas que estaban en busca de un Viajero con quien conectarse, aunque ellos fueran de otra dimensión. Pero hay manifestación aun debajo del reino del alma, por lo tanto si el Viajero está trabajando en todos los niveles, entonces es bastante probable que los alienígenas quieran conectarse de una manera amigable y ser socios. Este no es un fenómeno de "La Guerra de las Galaxias" o de "Día de la Independencia", aunque le escuché decir a J-R que ese tipo de cosas sí ocurren en los niveles interiores. Estamos hablando sobre algo muy multidimensional. Me río cuando los científicos dicen: "Hemos descubierto más planetas en otras galaxias". No. Lo que han descubierto es un mejor telescopio para poder ver lo que ya estaba allí.

Cuando J-R estaba vivo, a veces había algunos fenómenos inusuales alrededor de la casa de Mandeville. Definitivamente creo que algo de lo que veíamos u oíamos estaba relacionado con los alienígenas buscando maestros espirituales. Unas semanas luego de que falleciera J-R, tuvimos unas visitas no físicas en Mandeville, tal y como había sucedido en otros años. Pero esta vez fue muy loco. Yo estaba en la habitación de Nicole al lado de la cocina y tuve la sensación muy fuerte de que alguien estaba recorriendo la casa buscando a su Viajero. Fue un fenómeno bastante fuerte y profundo, y a veces, daba un poco de miedo por los ruidos y las vibraciones que hacían sacudir a las cosas en los estantes.

Menciono estas cosas para que entiendas que J-R vivía en muchas realidades y podía ver dentro de muchas dimensiones, y parte de lo que estaba haciendo con nosotros, sus estudiantes, era presentarnos algunas de las cosas que demuestran que hay mucho más en nosotros de lo que se ve a simple vista.

*La clave para liberarte es que te ames a ti mismo
y ames cada experiencia que te ocurra,
sea que parezca negativa o positiva.
Ámalo todo por igual.*

– JOHN-ROGER, D.C.E.
(DEL LIBRO CUMPLIENDO TU PROMESA ESPIRITUAL)

"Uno de esos signos es que los Viajeros realmente no prometen nada en este mundo. J-R nunca me prometió nada, pero en privado siempre me dijo que él cuidaría de mí y que yo no tenía que preocuparme de nada. Aún hoy, mucho tiempo después de su muerte, yo realmente siento que él me está cuidando. Y estoy seguro de que está cuidando a miles de otros".

CAPÍTULO 18

J-R y mi Carrera de Actor

En los primeros tiempos de estar en el personal de J-R, aunque estaba mucho tiempo con él, también estaba intentando mantener mi carrera de actor. Dado que parecía como si tuviera dos trabajos de tiempo completo en conflicto, le pregunté a J-R cómo funcionaría esto. Para mi sorpresa, él me dijo que yo no tenía que abandonar mi carrera. Dijo que trabajaría conmigo al respecto. Yo pensé: "Bueh, veremos".

Yo había estado estudiando actuación por bastante tiempo (aún lo hago en cierta medida) y realmente en eso me enfoqué entre 1981 hasta más o menos el 2001. Yo buscaba mi verdadero Ser en la actuación. A diferencia de muchas actuaciones donde se busca esconderse en un personaje, yo quería usar las verdaderas partes de mí y usarlas en el personaje que estaba representando.

Muchos de los mismos ejercicios y movimientos que se estudian en clases de actuación son similares a aquellos usados en Insight y en USM. Mi búsqueda entera ha sido tras mi verdadero Ser. Uta Hagen habla sobre revelar nuestro ser, no cancelarlo. Yo estudié durante diez años con John Abbott, un actor de reparto experto en Shakespeare. Me sentí muy conmovido al encontrarme a mí mismo a través de sus palabras. J-R me contaba que Shakespeare había sido un Viajero. Lo más loco era cuando J-R me leía a Shakespeare. Un Viajero leyendo las palabras de otro Viajero.

Poco tiempo después de mi conversación con J-R, estábamos en algún tipo de cafetería y yo reconocí a Angela Lansbury sentada al otro lado del salón. Ella era la actriz principal en *Murder, She Wrote* (*Reportera del crimen*), una serie de televisión de primer nivel en ese tiempo, y yo quería trabajar en la serie. Se lo mencioné a J-R y me dijo que me acercara a la mesa y que le dijera que quería trabajo.

Mi comportamiento suele ser bastante estrafalario pero hacer eso parecía totalmente de armas tomar. Sin embargo J-R me animó, así que me acerqué y le dije que estaba encantado de conocerla y que quería un papel como actor.

Me dijo que estaba también encantada de conocerme, y me preguntó si yo tenía talento.

Le dije que sí, y me dio una dirección adonde llevar mi cinta de demostración.

Le envié la cinta enseguida, y en efecto, terminé trabajando en dos episodios de *Reportera del crimen*. Le agradé a la Sra. Lansbury y a mí me agradó ella, fue bastante genial. Entonces empecé a pensar que quizás J-R *sí* iba a trabajar conmigo en mi carrera.

Esto fue un comienzo. Cada vez que J-R me empujaba más allá de lo que yo pensaba como mi límite, yo aprendía algo nuevo. En este caso estaba aprendiendo a pedir lo que quería. Él frecuentemente me citaba de la Biblia: "No recibes porque no pides". Con el tiempo, aprendí a pedir.

Hablando de pedir, para J-R era importante moverse más allá de los problemas y hacer preguntas para obtener información. Podía ser en cualquier área. J-R no suponía y estaba dispuesto a hacerse el tonto si esa era la manera de obtener la información que quería. Me enseñó estas maneras, también.

He aquí un par de ejemplos de cómo sucedía:

Ejemplo 1:
J-R: ¿Verificaste si Jack compró el caballo?
Zeus: No, no me lo dijo cuando hablamos.

J-R: Quiere decir que no le preguntaste.
Zeus: No.
J-R: ¿Cuánto costaba el caballo?
Zeus: No sé.
J-R: Quieres decir que no le preguntaste. Si piensas que hacer una pregunta está mal o que de alguna manera se te verá menos listo, adelante y hazte el tonto: haz la pregunta.
Zeus: (A esa altura yo me quedaba callado, porque lo mejor era no discutir. Discutir con J-R en defensa de una limitación era degradante).
J-R: Vuelve a llamarlo y pregúntale todas las preguntas tontas.
Zeus: Gracias, J-R.

Ejemplo 2 (después de una audición):
J-R: ¿Cómo te fue hoy?
Zeus: Muy bien, les agradé.
J-R: ¿Te dieron el papel?
Zeus: Todavía no. Pero sonrieron y dijeron que lo había hecho muy bien.
J-R: ¿Cómo te sentiste?
Zeus: Bien.
J-R: ¿Piensas que te lo van a dar?
Zeus: Creo que sí.
J-R: Ve detrás del dinero.
Zeus: ¿Qué?
J-R: No pienses sobre la fama, simplemente ve detrás del dinero.
Zeus: Entiendo.
J-R: La ópera no se acaba hasta que cante la gorda y el cheque esté en el banco.
Zeus: Ya acreditado ¿no?
J-R: Correcto.

Luego le empezaba a preguntar qué debería hacer.

Zeus: ¿Debería llamar al director del casting de la gran película de la que te hablé ayer?
J-R: No sé.
Zeus: Ya sabes, la que trata sobre los vaqueros americanos. ¿Debería practicar en Windermere?
J-R: No sé.

Si a J-R le faltaba información, él no especulaba ni inventaba.

Zeus: ¿Tengo que poner de mi parte?
J-R: Sí.
Zeus: ¿No puedes contestar porque no hay suficiente información? ¿Necesitas más información?
J-R: Sí. Si no, la respuesta va a seguir siendo, "No sé".
Zeus: Bien, entiendo.

Esto no era sólo lo que enseñaba J-R sino también como él manejaba su vida. Él tenía una expresión: "No empujes el agua cuesta arriba porque vas a recibir barro en la cara". Yo experimentaba esto cuando pensaba que había triunfado en una audición pero no me daban el papel; sin embargo, cuando me sentía inseguro y perdido, conseguía el papel. Muchas veces estaba seguro de alguna manera, ¡pero me equivocaba!

Cuando J-R nos decía a Nat y a mí que algo era del "10%", no nos involucrábamos. El diez por ciento para nosotros quería decir: "No los apoyaré con mi energía y están solos". Por lo tanto, la mayoría de las veces no tomábamos ninguna acción si J-R no nos daba su apoyo. Si el decía: "Bien o 10%", no era bueno. El diez por ciento se refiere a la pequeña porción de la conciencia humana que existe en el nivel físico; J-R enfatizaba que el noventa por ciento de nuestra conciencia en realidad habita en los niveles no físicos (espirituales), de los cuales generalmente no estamos conscientes.

El MSIA enseña cómo tener más conciencia de aquel mucho más importante noventa por ciento de nuestra existencia.

Eventualmente llegamos a un punto donde Nat y yo nos volvimos un equipo de consenso. Sentíamos la indicación interna y cuando le llevábamos cosas a J-R, él daba su aprobación y todo coincidía con lo que habíamos estado pensando. Esa era la mejor prueba de que estábamos aprendiendo y creciendo.

Mientas yo aprendía todo esto, lo que yo llamaría milagros también se estaban volviendo más obvios para mí. Muchos de mis milagros se manifestaban aquí mismo en el mundo físico. No había garantía, pero muchas veces los veía antes de que se manifestaran. Muchos de ellos me sacaron de un aprieto, pero no podía simplemente suponer que J-R me iba a ayudar físicamente.

Uno de los signos de un Viajero es que trabajan en los niveles espirituales y realmente no prometen nada en este mundo. (Ver Apéndice B, "12 Signos de un Viajero".) Por lo tanto, J-R nunca me prometió nada, pero en privado siempre me dijo que él cuidaría de mí y que yo no tenía que preocuparme de nada. De lo que me he dado cuenta es que él quiso decir que él verdaderamente siempre está conmigo, tan cerca como mi respiración. Y en eso estoy siendo cuidado incuestionablemente. Y estoy seguro de que está cuidando de miles, docenas de miles, quizás millones de otros. Pero nunca hizo esto de una manera que me debilitara o que hiciera que yo dependiera de él. Nunca me decepcionó.

Mis milagros se volvieron como de película. No quiero dilatarme acerca de mi vida en Hollywood, pero ése era el lugar de mi karma y, en ese tiempo, era donde estaba mi mente. Así que naturalmente el Viajero, el Maestro, trabajaría conmigo adonde sea que yo estuviera.

Para el año 2000, no había avanzado demasiado en mi carrera, pero fue el comienzo de mi reaparición, y yo estaba totalmente conectado al espíritu y a J-R. Era asombroso usar las enseñanzas de muchas maneras en mi trabajo actoral. Usar las técnicas espirituales de J-R, como sembrar y pedirle a Dios lo que quería (para el mayor bien), pedirle al Viajero que estuviera conmigo en las audiciones y durante las filmaciones, y simplemente usar mi sentido común, me permitió tener éxito en una película tras otra. Se convirtieron en actuaciones con mi verdadero y mejor ser, mis mejores ángeles. J-R repetía la cita de Jesús: "No recibes porque no pides". Iba a una audición, y esa noche soñaba que no era para mí, y al día siguiente me enteraba de que no me habían dado el papel. Con un rechazo tras otro me hacía más y más fuerte y créanlo, lloré muchas veces en los hombros de J-R.

Esto fue antes de que hubiera experimentado el éxito de *The Lost City* (La Ciudad Perdida) y *Along Came Polly* (Mi novia Polly). Hasta ese punto había estado haciendo papeles de categoría B y series de televisión, pero no había podido volver a la industria de los largometrajes, que es inconstante. Es arriba y luego abajo. Pero en cualquier momento puedes tener un golpe de suerte y convertirte en una gran estrella de cine, por lo tanto de alguna manera realmente yo no tenía un problema con donde yo estaba en mi carrera. Al mismo tiempo, me estaba tomando muy personalmente lo que me estuviera pasando (o no me estuviera pasando). Pero no es personal. J-R me enseñó que en estas "cosas del mundo" nada es realmente personal.

Dicen que nosotros elegimos nuestro camino y decidimos, allí arriba en el nivel del alma, sobre qué vamos a aprender en cada vida. Con el paso del tiempo descubrí que el propósito entero de mi vida es ser valiente y fuerte. Un año me presenté en 80 audiciones y no obtuve nada. Llegué al segundo lugar en la mayoría de ellos. En mi mentalidad de entonces yo era un fracaso como actor. Pero a mí realmente me gusta la cita de Winston Churchill: *"El éxito consiste en ir de fracaso en fracaso sin perder el entusiasmo"*.

Todo es percepción. J-R decía que está en tu actitud. J-R no me estaba ayudando a ser famoso pero me estaba ayudando a perdurar, a superar y a construir mi fortaleza interna. Me estaba ayudando a manejar tanto mis expectativas como el creerme con derechos, y a manejar los altibajos y las decepciones. Hubo muchas decepciones como: trabajar duro para obtener un papel, filmar y luego encontrar en el estreno que me habían editado y sacado. Pero… eso es el "show business", el mundo del espectáculo.

Para dar un ejemplo de cómo el Espíritu parecía estar trabajando conmigo cuando yo estaba trabajando con el Espíritu, tuve una audición para una película de Arnold Schwarzenegger llamada *Collateral Damage* (Daño colateral). Justo había cambiado mi nombre actoral de Nick Corri a Jsu García, que es más parecido a mi verdadero nombre Jesús García. En la década de los ochenta, un gran agente me dio el nombre Nick Corri. Lo hizo porque, en ese tiempo, el único actor latinoamericano de algún renombre era Ricardo Montalbán. Este agente me dijo que yo nunca encontraría trabajo en este medio, en esta ciudad, siendo latino. Más tarde, las personas como Andy García, Steven Bauer y todos los otros grandes actores latinoamericanos cambiarían eso, pero en esos días él tenía razón.

De todos modos, fui a la audición y les agradé mucho. Fue divertido haber cambiado mi nombre porque me sentí reinventado. J-R me ayudó con la numerología para elegir "Jsu García". Los directores del casting no se acordaban de mí por los papeles de categoría B, pero les parecía familiar. Les encantó la audición y pidieron que volviera un poco más tarde para hacer la audición para el director de la película, que resultó ser Andrew Davis, el gran director de *El fugitivo*. Pero no podía volver porque había prometido hacer algo con J-R, y no iba a romper mi compromiso con él. Por lo tanto, a pesar de esta gran oportunidad, no dudé en decir que no. Desde un ángulo era un suicidio para mi carrera, pero seguí mi intuición y mi corazón.

Cuando le conté a J-R sobre la audición, me dio una sugerencia. Nos dijo a mí y a mi amigo Rick Ojeda que consiguiéramos una cámara y que filmáramos la audición. Realmente me resistí porque yo había probado algo parecido antes, y generalmente se veía como algo barato y cursi. Esto fue antes de que Internet realmente estuviera evolucionado, y la noción de quedar filmado en una cinta o en un archivo digital era inaudita. Hoy día es una práctica muy común filmarse con un iPhone y luego enviar el video al director de la audición. Pero en esos días, en las décadas de los ochentas y los noventas, no teníamos esa tecnología y tenías que presentarte personalmente.

A pesar de mi reticencia, escuché lo que me decía J-R y de pronto tuve una idea: hagamos una película de mi audición. Así que Rick y yo hicimos una película que era una versión muy corta de *Daño colateral*. Era un bombero cuya esposa e hijos son asesinados por terroristas latinoamericanos. Luego de que el gobierno le falla, él va a Sudamérica y toma las riendas en el asunto.

Hicimos el montaje de la cinta con diez pistas de video, sonido, efectos y música. Estábamos muy contentos y se la envié a los productores. Luego partí en un viaje a China con J-R.

En medio de nuestro viaje recibí un llamado de mi agente. Me dijo que me habían dado un papel en *Daño colateral*. ¡Milagro!

Me acuerdo de haber volado a México para hacer la película, y cuando el productor me fue a buscar al aeropuerto me dijo que les había gustado muchísimo la cinta. Dijo que pensaron que yo estaba loco y que yo tenía que estar en su película. Realmente me alegró lo que me dijo pero quizás hubiera sido mejor que no lo hubiera escuchado porque después de eso pensé que a todos los productores les iban a gustar mis cintas. Que por supuesto, no sucedió.

De todos modos, ése fue el comienzo del resurgimiento de mi carrera. Más tarde tuve papeles en *Mi novia Polly*, *Cuando éramos soldados* y *La rebelión de Atlas*. Y cuando no podía llegar a una audición en persona, enviaba una cinta. En ese tiempo, no me paraba nadie.

Pero más de una vez me enfrenté con una elección como la que pasé con *Daño colateral*. Cuando yo iba a dedicarme al trabajo con J-R y al mismo tiempo me llegaba el mensaje de presentarme a una audición, y parecía que las cosas estaban a mi favor, tenía que decidir, esto o aquello. ¿Traicionaría mis principios? ¿Debía dejar mi trabajo espiritual? Fueron decisiones muy duras para mí. Pasé por un mal momento y gasté bastante energía castigándome.

Finalmente empecé a entender que sucedía de esta manera para fortalecer mi carácter, fortalecer mi integridad. Ahora sé que podría simplemente haberme relajado y dejado que el Espíritu lo manejara. Y eso es lo que finalmente hice cuando realmente "lo entendí". Por supuesto, el "entenderlo" fue la dificultad.

Este período resultaría ser el punto más alto de mi carrera. Realmente estaba en la cima del mundo. Al mismo tiempo, me estaba conectando más espiritualmente y dándome cuenta de muchas cosas.

También, en el medio de todo esto, estaba sintiendo que estaba perdiendo algo. Es bueno estar conectado espiritualmente y darse cuenta de que uno está fuera de equilibrio. Hay una diferencia entre estar fuera de equilibrio cuando no estás conectado y consciente, y estar fuera de equilibrio y darse cuenta. Sin estar lo que yo llamaría consciente espiritualmente cuando estás fuera de equilibrio, es más fácil hacer elecciones que no sirven a tu mayor bien, a tu propósito superior. Como resultado, es más probable que te coloques en un área de no merecimiento.

El milagro fue que me estaban apareciendo ideas que eran inspiradas por J-R, y empecé a abrir mi conciencia de tal manera que recibía ayuda divina e ideas geniales y sublimes. Esta es la parte donde admito que aunque diga *yo* lo hice, realmente era J-R quien me daba las ideas: el Dios interior. Y también por estar abierto a recibir estas cosas, especialmente viniendo de J-R, y especialmente cuando estoy en lo que llamo el flujo de conciencia.

Sigo sabiendo hoy que mis ideas vienen de una fuente superior: el Espíritu, Dios, J-R. Yo no puedo vivir sin estas cosas que aparecen en mi mente. He escuchado que Brian Wilson, de la banda *The Beach Boys*, escuchaba lo que él llamaba ángeles que le transmitían sus melodías. Yo creo que debe haber sido difícil para él porque o dejó de escuchar o eso dejó de aparecer en su vida. Yo creo que eso puede ser tremendamente devastador para un artista o para cualquiera. Es como cuando escuché a J-R decir: "una vez que saboreas el maná, nunca puedes darle la espalda".

La manera en que aprendí sobre el lado comercial de la actuación fue mayormente a través de la experiencia. Finalmente empecé a ver la parte fea de ello, los tejes y manejes y las puñaladas por la espalda; eran las cosas en las que no quería estar involucrado. Me di cuenta de que aunque se puede ganar bien, a veces no vale la pena, así que volví a enfocarme totalmente en J-R y en mi trabajo con él.

En 1998, una de mis películas fue aceptada por al Festival de Cine Internacional de La Habana en Cuba. J-R y yo habíamos codirigido *My Little Havana* (*Mi pequeña Habana*) un corto de 38 minutos con el que estaba obsesionado en convertir en un largometraje. Primero, quiero expresar mi gratitud a Marla Ludwig, quien trabajó incansablemente durante largas noches durante meses para poder conseguir que toda la música fuera aceptada para el festival. J-R estuvo conmigo todo el tiempo durante la filmación y luego de que terminara; después vino el período de enviar la película a cientos de festivales de cine. Sólo unos pocos la aceptaron, y me sorprendió mucho cuando se comunicaron de Cuba, ya que allí no había tenido demasiadas ilusiones. Una vez que nos invitaron al Festival de Cine de La Habana, recibimos permiso para viajar a Cuba para participar.

Agendamos 12 días en La Habana (que terminaron antes por mi laringitis), y viajamos por Cancún, México. Fue maravilloso, porque supe que J-R y John habían ido a Cuba unas décadas antes y tuve el privilegio de viajar a solas y en privado con J-R. Esto involucra un montón de tiempo con J-R viajando fuera de su cuerpo y haciendo trabajo espiritual en otros reinos. Hacer ejercicios espirituales durante muchas horas con J-R fue un lujo al que me hice adicto.

Mi manera de dirigirme fue un poco arrogante: "Yo soy un americano, ustedes son cubanos", pero me acuerdo que no me estaba sintiendo bien y ellos fueron perfectos. Era obvio en el festival de cine que en Cuba no había mucho dinero, pero sin embargo me divertí con la experiencia. Mis padres son cubanos, y me dijeron cuáles eran los lugares para visitar; literalmente fue como si el tiempo se hubiera congelado en la década de los cincuenta, así que mi experiencia fue poder ver a La Habana como cuando mis padres vivían allí. Hasta pude llamarlos desde La Habana. Yo decía: "Oye, estoy en el Hotel Capri, ¿es aquí donde estuvieron?" Ellos respondían: "Sí, sí". Luego fui al famoso Club Copacabana con J-R, y era exactamente como me lo había descrito mi mamá. Pude compartir eso con mis padres y con J-R, y fuimos a la Cabaña con el famoso faro. Fui a todos lados con J-R.

Fue muy gracioso cuando mostraron nuestra película, porque ambas veces en vez de estar en un cine, nos pusieron en una habitación con solo una docena de personas y un pequeño televisor de 24 pulgadas. Definitivamente nos sentimos como si nos hubieran mandado a un rincón; supongo que no querían exponer el montaje norteamericano ni sus directores. Parte del diálogo incluía comentarios que no eran favorables para Cuba, pero pensé que como habían aceptado la película, no les había molestado. Una vez terminada la proyección, fuimos a un par de fiestas. Yo me estaba poniendo polémico hablando con algunos de los cubanos con respecto a que los EE.UU. eran mejor que Cuba, etc. Tenía una molestia en mi garganta e instantáneamente perdí la voz durante el resto del viaje. J-R y yo nos fuimos antes, al sexto día. Nos empezamos a dar cuenta que realmente no querían hacer nada con esta película.

J-R me ayudó con la laringitis y me llevó a una clínica para turistas. Lo gracioso es que tuvimos que pagar para ver al doctor porque no necesariamente es gratis la medicina allí. Los turistas tienen que pagar un recargo para lograr tener la mejor atención, pero la gente allí recibe lo que hay disponible. Sus médicos son humildes y son muy agradables en su trato con los pacientes.

Fue maravilloso viajar con J-R. Generalmente, luego de visitar ciertos países, las cosas tienden hacia un mejor equilibrio espiritual y el despeje de karma. A veces puedes estar mirando las noticias y notas que esos lugares han pasado por muchos cambios. En mi experiencia (y yo lo he chequeado con J-R), casi siempre el karma se despeja y las razones para viajar a un país casi se han completado antes de que volvamos a casa. A veces yo le preguntaba a J-R: "¿Se completó el trabajo?". El respondía: "Sí" o "Casi". A veces decía: "Llama a Brooke y cambia el viaje de regreso".

Para mí trabajar con J-R era como trabajar de actor con un director a quien le confías tu vida. La protección de J-R sobre ti era asombrosa. Lo único que yo quería era hacer cosas para él.

"Que las arrugas de la vejez vengan en compañía del júbilo y de la risa".

– WILLIAM SHAKESPEARE
(EL MERCADER DE VENECIA)

"Yo sabía que había conocido anteriormente a J-R y trabajar con él era una acción absolutamente instintiva. Éramos como mejores amigos. Me acuerdo que una vez que yo me puse un poco mandón, él me miró y dijo: 'En otras vidas yo te presté atención, te seguí. En esta, tú vas a seguirme a mí, tú vas a prestar atención'".

CAPÍTULO 19

La Historia de Scott

En el MSIA, reconocemos la reencarnación. No es que la enseñemos, simplemente es que la reencarnación ocurre y nosotros lo reconocemos. Puedes tener o no conciencia de ella, pero eso no cambia el hecho. Yo tenía evidencia de ello con J-R. Yo sabía que había conocido anteriormente a J-R, y trabajar con él era una acción absolutamente instintiva. Me acuerdo una vez que yo me puse un poco mandón, él me miró y dijo que en otras vidas él me había prestado atención y me había seguido. En ésta, dijo, yo lo iba a seguir a él y a prestarle atención.

Esto no fue una referencia a alguna idea filosófica. Esto fue la declaración de un hecho; y yo lo sabía porque tenía recuerdos de ello. Yo había tenido experiencias de estar con él en ambos géneros y en todo tipo de formas. Pero en esta vida éramos solo hombres y mi trabajo era ser su estudiante y el de él era ser el maestro, el guía espiritual.

Uno de los incidentes que atestiguan esto fue en el Templo de Karnak en Egipto, mirando el espectáculo de sonido y luz. Básicamente es un espectáculo auditivo con las ruinas como fondo. Al ponerse el sol empieza el espectáculo, montado muy cuidadosamente y guiado por la voz de un actor con acento británico.

El clima estaba templado, y sin ninguna razón aparente yo estaba sintiendo que le había hecho algún mal a J-R. Aparecían toda clase de pensamientos molestos y negativos, entonces le pregunté qué era lo que estaba sucediendo. Me dijo que yo había sido su esposa en la vida en que él había sido el faraón egipcio Akenatón, y que yo le había sido infiel con uno de sus generales. Eso me pegó como una bola de demolición y me sentí pésimo. No trató de venderme la historia; yo supe que era cierta en el mismo momento en que me la contó. El impacto fue tal que lloré durante horas, soltando el dolor y la culpa. Eso no fue divertido, pero al despejarse empecé a sentirme más liviano y "más limpio".

Empecé a darme cuenta de que frecuentemente yo podía identificar el reconocimiento de una vida pasada a través de un *"déjà vu"*. Esto fue especialmente cierto con las experiencias en que me acordaba ser el hijo de J-R. Él me explicó que el *déjà vu* podía ser una advertencia, una señal de que estaba correctamente alineado con algo, o tenía el conocimiento de que algo había sucedido. He llegado a la conclusión de que el *déjà vu* casi siempre es una señal de que estoy en el propósito correcto de mi vida.

A través de experiencias como aquella en que había sido la esposa de Akenatón, empecé a ver cómo la gente puede llegar a confundirse cuando la conciencia de experiencias de vidas pasadas aparece en esta vida.

Por ejemplo, podrías asociarte con alguien que conocías en otra vida. En aquella vida, ellos eran tu bebé y tú eras el padre y podías decirles qué hacer. Pero en esta vida, la situación es al revés. Ahora ellos son tu empleador y te están diciendo *a ti* que hacer. Entonces tienes esta memoria (consciente o inconsciente) de mandar a esta persona, y no puedes entender por qué se siente tan erróneo que ellos estén en esa posición superior. Aun así, tienes que vivir esta vida a pesar de tus recuerdos de haber estado a cargo de esa persona.

Lo que es realmente importante es soltar los viejos patrones. La manera de hacer eso es estar muy en claro con respecto a quién eres tú y quiénes son las personas con quienes interactúas en *esta* vida, versus quien podrías haber sido tú y quienes podrían haber sido ellos en otra vida.

Habiendo dicho esto, hubo momentos en que yo me quedaba de pie al lado de J-R mirándolo mientras dormía. Una noche se despertó y cuando me vio allí, me preguntó qué estaba haciendo, y le dije que estaba mirándolo dormir. Me preguntó quién me había enseñado a hacer eso, y le dije que nadie, que lo había estado haciendo desde pequeño. Yo solía mirar a mi mamá mientras dormía.

Luego de una pausa, me dijo que su pequeño hijo Scott, el que había fallecido, hacía eso. ¿Un hijo? Eso fue una novedad para mí en ese momento. El hecho es que nadie, ni siquiera su familia, puede verificar que J-R haya tenido un hijo. Aun así, tal como yo *sabía* que había conocido a J-R en muchas vidas pasadas, yo *supe* que esto era cierto. Un día entré a la habitación de J-R y le dije: "Yo soy Scott, ¿correcto?". J-R simplemente me miró un segundo, y luego dijo: "Sí, correcto". Hasta pusimos una escena en la película *El guía espiritual* conmigo como su hijo. J-R y yo escribimos juntos el guion de la película y él no hizo que yo quitara la escena, entonces pienso que hubo algo de cierto en aquello. De modo interesante, como J-R nunca hablaba de ello, la gente no lo sabía. Tal como yo lo entiendo, fue un hecho cierto.

El saber sobre su hijo es la razón por la que elegí el nombre Scott J-R Productions para la compañía productora en asociación con el MSIA, para hacer las películas *Guerreros Espirituales*, *El Guía Espiritual*, y *Viajero Místico*.

Aun antes de saber que J-R había tenido un hijo, yo había tenido a ratos la experiencia de haber sido el hijo de J-R. No lo puedo explicar. Pero te puedo explicar un incidente, que es bastante paralelo a la experiencia de J-R con su hijo.

Desde que era un niño, he tenido esta sensación de que había fallecido en un auto o en un accidente de auto. Empezó cuando yo era pequeño y estaba con mi madre y mi padrastro. Frecuentemente íbamos en auto a través de Nueva York, de Nueva Jersey, aún hasta

Florida. En estos viajes, yo me acurrucaba debajo de las alfombras a los pies del asiento trasero porque me sentía a salvo y los ruidos del camino eran muy tranquilizantes.

Una vez mi padrastro se quedó dormido mientras conducía, y me acuerdo de haber asomado la cabeza por debajo de las alfombras cuando el auto empezó a saltar. Luego vi que el auto se había salido totalmente de la carretera. Nunca hablamos sobre este incidente y solo mi madre y yo sabíamos lo que había ocurrido.

Yo no sé si esa sensación de morir en un accidente de auto es de esa ocasión o si la sensación vino de una experiencia en una vida pasada.

"El placer y la acción hacen aparecer breves las horas".

– WILLIAM SHAKESPEARE
(OTELO)

"Siempre era emocionante estar a su lado aprendiendo a conectarse con esa energía superior. A mis compañeros y a mí siempre nos entusiasmaba ver si nuestras respuestas se igualaban a las de J-R. Siempre estábamos esforzándonos en acceder a nuestra intuición o a ese espíritu que es el del Viajero".

CAPÍTULO 20

Pesadillas

Probablemente la mayoría de nosotros hemos tenidos pesadillas recurrentes. No me estoy refiriendo a aquel tipo de sueño aterrador en que "el monstruo me va a agarrar"; estoy hablando del tipo de sueño como: "Estaba en una importante reunión y me olvidé de ponerme los pantalones". J-R tenía un cuerpo y una mente y emociones como el resto de nosotros (bien, casi como el resto de nosotros), y también tenía pesadillas. Las de J-R eran acerca de llegar tarde a clase.

Mis pesadillas se trataban acerca de llegar tarde a las locaciones de películas. Eso realmente me sucedió cuando estaba trabajando con Ben Stiller y John Hamburg en *Mi novia Polly*. Seguí durmiendo a pesar de la alarma y tuvieron que esperarme durante una hora o más. No se mostraron felices, y con razón: cuando un actor llega tarde, todo en la locación se detiene. Pero aun así los productores tienen que pagarles a las docenas de personas que están allí sentados esperando.

No lo había hecho a propósito, pero sufrí las consecuencias. Empecé a tener ataques de ansiedad durante la noche, fue horrible. La ansiedad aparecía cuando estaba tratando de actuar. Era similar a lo que le sucedía a J-R cuando había sido profesor y le daba ansiedad de llegar tarde a la clase. Sin embargo, cuando empecé a ser independiente, dirigiendo y transfiriendo toda esa energía creativa hacia las películas espirituales, y aprendiendo a conectarme con J-R mientras trabajaba en sus proyectos, empezó a desaparecer. De hecho, casi nunca me ocurre ahora.

Por supuesto, la realidad física también cambió. Con las películas de J-R, no había ni horarios y ni agendas tan locas. En el negocio de las películas, tienes que estar despierto a las 5:00 h después de haberte acostado tarde aprendiéndote el diálogo. Con J-R, se trataba realmente de cuidar a J-R, pasar tiempo con J-R, luego aprender los diálogos y luego ir a trabajar al día siguiente; no había tiempo para ir a dormir, así que tampoco había alarma.

*"Unos nacen grandes, otros alcanzan grandeza,
y a otros la grandeza se les echa encima".*

– WILLIAM SHAKESPEARE
(NOCHE DE REYES)

"Hay gran privilegio en este ministerio y viene a través de tu acción de honrar, de tu voluntad de hacerte presente. Entonces empieza en este momento y levanta tu cabeza, porque a partir de este día estás en una frecuencia elevada".

– De la Bendición de la Ordenación
de Jesús García, D.C.E.

CAPÍTULO 21

Mi Ordenación

En 1988, yo fui aprobado para recibir mi ordenación como ministro en el MSIA. Los ministros de MSIA son ordenados a través de la Orden del Sacerdocio de Melquisedec para hacer servicio en el mundo (lo que sea que dicte su corazón) y en el momento de la ordenación se recibe una bendición del Espíritu y una conexión con una energía espiritual que debe ser utilizada a través del servicio para que se mantenga fluyendo. Es realmente formidable estar conectado con la energía del Viajero de esta manera especial, así que yo estaba muy entusiasmado.

Yo había apenas completado el entrenamiento del PAT IV, habíamos viajado a Egipto e Israel. Después de eso nos fuimos a Alemania, Londres, Rusia y Finlandia. J-R haría mi ordenación durante un taller en Londres, pero al llegar la hora en que estaba programada, él se desplomó.

Aunque esto suene dramático, y lo fue, yo acabaría aprendiendo que no era inusual para J-R estar atravesando situaciones de salud bastante graves. No es que él no tuviera buena salud, era más el hecho de que siendo tan sensible, y debido a la naturaleza del trabajo espiritual que accedió a hacer, a menudo asumía cosas físicas o cosas energéticas por otras personas, siempre y cuando lo permitiera el Espíritu.

J-R me dijo más tarde que se había desplomado porque él estaba muy conectado con Sathya Sai Baba y estaba despojándolo de cosas que Baba no podía manejar bien por sí mismo. Realmente yo no sabía quién era Sai Baba. Sabía que él era conocido como el Cristo de la India y era considerado un avatar, pero solo lo supe por lo que J-R me contó y lo que encontré cuando lo investigué.

En cualquier caso, mientras J-R estaba en la sala y no muy lejos físicamente, el recién ungido Viajero John Morton me ordenó y pronunció una bendición ministerial bastante buena.

>Esta Bendición es una presencia deliciosa, algo que puedes sentir en todo tu ser, a través de todo tu cuerpo, a través de todas tus células, a través de cada parte de quien eres.
>
>Y comienza esta bendición en cada momento, al tomar una respiración, que estás renovando tu vida, que estás purificando tu conciencia para estar erguido en la herencia que es esta línea del Viajero, para hacerte presente y honrar el verdadero ser, que empieza a abrir tu conciencia ahora, al tú permitirte estar presente.
>
>Y al honrar la integridad de tu ser, las palabras sabias pueden aparecer, y pronuncias las palabras de la verdad. Permite que tus palabras amorosas por naturaleza, que sean la esencia de este ser que es del Viajero. Trae tu disciplina desde el corazón. Permite que sea un vals amoroso con Dios, al bailar y cantar la herencia de tu ser. No es tonto ningún hombre que se permita cantar y alabar al Señor.
>
>Hay gran privilegio en este ministerio y viene a través de tu acción de honrar, de tu voluntad de hacerte presente. Entonces, empieza en este momento y levanta tu cabeza, porque a partir de este día estás en una frecuencia elevada.
>
>Estamos a tu lado, te amamos, te apoyamos y te bendecimos.
>Baruch Bashan.
>
>(*Baruch Bashan* significa "las bendiciones ya existen", en hebreo.)

Más tarde, le mostré la ordenación a J-R y le gustó. Yo sabía que lo decía en serio porque, en casi todos los casos, cuando le pedía a J-R su aprobación de algo o que *me* aprobara por algo que había hecho, simplemente respondía: "Está bien". Ahora bien, cuando J-R decía: "Está bien", podía significar muchas cosas, no siempre apoyo. En este caso, sin embargo, él expresó una aprobación real y meditada.

En el MSIA, los ministros son ordenados a través de la Orden del Sacerdocio de Melquisedec y la oficialía del Cristo. Es un linaje muy poderoso y he encontrado mucha fortaleza y apoyo de mi bendición ministerial.

Es hora de que te observes y veas si estás haciendo lo que es necesario para abrir tu Espíritu, para recibir del Espíritu superior, para brindar más de tu luz y amor.

Esto es para todos nosotros. Y no sólo durante los bombardeos a objetos del mundo material, porque, a la larga, todo eso va a desaparecer de todos modos y nuestros cuerpos también. Y a ustedes, gracias por simplemente estar aquí. Sucede algo grandioso en el mundo del Espíritu cuando juntamos nuestro cuerpo material con nuestro cuerpo espiritual y los enfocamos en aquello que representa la unificación del mundo con el Espíritu y del Espíritu con el mundo, sabiendo muy bien que nunca podrán ser lo mismo.

Lo único que es lo mismo en ambos, es quién somos como ser espiritual, y es a través de eso que rezamos. No lo hacemos a través de nuestro ego o de nuestro cuerpo, sino de aquello que es el teléfono entre los dos mundos: lo que somos en esencia.

Señor Dios, Padre de Luces, lo has visto, lo conoces; intenta darnos la sabiduría y el entendimiento para que podamos alejarnos del dolor del sufrimiento y entrar en la sabiduría de tu Gloria y del porqué estamos aquí y el por qué todo esto sucedió. Ilumina nuestra ignorancia, para que no juzguemos equivocadamente desde ese ego que sabe poco.

Señor, ayúdanos a no discriminar en contra de los vivos, a causa de aquellos que son los muertos. Porque a los muertos se les dijo que se sepulten a sí mismos, y que los vivos vivan y se dediquen a la unción de la unidad del Espíritu. Pedimos esto a través de cada individuo, al dar cada uno un paso y avanzar, al elegir traer presente mayor amor y Luz a este mundo.

Padre, ayúdanos a dejar de lado cualquier venganza. Que la venganza sea del Señor, como Él dijo. Permítenos ser los 'tomadores del compartir', y los 'dadores del compartir', y los amantes de la vida y los amantes de aquellos que fallecieron y de aquellos que quitaron vidas, porque ellos no sabían lo que hacían, si no, no lo hubieran hecho.

Y Padre, ayúdanos a no juzgarlos en su ignorancia, ni a nosotros mismos en nuestro ego, sino permítenos entrar en armonía con los vivos y con aquellos que ya no están materialmente vivos. Permíteles entrar en la plenitud de su propia creación y Padre, permítenos estar de pie enfrentando nuestro miedo. Permítenos estar de pie enfrentando a aquellos que harían el bien y aun enfrentando a aquellos que igualmente nos harían un mal, y permite que simplemente los amemos.

Permítenos traer presente el sonido de tu amor y la Luz de tu luz y la Gloria de tu ser. Bendice a aquellos que están aquí en este momento, porque una vez más, se eligieron para estar de cuerpo presente y traer presente su santidad santa que es el Alma, y presentarla ante nosotros.

Señor, sabemos que nos golpeará la negatividad a causa de lo que decimos y hacemos aquí. Señor, eso está bien con nosotros. Aún viviremos para presentarnos ante Dios como aquellos que han aprendido y que han compartido, aquellos que han amado y que han tenido compasión, y aquellos que continuarán avanzando y poniéndose en la Luz.

*No pondremos un fin a esta oración, Padre.
No diremos "Amen". No haremos nada excepto continuar, pero en esto, yo digo, y les pido a otros que hagan lo mismo en su corazón de corazones: "Gracias".*

Y continuaremos con este servicio en memoria, no de los muertos, ellos ya son conmemorados en los corazones, ellos son conmemorados en la materialidad que fue delante de ellos, sino de aquellos que quedamos sufriendo, viendo, escuchando las penas, sabiendo que nuestro sufrimiento es el extrañar a aquel que es un bienamado.

Entonces, quisiéramos pedir colocar aquello que es tu Amor en nuestro interior, permítenos compartir y cruzar la barrera de lo físico y espiritual e ir hacia el cielo, donde podremos todos, una vez más, estar unidos; donde sabremos que la promesa ha sido cumplida. Gracias, Dios. Gracias, Padre.

– JOHN-ROGER, D.C.E.
(ORACIÓN POST-11/09, 14 DE SEPTIEMBRE DEL 2001)

"En caso de duda, no hagas nada".

– Benjamin Franklin

"Los Guerreros Espirituales son personas que, con total confianza, deciden dónde enfocar su atención interna, aun cuando la realidad externa de su vida cotidiana sea caótica, problemática, o simplemente molesta".

– JOHN-ROGER, D.C.E.

CAPÍTULO 22

El Trabajo Invisible de J-R

Por lo que observé, el ministerio de J-R era cualquier cosa en donde él pusiera su energía.

No se trata de los lugares adonde fue J-R; si fue a un casino en Las Vegas o a caminar por el barrio rojo de Ámsterdam, el Espíritu era el ministro. La directiva ministerial del Movimiento del Sendero Interno del Alma es hacer ministerio a todos sin importar raza, credo, color, situación, circunstancia o medio ambiente. Claramente J-R demostró esto. Iba a cualquier lugar donde necesitara estar para "salvar a un alma". Eso es lo que vi que J-R hacía. Eso es lo que nos dijeron que hizo Jesucristo. Y no creí que hubiera alguna diferencia.

Cuando cayeron las Torres Gemelas en Nueva York el 11 de septiembre de 2001, realmente conmocionó a mucha gente. Fundamentalmente los Estados Unidos de Norteamérica se detuvieron. J-R y todos los que estábamos trabajando estrechamente con J-R sentíamos que estábamos caminando en la niebla. Se podía ver que J-R estaba muy involucrado haciendo el trabajo interior. Posteriormente, confirmaría que la gente en las Torres había acordado espiritualmente sacrificar sus vidas por el bien mayor. Era algo del Espíritu que permitió que las Torres Gemelas cayeran como un acontecimiento menor para que algo como una desagradable explosión nuclear no pasara. Era una especie de compensación kármica.

J-R fue a Nueva York dos veces tras la caída de las Torres Gemelas y haríamos su versión de una vigilia, enviando Luz y anclándola en el área. A veces las almas de quienes mueren en eventos súbitos, inesperados o calamitosos no se dan cuenta de que ha muerto su cuerpo y se quedan cerca del plano terrestre algo desconcertados. J-R era realmente bueno liberando las almas que se atascaban así para que pudieran avanzar en su progresión.

Cuando estuvimos en Nueva York después del evento del 11 de septiembre, la energía era realmente palpable, muy fuerte, muy espesa. Un amigo de J-R nos pudo hacer llegar realmente cerca del sitio, y la energía allí era bastante despiadada. Sin embargo, J-R siempre iba donde fuera dirigido y hacía lo que fuera guiado a hacer, sin importar cuán desafiante fuera.

El trabajo de J-R no sólo implicaba viajar físicamente, también hacía mucho de su trabajo viajando fuera de su cuerpo en otros reinos. A veces, J-R se iba durante semanas. No estaba físicamente lejos porque su cuerpo estaba acostado en la cama. Se levantaba, comía, usaba el baño y luego se volvía a acostar. Podía suceder en cualquier momento y ocurría con frecuencia cuando estábamos en Hawaii. Parecía que estaban sucediendo muchas cosas espiritualmente en esa zona del Pacífico.

Él se iba a puntos de encuentro, especialmente en Hawaii y Bora Bora. Había reuniones de diferentes consejos y señores espirituales y diferentes dioses y espíritus de distintos reinos. Esto también podía ocurrir en lugares geográficamente altos, como en los Alpes Suizos.

En ocasiones, J-R tomaba viajes cortos en otros niveles, donde necesitaba a alguien del otro lado para cuidar de su cuerpo mientras él estaba ausente. Al parecer estar completamente dentro de su cuerpo lo retenía aquí por lo que él necesitaba a alguien que hiciera funcionar su cuerpo mientras el alma viajaba más allá y por ahí, para trabajar en diferentes áreas. De verdad tenía que desprenderse del cuerpo físico para que pudiera ir a algunos de estos lugares espiritualmente.

Había varios seres espirituales elevados que se comprometían con la tarea de mantener el cuerpo de J-R mientras él estuviera viajando muy lejos. Acordaban cambiar con J-R mientras él estaba haciendo cosas para que ellos pudieran experimentar el "ahora" en la Tierra. Cuando esto sucedía, era necesario que alguien lo alimentara y moviera; ése era el trabajo del personal. Sé que esto puede sonarte loco, así que imagina mi reacción la primera vez que lo vi suceder.

Fue en Nof Ginosar en Israel. Recién me estaba acostumbrando a ser parte del personal y a trabajar con J-R. Habíamos estado pasando juntos bastante tiempo y simplemente divirtiéndonos. Un día estaba en la cafetería *kosher* y noté que los otros del grupo habían entrado rodeando a J-R. Él parecía moverse muy lentamente mientras se dirigían hacia la fila de la cafetería.

Cuando pasaron por mi mesa, vi que J-R no pareció reconocerme por lo que a manera de juego le quise agarrar la mano. Uno de los hombres inmediatamente bloqueó mi mano y me dijo que no tocara a J-R, sobre todo cuando él estaba fuera de su cuerpo. J-R me miró y, en una especie de voz extraña y con una cadencia desconocida, preguntó quién era yo. ¿Qué? Soy el chico con quien has estado pasando el tiempo durante las últimas semanas.

Al ver mi confusión, los chicos explicaron que J-R se había ido y que este era un ser llamado el Hombre Antiguo o el Viejo Hombre de la Biblia. Al parecer no estaba muy familiarizado con este nivel de existencia, aunque tenía algunas habilidades interesantes. Por ejemplo, podía ver a través de mí y a través de las cosas microscópicamente.

Descubrí eso cuando miró un vaso de agua que había en mi bandeja. Parecía estar perfectamente bien para mí, pero él dijo, en una especie de manera bíblica de hablar, que el agua estaba terriblemente sucia. Miré otra vez y parecía sólo agua limpia y cristalina. Pero cuando llegué a mi mesa, levanté la copa a la luz del sol y vi lo que parecían ser partículas flotando en el vaso. No había manera de que él pudiera haber visto eso desde donde habíamos estado parados.

Cuando me mudé a la casa de Mandeville y comencé a trabajar con John-Roger, a través de los años vi a este Hombre Antiguo de vez en cuando. Todo era nuevo para él en el siglo XXI, por lo que siempre era curioso, como muchos de los buscadores. Él es un amigo, un viejo gracioso. Es casi como un bebé y no sabe de estos niveles. Pero es muy divertido estar con él, y puede leerte como una baraja de cartas. Nunca he tenido nada que esconder ante él, por lo que fue una bendición conocerlo. Dios lo bendiga, donde quiera que esté.

También he experimentado al cuidador de J-R como un nativo americano; Nat y yo hablamos con este cuidador y hablaba como un indio americano. Pensé que estábamos con Toro Sentado.

Cuando J-R despertaba de una larga meditación, a veces preguntábamos quien estaba allí. Y si el visitante estaba dispuesto a decirnos, sabíamos si era el personaje bíblico, un nativo americano o incluso un emperador japonés. El emperador sólo vino una vez, y cuando le pregunté más tarde a J-R si el emperador era un Viajero, él respondió que sí lo era.

Además de estos seres que mantenían el cuerpo de J-R cuando él estaba viajando, hubo otros seres espirituales que trabajaban con J-R. Uno era un ser que J-R llamó Jodi. Jodi era un buscador de la verdad y un Maestro. También era muy intimidatorio, al menos para mí.

Fui probado muchas veces por estos seres espirituales, y con frecuencia fallaba las pruebas. Sin embargo, J-R me contó que a pesar de los resultados, le agradé a Jodi. La primera vez que J-R me dijo eso le pregunté quién era Jodi. J-R explicó que era un guía, un espíritu muy elevado que lo protegía.

Estaba realmente feliz que le agradara a Jodi porque él tenía la capacidad de filtrar a los fanfarrones alrededor de J-R. Creo que siempre fui claro y honesto con J-R y me encantaba hablar con él. Yo siempre quería agradar a sus guías y amigos espirituales. Podía sentir el espíritu especialmente fuerte con J-R cuando Jodi estaba allí.

A veces cuando la conciencia de J-R no estaba presente, su ser básico se hacía cargo de su cuerpo. El ser básico de J-R se llamaba Daniel y tenía aspectos de la persona en la Biblia que había sido arrojada en la guarida del león. No era literalmente esa persona, era la energía que él representaba. Daniel no siempre estaba contento conmigo porque sabía que yo iba a interponerme en el camino de algunas de las cosas que él quería (como helado de vainilla con caramelo y pacanas). Era muy preciso y bastante estricto. Era un tipo bastante fuerte. Tuve muchos encuentros con Daniel, sobre todo cuando él quería sus golosinas, que siempre encabezaban su lista de "Yo quiero".

Daniel también quería mucho que le contaran lo que estaba sucediendo y quería que le explicaran las cosas. Me vi obligado a ser totalmente honesto y sincero con Daniel, y definitivamente hubiera sido una lucha si yo hubiera presionado demasiado a J-R. Cuando Daniel era el que prevalecía en el cuerpo de J-R, era bastante difícil para mí hacerme el tonto. No podía intentar ningún engaño cuando Daniel estaba presente.

Hubo momentos en que J-R hablaba de la Luz, que estaba tan poderosamente con él que los seres sensibles sólo querían pasar tiempo con J-R y aprender de él. No había nada realmente negativo porque él solía decir que cualquier cosa negativa eventualmente se quemaría.

Algunos seres terminarían yendo hacia J-R y atacándolo porque eran como una polilla atraída hacia la luz. Ellos querían volver al hogar y entraban en J-R como si fuera una puerta a otra dimensión. Así que no era necesariamente algo negativo si lo atacaban.

El Amor de un Maestro

Él era un vehículo a través del cual veían una forma de irse. Si esos seres que estaban atrapados y atados a la tierra podían ver a alguien como J-R que era multidimensional y capaz de acceder a todos los reinos, iban a él y él podía llevarlos a casa. Vi esto suceder de tanto en tanto.

No todo lo que J-R hacía en los reinos no físicos tenía que ver con su trabajo espiritual. En una ocasión escuché a J-R corriendo en la parte trasera de la casa y sonaba como si estuviera persiguiendo a alguien. Fui hacia donde J-R estaba y lo vi persiguiendo el aire y moviéndose como si estuviera jugando con una persona invisible. J-R se estaba riendo y simplemente divirtiéndose. Más tarde cuando le pregunté qué era lo que había estado haciendo, dijo que estaba jugando con un niño. Unos 6 meses más tarde, J-R me dijo que estaba jugando con Zane, el hijo adoptivo de John Morton y Laura Donnelley, antes que naciera. Estas eran el tipo de cosas asombrosas de las que fui testigo.

Sé que en este capítulo he descrito cosas que no demasiadas personas han visto. Puedes creerlo o no, aunque te puedo decir que va más allá de los pensamientos y los sentimientos; se experimenta desde un lugar de "saber".

"No hay oscuridad sino ignorancia".

– WILLIAM SHAKESPEARE
(NOCHE DE REYES)

"He aprendido que los sueños pueden ser un montón de cosas que van desde el cumplimiento de un deseo hasta trabajar problemas subconscientes o hasta sólo haber comido algo con mucha grasa antes de ir a la cama. Sin embargo, los sueños también pueden ser experiencias muy reales o recuerdos de vidas pasadas. Me he dado cuenta de que estos sueños de 'experiencia significativa' tienen una sensación diferente a los sueños comunes. Mi sueño de la iniciación definitivamente pertenece a la primera categoría".

CAPÍTULO 23

Más Viajes con el Viajero

No sé cuántas millas viajé con J-R en los años que trabajé con él, pero puedo decirte que fueron muchas. Viajar con J-R fue realmente una experiencia única porque él iba dondequiera que el Espíritu lo dirigiera, a pesar de lo que a menudo figurara en el programa previamente planificado.

Cada vez que John-Roger viajaba, podías apostar que esto incitaría cosas inusuales, como el clima, los terremotos y otros fenómenos extraños. Un incidente que ilustra esto tuvo lugar en 1994 cuando J-R, John Morton y yo fuimos en búsqueda de lugares para visitar para un nuevo viaje sobre el cual estaban recibiendo información. J-R y John estaban hablando afuera de un café en El Cairo e inmediatamente nos asedió una tormenta de arena. Ni siquiera nos podíamos ver unos a otros. No puedo decir que esto fuera típico, pero tampoco puedo decir que fuera inusual; sin embargo, este tipo de cosas siempre podían esperarse al viajar con J-R. En cualquier caso, este viaje en particular también tuvo algunas otras experiencias únicas para mí.

El posible viaje para el PAT V de 1995 para el cual John-Roger y John estaban buscando lugares, pretendía ser otra peregrinación al Oriente Medio, pero en lugar de una repetición del viaje del PAT IV, queríamos que fuera una extensión de ése. Al planearlo, para investigar, visitamos Jordania, Siria, el Líbano y Egipto.

Me encanta la historia, y en preparación para el viaje había leído mucho sobre el imperio de Palmira. Un par de las cosas que sobresalían para mí fueron la reina Zenobia y una hermosa ciudad romana llamada Palmira, en lo que hoy es Siria. Palmira está allí aún hoy. Es una bien conservada y hermosa ruina, aunque en los últimos años el grupo ISIS ha destruido parte de los tesoros.

Esto es lo que Glenn Barnett, un amigo y un historiador, tiene que decir sobre Palmira y Zenobia:

ZENOBIA, EMPERATRIZ DEL ORIENTE

Zenobia nació para ser una reina. Ella era una descendiente de la famosa Cleopatra del Nilo y llegó a adquirir parte de la vajilla utilizada por su antecesora. Zenobia se convirtió en una reina cuando se casó con Septimio Odenato, un regente ciudadano de Roma y gobernante de la rica ciudad caravana de Palmira, que estaba estratégicamente situada en la famosa Ruta de la Seda.

En el 260 DC, el emperador romano Valeriano fue derrotado y capturado por el rey persa Shapur I. Odenato obtuvo el agradecimiento de Galieno, hijo y sucesor de Valeriano, al ejecutar a un sirio reclamante del trono y por la defensa del imperio oriental contra Persia.

Odenato fue asesinado en 267 DC. Su ejército proclamó su lealtad a su viuda Zenobia. Ella se encontró gobernando Siria, Anatolia oriental, Palestina y Arabia. En la era pre cristiana, los gobernantes educados favorecían a los filósofos en sus cortes. Galieno en Roma le dio la bienvenida al neo platónico Plotino mientras Shapur le dio la bienvenida al místico Mani. Por su parte, Zenobia convocó al Director de la escuela Platónica en Atenas, un hombre llamado Longino.

Cuando los godos invadieron Grecia, la guarnición romana en Egipto fue enviada para tratar con ellos. Esto causó violencia secular en Alejandría. Zenobia envió un ejército que restauró la paz. Ahora ella pasó a ser gobernante de la segunda y tercera de las ciudades más grandes en el Imperio (Antioquía y Alejandría), así como de Egipto, el granero de Roma.

Un nuevo emperador de Roma, Aureliano, no estaba dispuesto a permitir el control de Zenobia sobre el imperio del este. Marchó en su contra, la capturó y restauró el imperio a su autoridad. Zenobia fue llevada en marcha triunfal por las calles de Roma, encadenada con cadenas de oro. Al final de su humillación, se le permitió una cómoda jubilación en las afueras de Roma.

Conociendo estos antecedentes, me fascinaba ser parte de la exploración de la región para ver si podríamos llevar allí un grupo de 150 personas. En ese viaje fui el asistente personal de J-R y el camarógrafo; y como él estuvo mucho fuera de su cuerpo, meditando y viajando en el alma, yo también estaba aprendiendo a proteger su cuerpo. Estaba observando y aprendiendo, viendo a John-Roger y a John investigar y viendo cómo funciona la preparación para un viaje. En el nivel físico es una cosa y en otro nivel está la energía. Observaba a J-R meditar, irse del cuerpo y traer de vuelta información asombrosa.

Antes del viaje yo había empezado a tener sueños extraños y vívidos. Después de un sueño en particular que compartí con J-R, él me dijo que yo había estado ahí antes; de hecho, había tenido una vida con Zenobia. Luego vino la cereza sobre el pastel: J-R me dijo que yo estaba aprobado para recibir mi iniciación del alma. Él me inició en Siria, un país que he querido mucho.

Cuando estábamos en Palmira, tuve un nuevo despertar a la experiencia de esa iniciación. Fue muy poderoso y se convirtió en una de las experiencias que terminamos retratando en la película *Guerreros Espirituales* que fue rodada en 2004.

Terminamos por no volver a Siria en el PAT V, pero volví diez años más tarde en 2004, con un equipo de diez personas para rodar nuestra película *Guerreros Espirituales*. Me acordé de todos los lugares a los que John-Roger me había llevado en ese viaje de exploración y Palmira estaba indeleblemente estampada en mi conciencia. Grabamos algunas escenas grandiosas que retrataban algunas de las cosas que había visto en mis sueños.

He aprendido que los sueños pueden ser un montón de cosas que van desde el cumplimiento de un deseo hasta trabajar problemas subconscientes o hasta sólo haber comido algo con mucha grasa antes de ir a la cama. Sin embargo, los sueños también pueden ser experiencias muy reales o recuerdos de vidas pasadas. Me he dado cuenta de que estos sueños de "experiencia significativa" tienen una sensación diferente a los sueños comunes. Mi sueño de la iniciación definitivamente pertenece a la primera categoría.

Luego de que J-R, John y yo volviéramos de este viaje de exploración en el Medio Oriente, empezamos a prepararnos para el gran viaje del PAT V de 1995. Sería una especie de reunión. Para nosotros, serían dos viajes de tres semanas al Medio Oriente con un crucero griego entremedio para darles a todos un recreo.

Cuando llegó el momento en el verano de 1995, logramos completar ese primer viaje y nos fuimos para el segmento del crucero. El crucero comenzó siendo divertido. Pero no duró mucho. Al parecer la comida estaba contaminada y un número de personas en nuestro grupo se enfermó gravemente debido a intoxicación por salmonela. Oficialmente yo era el peor de todos. De hecho, casi muero.

Fue tan severo que terminé en el hospital, y J-R fue conmigo. A él no le había afectado tanto y vino a estar conmigo mientras yo pasaba por esos días miserables. Yo estaba alucinando y viendo mucho de lo que J-R y yo más tarde escribiríamos en *Guerreros Espirituales*: batallas y escenas que parecían venir del *Señor de los Anillos*. Recuerdo que J-R me dijo que simplemente me entregara. Para entonces, yo me entregaría a lo que fuera.

Además de estar enfermo de muerte, estaba muy triste porque pensé que esta era la manera en que iba a morir. Siempre había pensado que iba a morir como un héroe o algo así. Morir de diarrea no es una forma muy heroica de irse. Podía imaginar mi lápida: *Aquí yace Jsu García. Se murió de cagadera.*

Tengo que decir que vi a Dios en ese hospital porque pensaba que iba a morir allí y fue Dios el que me salvó la vida. Estaba junto a mí. Era J-R sentado cuidándome y ese conocimiento interno me consoló.

Mientras tanto, John Morton volvió a Egipto para terminar la segunda parte del PAT V, mientras J-R me cuidaba y se ocupaba de los demás en nuestro viaje que estaban enfermos.

Finalmente, me recuperé y todo fue genial. Aprendí mucho, me volvió la fuerza y definitivamente recibí una lección de humildad. Una vez más, el Espíritu tuvo una manera de bajarme de mi pedestal y desilusionarme, para que pudiera ser más realista y ver de lo que se trata la realidad.

Cada persona es un guerrero espiritual, y todos manejan situaciones en su vida de forma distinta. Atravesar esa enfermedad realmente me abrió los ojos a un montón de cosas. Muchos años más tarde, cuando escribí mi tratado doctoral acerca de vivir con un guerrero espiritual, reflexioné sobre esto que sucedió como una experiencia clave en mi vida. Fui capaz de ver que la vida es realmente vivir conmigo mismo, vivir con John-Roger, vivir con muchas personas que representan al guerrero espiritual y que llevan ese manto.

Cuando me recuperé, nos unimos al grupo del segundo viaje del PAT V. Luego, J-R y yo hicimos un viaje a Italia para que ambos pudiéramos recuperarnos completamente después de la intoxicación. Yo estaba pasando por un momento difícil y J-R me llevó a un pueblo cerca de Milán, no muy lejos de Suiza. Pasamos diez días en esa ciudad y había un restaurante escondido donde comíamos pizza casi todas las noches. Esta fue una época de despeje y J-R me apoyó a través de uno de mis períodos más sombríos. Este viaje privado a Italia fue un tiempo de reflexión para mí; quería seguir trabajando con J-R y estaba tratando de resolver mis temas sobre la actuación.

Italia fue para mí un lugar de recuperación. Sabía que yo podía abandonar el planeta porque J-R había dicho que tenía una ventana para irme. Lo que esto significa, explicó, es que cuando ciertas situaciones en la vida se alinean, como una máquina tragamonedas, podrías morir. No tienes que morir necesariamente, pero la oportunidad está allí.

Luego está la idea de "morir a este mundo". Muy parecido a lo que se ve en la película *The Matrix*. La pastilla roja y su opuesto, la píldora azul, son símbolos de la cultura popular que representan la elección entre aceptar la a veces dolorosa verdad de la realidad (píldora roja) o permanecer en la feliz ignorancia de la ilusión (pastilla azul). Como Morfeo le dice a Neo en la película:

"Tomas la píldora azul, termina la historia. Te despiertas en tu cama y crees lo que sea que quieras creer. Tomas la pastilla roja, te quedas en el País de las Maravillas y yo te muestro cuán profunda es la madriguera del conejo".

Mi experiencia con J-R el Viajero es como esto. La madriguera del conejo es la Corriente del Sonido. Esto más o menos describe mi vida desde que probé el maná.

Yo estaba teniendo una experiencia similar en ese entonces en Italia, y a veces aún hoy tengo esa experiencia. Cada vez que vislumbro a través de la conciencia que no es de la mente, sino fuera del dominio de la mente, al vislumbrar la *maya*, (ver la ilusión por lo que es), entonces muero a este mundo. Es profundo, la re-dedicación y el maná del cielo. Esto es un saber, no un pensamiento intelectual.

Ese viaje me enseñó qué es el amor y J-R demostró constantemente su verdadero cariño y amor por mí. Recuerdo las maravillosas palabras reconfortantes que utilizó. Él me abrazaba y me susurraba al oído: "Quédate cerca".

En otro viaje, experimenté algunas lecciones diferentes. Habíamos ido en un crucero por el Adriático en el *Windstar*, un moderno, vanguardista e increíble buque a vela. J-R y yo habíamos hecho una excursión adicional en un pequeño barco mientras la nave más grande estaba esperando la marea para poder entrar en una gruta en Capri, que era la antigua entrada a las Villas de Tiberio. Estaba mirando el agua desde el borde de la embarcación cuando me caí para atrás dentro del bote con un severo dolor de espalda. J-R me sostuvo y me despejó de los espíritus del agua, las ondinas, sílfides y salamandras. Me explicó que existen elementales que viven en el agua y en el océano en particular. Su manera de ayudarme y explicarlo así era una forma de elevar mi conciencia en todos los niveles.

Dejando el crucero, nos fuimos en otro viaje privado para visitar Medjugorje, Yugoslavia, antes de las guerras allí. J-R estaba interesado en chequear los niños que estaban hablando de sus visiones de la Virgen María y orando por la paz. Llegamos a conocer a los niños y a orar con ellos. No habría pensado jamás de los jamases, mientras estábamos navegando por el mar Adriático en el buque *Windstar* con J-R, John Morton y el grupo del MSIA, que allí comenzaría una guerra y morirían más de 100.000 personas. Reconocimos esto como una acción de equilibrio o un evento para despejar karma.

J-R era muy práctico conmigo, me enseñaba y me mostraba las cosas que eran invisibles. Yo intentaba ser un buen estudiante y a veces entendía y a veces no. Lo que sigue fue uno de los que sí entendí: la importancia de no tener antagonismo alguno. En algunas ocasiones él se inclinaba hacia mí mientras conducía y preguntaba: "¿Cómo estoy yo dentro de ti?". "¿Qué?", respondía yo. Él me tocaba el pecho y repetía: "¿Cómo estoy yo dentro de ti?". Yo decía: "¡Genial! J-R, te amo". Él sonreía y decía: "Muy bien". Esto es lo que hacía a menudo para comprobar cómo nos llevábamos todos. Yo lo uso todavía hoy día. Él explicaba que puedes amar a todos pero no te tiene que agradar todo el mundo. Señaló por fuera del auto y dijo: "Puedes amar a los que están allá".

El Amor de un Maestro

"Si sientes antagonismo hacia alguien, siempre trata de mantenerlos en el amor y en la Luz dentro de ti mismo. Mantén limpio tu templo. Trata de recordar cuando se conocieron o cuando eran jóvenes o cuando se llevaban bien. Cuando los tienes en ese buen lugar, date un golpecito en el pecho y ancla esa experiencia. Siempre puedes conectarte nuevamente a esa energía de apertura tocándote el pecho". Tener contrariedad internamente no funciona, así que ésta es una de las muchas técnicas que utilizábamos alrededor de J-R. Él necesitaba una energía limpia a su alrededor. Tenías que soltar los problemas rápidamente si querías pasar tiempo con el jefe. He escuchado a J-R llamarlo el "círculo de la verdad".

Creo que porque J-R se había convertido en una parte tan integral de mi vida, empecé a tener temor de que muriera antes que yo. Solía preocuparme y le decía que no sabía lo que haría si él muriera antes que yo. Siempre me decía con una sonrisa divertida: "No te preocupes, te vas a morir antes que yo". Esas observaciones me detenían. Luego me entristecía. Esos pensamientos pasaron por mi mente durante años. Entonces llegaron los días en que J-R se puso más enfermo y empezó a prepararse para la transición. Una de las cosas más locas fue que un día tomé un descanso de cuidarlo en el hospital y me fui al mercado. Me di cuenta de cuánto tenía que observar a mi alrededor al cruzar la calle o mientras conducía. J-R no se había ido y, si yo no era cuidadoso, realmente podía morirme antes que él. Lo pensé y me di cuenta de que yo estaba cambiando, que partes de mí se estaban muriendo.

Entre más cerca estaba J-R de su transición, más sentía yo que Nathaniel y yo estábamos muriendo. Aspectos de nosotros sí murieron al irse J-R.

Al escribir este texto, han pasado casi dos años desde su fallecimiento, y puedo decir que no soy la misma persona. Esta "muerte" fue una cosa muy sutil, que explica mi caída a los reinos astrales buscando el cuerpo de J-R. Me di cuenta que él es más grande y no está allí; sólo el dolor y la desesperación me esperan cuando quiero lo reconfortante de su presencia física. Estaba todo en el pensamiento y el sentimiento y eso se convirtió en mi prisión temporal. Desde entonces me he liberado y me estoy volviendo más consciente de las dimensiones y de las trampas que conllevan.

La Expansión del sábado en Insight II, 1986;
facilitado por Terry Tillman y Lawrence Caminite.
Mi afirmación: "Soy un hombre hermoso,
poderoso y sensible, amándome y amándote".

El Complejo del Templo Karnaken Luxor, Egipto, plantando Luz y Amor con J-R y los participantes del PAT IV, 1988.

El Amor de un Maestro

John Morton me bautiza en el Río Jordán mientras
J-R observa, Israel 1988.

Más Viajes con el Viajero

El grupo de PAT IV en la escalinata del sur del Templo donde Jesús caminó y enseñó a sus seguidores; Jerusalén, Israel, 1988.

El Amor de un Maestro

Con J-R en el Monte de los Olivos durante el PAT IV;
Jerusalén, Israel, 1988.

Caminando con J-R, Joe Ann Cain y Connie Stomperen en el viaje a Alemania y Rusia luego del PAT IV, en 1988.

Plantando columnas de Luz en la Plaza Roja de Moscú con John-Roger, Howardy Maxine White, Cleora Daily, Angel Harper, Merle Dulien y muchas otras almas estupendas; Viaje PAT IV extendido, 1988.

Jugando con J-R en la Plaza Roja, 1988.

Flores para la Paz en la Plaza Roja, 1988.

Tomando un momento con J-R en Finlandia para planificar mi futuro; viaje extendido del PAT IV, 1988.

Honrando al Bienamado John-Roger y la entrega
de las Llaves a John Morton; Diciembre 1988.
Aquí estoy imitando a Yoda para hacer reír a J-R.

J-R chequeando sus más de 60 caballos árabes en la Finca Windermere, 1990.

J-R cabalgando sobre Sonlight, su caballo "cuarto de milla" favorito; Windermere, en la década de 1990.

Cuando el Maestro te mira: Twaji, la mirada de Dios;
década de 1990.

Sobre el escenario con John-Roger, riendo y rompiendo
cristalizaciones, década de 1990.

Jugando con J-R, el Viajero y Preceptor, década de 1990.

El Amor de un Maestro

Las huellas de J-R y las mías para la ceremonia de estreno de la cancha de baloncesto en Mandeville, 1997.

Viajando a Serengeti, África, en los comienzos; esperando a que Phil Danza arme el sonido y la videocámara para un seminario.

J-R dando órdenes con el *walkie-talkie*,
Maasai Mara, Kenia, África.

J-R enseñándome en el Rio Li, China. 2000.

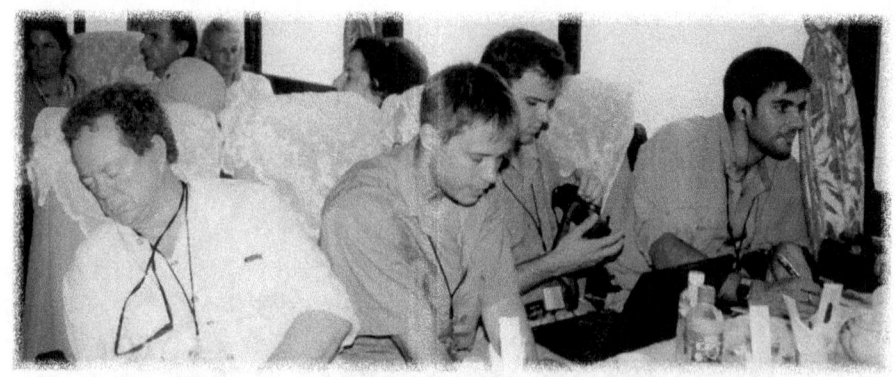

El grupo del personal de J-R: de der. a izq., Zeus, Nat Sharratt y
Erik Raleigh, cuidando a J-R mientras él viaja en el alma;
Rio Li, China, 2000.

J-R asumiendo el rol como el verdadero Director de *Guerreros Espirituales*, filmando en Praha, 2004.

Arriba de la Gran Pirámide en Cairo, Egipto, con el Director David Raynr, los Productores Rick Ojeda y Michael Hubbard, los Camarógrafos Robert Cain y Joshua Benson, y el Director de Fotografía Evan Nesbitt, en la locación de la filmación de *Guerreros Espirituales*, 2004.

John-Roger y yo, divirtiéndonos en un evento de firma de libros en la librería Barnes & Noble, 2009.

Collage y Escena Ideal.

Más Viajes con el Viajero

Collage y Escena Ideal.

Collage y Escena Ideal.

Collage y Escena Ideal.

El Amor de un Maestro

Collage y Escena Ideal.

Más Viajes con el Viajero

Collage y Escena Ideal.

Collage y Escena Ideal.

Collage y Escena Ideal.

Estreno del *Viajero Místico* en Tel Aviv, Israel, celebrando el 80.º cumpleaños de J-R el 24 de septiembre de 2014: Día de la Integridad. Hubo 141 participantes para el último viaje de J-R.

Elda y Delile Hinkins (el hermano y la cuñada de J-R), en el estreno del Viajero Místico en Price, Utah, unos meses después del pasaje de J-R al Espíritu; 2015.

Nicole y yo celebrando el 81.º cumpleaños de John-Roger en Jerusalén, Israel, un año después de su pasaje al Espíritu; 24 de septiembre de 2015: Día de la Integridad.

Nat y yo con J-R en Jerusalén, Israel; 24 de septiembre de 2014: Día de la Integridad. Un mes antes de su pasaje al Espíritu.

La llegada para celebrar el cumpleaños 81 de J-R, con Nicole y Benji Shavit en Tel Aviv, Israel; los preparativos para el 24 de septiembre de 2015: Día de la Integridad.

Graduación del programa de dos años de la Maestría en Psicología Espiritual, con Ron y Mary Hulnick, Universidad de Santa Mónica, Clase de 2016.

Celebrando el 80.º cumpleaños de J-R con los 141 amigos y familia en Jerusalén, Israel; 24 de septiembre de 2014: Día de la Integridad. Un mes antes de que pasara al Espíritu.

Twaji con el Maestro durante un evento de los Seminarios Insight con Russell Bishop y John Morton.

"Nicole y yo viajamos a Israel en el año 2015 para celebrar el cumpleaños número 81 de J-R. El 24 de septiembre se acercaba; casi un año desde el pasaje de John-Roger al Espíritu y debo decir que había sido un año difícil. Mientras estaba en Jerusalén, sabía que no debía tratar de repetir lo que había hecho allí con J-R en el pasado. J-R me mostraba internamente que necesitaba probar cosas nuevas e ir a diferentes lugares para compartir las enseñanzas de J-R. Así lo hice, y allí estaría él".

CAPÍTULO 24

Viajando sin J-R

Cuando terminé mi primer año de la Maestría en Psicología Espiritual en la Universidad de Santa Mónica en 2015, había tenido muchas experiencias de J-R apareciendo en mi conciencia y dejándome ver algunas cosas después de su fallecimiento. Por ejemplo, vi que necesitaba viajar, e internamente sentí con mucha fuerza que necesitaba ir a Israel con Nicole. Uno de mis sueños era que mientras John Morton viajaba por Francia ese otoño para el Entrenamiento de la Conciencia de Paz (PAT VIII), Nicole y yo estaríamos en Jerusalén. Imaginaba que estaríamos proyectando la película Viajero Místico en Tel Aviv el 24 de septiembre (el cumpleaños número 81 de J-R) y compartiríamos un maratón de nueve horas, sin parar, de seminarios de J-R el 26 de septiembre.

Mi intención era clara como el cristal. Fue un impulso que ardía por dentro. J-R seguía hablándome en imágenes. Cuando cautelosamente compartí esto con algunos amigos, me di cuenta de que J-R había estado hablando con gente en sus sueños con respecto a ayudarme. Pedí y recibí mucha ayuda.

Nicole y yo viajamos a Israel en el año 2015 para celebrar el cumpleaños número 81 de J-R. El 24 de septiembre se acercaba, casi un año desde el pasaje de John-Roger al Espíritu y debo decir que había sido un año difícil. Mientras estaba en Jerusalén, sabía que no debía tratar de repetir lo que había hecho allí con J-R en el pasado. J-R me mostraba internamente que necesitaba probar cosas nuevas e ir a diferentes lugares para compartir las enseñanzas de J-R. Así lo hice, y allí estaría él.

El año anterior (2014) habíamos vivido un momento espectacular e inolvidable en Jerusalén. J-R todavía estaba vivo entonces, rodeado de 141 almas amándose unas a otras. Durante el evento de recaudación de fondos de tres días con John Morton, Michael Hayes, Benji Shavit, nuestro guía para todos los viajes de PAT, Paul Kaye y yo, éste se convirtió en algo surrealista y poderoso; realmente fue un momento en el tiempo y el espacio. Estábamos disfrutando en el Amor y la Luz de John-Roger, el Cristo y Dios.

Mi apego al cuerpo físico de J-R era inmenso. No podía simplemente olvidar y seguir adelante. Me moví a través de esto con un dolor profundo en mi corazón.

Para octubre de 2014, un mes más tarde, la salud de J-R había desmejorado y yo estaba en la burbuja de querer que viviera para siempre. Estábamos esforzándonos lo más posible para cuidar de él y hacer su vida más cómoda. Yo me había enamorado de Nicole Tenaglia en el viaje de cumpleaños. Siempre había sido honesto y transparente con J-R y quería tener claridad con él. Nunca iba a hacer nada sin la bendición y el apoyo de J-R primero. Cuando regresamos a California, le conté a J-R sobre mi fuerte amor por Nicole, que había comenzado hacia el final del viaje a Israel. Yo lo miré y sentí lágrimas en mi cara; J-R hizo una pausa y dijo: "Lo puedo ver". Le pregunté: "¿Puedes casarnos espiritualmente?". Ni siquiera estaba pensando, hablaba desde mi corazón y mi alma. Tenía ese instinto, una intuición de que me tenía que dar prisa y hacer todo lo posible para volcarlo en el cáliz de la conciencia de John-Roger. Eso era todo lo que siempre había querido y para mí era todo lo que necesitaba; era esa aprobación de la conciencia del Cristo/Preceptor/John-Roger.

Dije: "Cásanos". Se detuvo, se salió de su cuerpo y volvió. Pensé que iba a ser un "no" pero luego él asintió con la cabeza en señal de que estaba hecho. J-R hacía mucho eso: se iba y comprobaba con el BUS ("los muchachos de arriba") o con GAS (la Sociedad de Ángeles Guardianes»). Me tocó la cara y la cabeza. Esta era nuestra rutina diaria durante años. A veces él golpeaba suavemente mi rostro. Siempre nos conectábamos y nos tocábamos. Hacia el final de los dos últimos años, aunque verbalmente no dijera mucho, yo sabía cómo hablar con J-R, y Nathaniel también. Sabíamos "el código de expresión de J-R", porque estaba totalmente allí mentalmente, pero su cuerpo se iba desacelerando. Era bastante fácil sólo hacer preguntas. En los primeros tiempos, era siempre importante la manera en que uno hacía la pregunta. Realmente dependía de la forma en que la hacías, porque así era como ibas a obtener la respuesta. Así que entre más claro fueras, más clara era la pregunta y tú podías apostar que la respuesta de J-R iba a dar en el clavo.

Después de pedirle a J-R que nos casara a Nicole y a mí espiritualmente, le pregunté si podíamos compartir las Disertaciones y todo lo demás. Sabía qué preguntarle y él aprobó todo. Yo nunca he sido apurado en mi ser interior y he aprendido que cuando ocurren situaciones como ésta, vienen del ser superior y de una parte espiritual que sabe más que el ego. Es un divino no-saber lo que toma la iniciativa. Está más allá de la mente y las emociones, es espiritual. Nunca pensé que unas semanas más tarde él fallecería, pero sí sé que Nicole es un regalo de J-R para que me ayudara a quedarme después de su partida, porque sin duda yo no quería quedarme aquí. Yo sabía que nunca iba a conocer a alguien como J-R nuevamente en esta vida. Cuando J-R atravesaba su transición, el saber que yo estaba con Nicole me ayudó a mantener la energía elevada y mantener el amor por J-R cuando él respiró su último aliento en la tierra.

Antes de que él partiera, una noche llevé a Nicole a donde J-R en Mandeville, y por un momento fue maravilloso amar a Nicole y a J-R y estar en unidad. Me encantó que J-R supiera que yo iba a estar bien cuando él estuviera listo para viajar y trascender. Te extraño, amigo.

Durante el viaje en el año 2015, noté que Nicole y yo estábamos buscando a J-R en todas las personas y en todos los lugares, al igual que "la Fuerza" en las películas de "La Guerra de las Galaxias". El viaje resultó desarrollarse en medio de los días de fiesta judíos y musulmanes: la celebración de Yom Kipur, Sucot y el Festival de Eid al-Adha nos rodearon en nuestras actividades. Por último, entre el ayuno, el no poder conducir y los restaurantes cerrados, nos rendimos y simplemente observamos. En medio de tener que ir a pie a los lugares, encontramos amor y compañerismo entre las familias y los amigos. Plantamos columnas de Luz en el Monte del Templo en Yom Kipur y caminamos alrededor de la Cúpula de la Roca. El aire estaba impregnado con la energía de honrar a Dios. Dejamos que nos infectara porque estábamos honrando a nuestro Bienamado John-Roger. Mi corazón está lleno de gratitud hacia todos los que dieron su Luz, amor y donaciones, que hicieron este sueño realidad, hacia John Morton y la Presidencia del MSIA por su apoyo.

Este viaje fue el primero de muchos por venir donde yo no estaba pensando en volver al hotel para comprobar cómo estaba J-R. Comencé a tomar conciencia de que J-R estaba conmigo, por lo que no tenía que ir a ninguna parte para asegurarme de que él estuviera bien. Aun así, después de 26 años, era un hábito duro de liberar. Al empezar a acostumbrarme a la idea, comencé a sentirlo adentro de una manera diferente. Era joven y enérgico, y él me mostraba a dónde ir. Si trataba de recapturarlo en aquellos viejos lugares, él no estaba allí. Tal vez es lo mismo con el Cristo; es un proceso de estar en el aquí y ahora. Él está en el aquí y ahora. Tengo un aprecio aún más profundo por el título que Ram Dass eligió para su libro, al yo seguir escuchando: "Estate Aquí Ahora".

Todo sucedió con gracia cuando llegamos a Israel, y en su mayoría, sin contratiempos. Todo se hizo realidad para nosotros.

Llegamos a exhibir la película "Viajero Místico" (las tres horas y media completas) el día del cumpleaños de J-R. Esa misma noche, celebramos a J-R, mirando la vista de la Vieja Ciudad desde la azotea del Hotel Notre Dame. Nos comunicamos por Skype con John Morton y el grupo del PAT en Francia y la energía fue increíble. Sentimos como si nos hubieran transportado a los universos de J-R. Se consolidaron la armonía, la alineación y el consenso con la hermandad del Cristo dentro de nosotros de la manera en que lo experimentamos en el 2014 en Israel con John-Roger. Alguna conexión divina se llevó a cabo. Luego, el 26 de septiembre presentamos nueve horas sin parar de seminarios de John-Roger en el estudio de yoga de Zahava, la esposa de Benji, llamado "Espíritu del Tabor".

Décadas antes, con el primer viaje del PAT IV, Benji había comenzado siendo nuestro guía; pero en el transcurso de los años hicimos mucho más que los PAT IV, y llegamos a ser todos muy unidos. Benji amaba a J-R y voló a Los Ángeles para estar con nosotros en el servicio de conmemoración para J-R. Eso es más que ser amigo, eso es ser familia.

Benji, su hijo Gilad y Mia, la novia de Gilad, ayudaron en la organización del gran evento en honor a J-R. Mucha gente vino a la proyección del Viajero Místico, cerca de 60 personas nuevas, y 10 personas vinieron al Maratón de J-R que presentamos más tarde en el Tabor. J-R ha dicho en varias ocasiones que seres ascendentes en los otros reinos vienen también a seminarios del MSIA, así que me imagino que estaban también algunos de ellos. Fuimos además a la sinagoga del siglo I descubierta recientemente en Magdala cerca de las orillas de Galilea. (Los animo a que lo busquen por Google.) La edad de esta sinagoga indica que Jesús y María Magdalena podrían haber orado o enseñado allí.

Gracias, John-Roger, por guiarme en este viaje, por Nicole y por cuidar de nosotros.

En otra oportunidad que tuve que recordar mis anteriores viajes con J-R fue cuando Nicole y yo recientemente viajamos a China juntos. No pude evitar los flashbacks de un tour a China con J-R, John, Nat, Erik y un montón de miembros del MSIA en el año 2000. No sólo porque fue un gran viaje, sino también por varias cosas que se destacaron para mí en ese momento. J-R habló de las aguas estancadas en Suzhou, luego colocó una bendición y oró para que el agua fluyera otra vez. Todos caminamos la Gran Muralla durante una ola masiva de calor. Mi lugar favorito fue la Plaza de Tiananmen donde hay una foto mía filmando y J-R realizando un Momento de Paz. El levantamiento había sido en 1989 y en el 2000, la Plaza de Tiananmen tenía tanta energía densa en el aire que se podía cortar con un cuchillo. También habíamos visitado la Ciudad Prohibida, lo que fue maravilloso. No había mucho turismo en esa época. Tomamos dos cruceros, uno por el Río Yangtze y el otro por el Río Li.

Sentí tanta conexión con China y J-R. Él predijo muchas cosas que fueron documentadas en video. Phil Danza, jefe de NOW Productions, y Nancy Carter armaron por lo menos seis clips de Momentos de Paz durante este viaje y en al menos tres de ellos, J-R habló claramente de sus predicciones sobre el futuro de China. Aquí está mi entendimiento de ello: habló privadamente sobre esto al grupo del personal, pero lo recuerdo diciendo que la "raza amarilla" tomaría la iniciativa y que China sería un líder mundial y una superpotencia. Pero primero tendría que pasar por un cambio interno para acercarse a una verdadera democracia, post comunismo. El país se convertiría en parte socialista y en parte capitalista, y así unido sería una mejor demostración de un gobierno.

Salto adelante a mayo de 2017. Nicole y yo fuimos invitados a visitar China por un buen amigo, Ribal, para participar en Iman, una conferencia internacional, con dignatarios de muchos países, para promover una mayor libertad y democracia en el mundo. Mientras que la conferencia me dio muchas oportunidades para compartir la historia de John-Roger con nuevos amigos, estaba teniendo muchas experiencias de déjà vu y recuerdos recurrentes del 2000. Parece que cuando estoy lejos de casa, tengo experiencias más profundas con J-R en los niveles interiores. Así que estaba particularmente consciente de los enormes cambios y progresos en Beijing desde el año 2000 hasta el 2017 y de cómo J-R realmente había tenido razón en lo que respectaba el futuro de China. Esa experiencia fue muy similar a su predicción del "gusano en el muro" de Berlín en 1988, un evento en el que tuve la suerte de participar. Recuerdo que nos acostamos en el piso en la base de la muralla con J-R y amigos, y meditamos.

Beijing realmente me impresionó porque incluso casi ni lo reconocí. Aunque hay bastante polución, los chinos han invertido realmente en su infraestructura y sentí la energía de la felicidad en su conciencia, relativa a este nuevo emprendimiento de poseer objetos materiales modernos y vanguardistas. Creo que en el año 2000 había más bicicletas, pero en el año 2017, vi muchos más autos, incluyendo marcas americanas como Tesla. ¡Incluso encontré una mucha más amplia variedad de alimentos! Era como un mundo nuevo ante mis ojos, me sentí como Cristóbal Colón descubriendo una nueva civilización. Aunque no viajé a Suzhou en este viaje, conocí a varias personas de esa región que me dijeron que la ciudad estaba casi tan desarrollada como Beijing.

"La energía era poderosa. Muhammad Ali nos deseó un gran comienzo. He visto a Ali toda mi vida, y allí estaba animándonos. Corrí unas buenas siete millas, caminé y corrí hasta que llegué al marcador de dieciocho millas. Para entonces, mi rodilla izquierda estaba renunciando y comencé a desarrollar una enorme ampolla en la planta del pie derecho. El dolor era mi amigo y me estaba visitando. Para cuando llegué al marcador de veintidós millas, caminaba. La rodilla se bloqueó y no podía correr. Tenía mi celular y llamé a J-R para pedirle ayuda.
Así lo hizo y yo seguí adelante".

CAPÍTULO 25

La Vida Es un Maratón

El 17 de marzo de 2004, con el acuerdo y apoyo de J-R, corrí en el maratón de Los Ángeles. En realidad corrí y caminé el maratón. Fue mi primer maratón. Probablemente será el último para mí.

En primer lugar, déjame darte un poco de historia sobre cómo empezaron los maratones. Es lo que contribuyó a mi forma de pensar cuando me decidí a correr. Hay muchos puntos de vista, por supuesto, y este es el que más me gusta, escrito por mi buen amigo e historiador local Glenn Barnett. Por supuesto, siéntete libre de encontrar tu propia versión.

FILÍPIDES Y EL MARATÓN

Cuando hicieron una revisión de los Juegos Olímpicos en 1896, el lugar lógico para llevarlos a cabo era Grecia. Los organizadores Olímpicos querían incluir un evento que honrara la historia griega. Tuvieron la idea de una carrera de larga distancia que conmemora las hazañas del antiguo corredor griego Filípides, quien después de la Batalla de Maratón en 490 A.C., fue enviado a Atenas, a unas 26 millas de distancia, para anunciar la victoria.

Filípides era un corredor profesional. Él era un mensajero que a menudo era enviado a llevar noticias y novedades a lo largo y ancho de la región. Había marchado con el ejército ateniense a Maratón y luchado en la batalla, antes de haberle sido confiada la tarea de irse corriendo para Atenas a informar a los padres de la ciudad que su ejército había ganado la batalla. En el calor seco de la tarde, Filípides corrió las 26 millas sobre el rocoso terreno griego hacia su ciudad, consciente de su deber y su corazón lleno de orgullo. La heroica historia termina con Filípides entrando en la ciudad y anunciando: "Regocijaos, somos victoriosos", antes de derrumbarse y morir de agotamiento.

En el día del primer maratón moderno en 1896, los corredores comenzaron en la actual Llanura de Maratón donde la batalla tuvo lugar y corrieron a Atenas, donde terminaron la carrera en un antiguo estadio romano. Cuando el público griego en el estadio vio que el primer corredor entrando en el estadio era su compatriota, Spiridon Louis, se pusieron de pie. Cuando se hizo evidente que Louis iba a ganar la carrera, comenzaron a cantar alegremente: "Regocijaos, somos victoriosos".

Hoy en día, el maratón es la carrera más popular del mundo ya que todos pueden participar, no solo atletas profesionales. Tanto como 50.000 personas corren en una sola carrera, hombres y mujeres, los discapacitados y los ancianos. Todos son bienvenidos en este evento deportivo, el más democrático. Todo en memoria del sacrificio de Filípides.

Permítanme comenzar diciendo que yo no me entrené, ni siquiera me preparé, para el maratón. Eso fue sobre todo por mi ingenuidad; no tenía ni idea de la experiencia agotadora que iba a ser. Todo lo que hice fue comer muchos carbohidratos y empecé a decirme a mí mismo que podía hacerlo. No planeaba terminar primero, pero tenía la intención absoluta de terminar. Quería mostrarme a mí mismo que podía hacerlo. Le pedí a John-Roger que estuviera conmigo todo el tiempo, y así fue.

La manera en que yo lo veo es que en mi categoría personal llegué en primer lugar. He estado en cinco PAT IV, subí a las Pirámides, he viajado alrededor del mundo con J-R. Estuve cerca de la muerte en Grecia y subí el Monte Sinaí. He estado en Rusia dos veces con J-R y dos caballos en Windermere rodaron sobre mí (y J-R una vez más me sanó); y fui coprotagonista en una película, *Mi novia Polly*, que recaudó más de 86 millones de dólares. Por lo tanto, correr un maratón no era gran cosa. (Bueno, en realidad lo fue.)

En la línea de partida mirando el camino por delante, parecía un océano, millas de personas. La energía era poderosa. Muhammad Ali nos deseó un gran comienzo. He visto a Ali toda mi vida, y allí estaba animándonos. Corrí unas buenas siete millas, caminé y corrí hasta que llegué al marcador de dieciocho millas. Para entonces, mi rodilla izquierda estaba renunciando y comencé a desarrollar una enorme ampolla en la planta del pie derecho. El dolor era mi amigo y me estaba visitando. Para cuando llegué al marcador de veintidós millas, caminaba. La rodilla se bloqueó y no podía correr. Tenía mi celular y llamé J-R para pedirle ayuda. Así lo hizo y yo seguí adelante.

En el marcador de la milla veinticinco, veía personas que se derrumbaban y abandonaban la carrera. Además, estábamos a 33°C allí afuera. Cuando vi la línea de meta alrededor de un cuarto de milla en la distancia, corrí y me dieron mi medalla de oro. Todo el mundo que termina obtiene una medalla de oro. No corrí para ganar, sino corrí para mí. El centro de Los Ángeles era Atenas para mí y yo fui Filípides, corriendo para salvar a Grecia (yo mismo). Me encantó y lo haría otra vez, si encontrara una razón para hacerlo (que no lo espero). La gente fue genial con todos los corredores. Corrí para el MSIA dentro de mí y para el John-Roger dentro de mí. Fue algo hermoso mirar en mí mismo, y tener la charla interna con J-R por más de 6 horas fue una experiencia increíble. Doy gracias al Señor. Doy gracias al Señor. Doy gracias al Señor.

El Amor de un Maestro

Para cerrar el círculo, un tiempo después del maratón yo estaba en un programa de premios de *Sports Illustrated* con J-R y un par de otros del grupo del personal. El gran Muhammad Ali estaba allí y le dije a J-R que quería conocerlo. J-R dijo que si quería conocerlo que fuera a hablarle. Así que caminé hasta donde Ali estaba sentado en primera fila en el Auditorio Shrine, y sin prestarle atención a sus guardaespaldas le dije que estaba con mi amigo J-R. "Te amamos y qué bueno conocerte".

Miró hacia arriba, se acercó a mi rostro y alzó su mano temblorosa tocando mi cabello graso y diciendo: "Qué lindo cabello". Nos abrazamos y lo dejé sintiéndome genial de haber conocido al campeón. Sentí que yo lo estaba animando en su maratón.

"Tengo un recuerdo antes de mi nacimiento de estar en algún lugar en la oscuridad; un vacío negro. Había hombres, o ancianos, quienes más tarde supuse eran miembros de un Consejo Kármico en algún lugar del Espíritu. Ellos me preguntaban si quería un padre duro o un padre más sensible. Luego, bum, estoy en la vida en algún lugar, y ese padre duro fue mi padrastro. Era muy fuerte; se veía muy parecido a Sylvester Stallone en Rocky".

Jesús

"Jesucristo es la cabeza espiritual de la Iglesia del Movimiento del Sendero Interno del Alma, y el trabajo del Viajero por medio del MSIA se asienta sobre el trabajo de Jesús. Jesucristo hizo posible que todas las personas pudieran acceder al plano del Alma. Previamente, esa posibilidad estaba limitada a unas pocas personas únicamente. La Trascendencia del Alma, que es el trabajo espiritual que John Morton y yo hacemos, se construye a partir de la obra de Jesús y ella hace posible que las personas se establezcan en el plano del Alma, atraviesen los veintisiete niveles por encima del Alma y alcancen el corazón de Dios".

– Extracto del libro de John-Roger, D.C.E.,
"Cumpliendo Tu Promesa Espiritual"

CAPÍTULO 26

Héroes y juicios

Al escribir este libro, me di cuenta de que era importante mirar a los héroes a lo largo de mi vida y ver cómo me relacionaba con ellos. El primero de ellos fue, por supuesto, mi padrastro, que tomó el rol de mi padre. Mi padre biológico dejó a mi madre cuando yo era muy joven. No tengo idea por qué, aunque sabía que nunca se habían casado. Lo conocí más tarde, cuando yo tenía 16 años, como ya he mencionado antes.

Mi padrastro, que apareció y se casó con mi madre, tenía sus propios hijos. Pero él me crió como si fuera suyo, y fue increíble. Él era un tipo fuerte. Yo solía colgarme de sus músculos.

"Tengo un recuerdo antes de mi nacimiento de estar en algún lugar en la oscuridad; un vacío negro. Había hombres, o ancianos, quienes más tarde supuse que fueran miembros de una Junta Kármica en algún lugar del Espíritu. Ellos me preguntaban si quería un padre duro o un padre más sensible. Luego, ¡bum! Estoy en la vida en algún lugar, y ese padre duro fue mi padrastro. Era muy duro; se parecía mucho a Sylvester Stallone en Rocky".

Realmente admiraba a mi padrastro. Lo adoraba, aun cuando él no fuera exactamente recto. En realidad, era bastante deshonesto y engañaba a mi madre. Él hizo mucho de lo que podríamos llamar cosas malas. Pero lo interesante es que yo, de niño, no lo juzgaba. Realmente tenía problemas con él por golpear a mi madre, por pelear y hacer trampa, pero no eran lo que ahora identifico como juicios.

Aun siendo niño, me pelee con él y le dije que no me gustaba que él lastimara a mi mamá. Pero al mismo tiempo, lo amé y lo perdoné. Yo lo amaba y amaba a mi madre. Realmente parecía que estaban bien como pareja la mayor parte del tiempo.

Él fue genial conmigo. Me dio regalos. Me llevó a lugares geniales. Recuerdo estar esperándolo durante mis vacaciones de verano de la escuela en Miami. Finalmente escuchaba el estruendoso sonido de la bocina de su camión de 18 ruedas que mi padre estacionaba afuera de la casa de mi abuela. Yo corría a la puerta y a sus brazos y él me llevaba a montar en karts o a algún otro lugar estupendo para un niño con su papá. Tuvimos grandes momentos y tiempos de fortalecimiento. Odiaba ir a sus campos de entrenamiento espartano que consistían en montar en la terrorífica montaña rusa "El Ciclón de Coney Island", y ser arrojado al agua del mar para que aprendiera a nadar por mi cuenta. Estas experiencias fueron traumáticas y no se recomiendan para la actual crianza de los niños. Aun así lo amaba. Lo aprecio todo ahora, sé nadar y puedo montar en cualquier montaña rusa del mundo.

Ese tiempo fue heroico para mí. Él era mi héroe. Para mí, él era Superman. Se parecía a Superman. Nadie podía meterse con él.

Durante mi década de los cuarenta, hice un cortometraje con J-R que se llamó *Mi papá y yo*. Se trataba de un niño que siempre estaba esperando en el auto mientras su padre hacía de todo, desde tener relaciones adúlteras hasta golpear a gente que no hacía lo que él quería. Obviamente, era CASI autobiográfica. Pero lo bueno fue que, mientras yo estaba atravesando esa infancia, no tuve ningún juicio con respecto a aquello. En ese particular momento de mi vida, no tuve ninguna brújula moral diciendo qué era correcto y qué estaba mal, por lo que, para mí, eso era lo que era.

Me encanta la inocencia de ser niño cuando todo parece estar bien y nada importa. Mi padrastro no mataba a nadie, gracias a Dios, pero yo no podía discernir y decir: "Esto es correcto y aquello está mal". Era sólo un niño lleno de gozo y amor. Yo amaba a la gente, pasara lo que pasara. Yo diría que eso es una expresión de la inocencia, de la conciencia de Dios. Más tarde, la religión entraría a mi vida y de repente me enteraría de que algunas cosas eran "malas".

Creciendo de esa manera sin prejuicios, cuando veía a las prostitutas, o como J-R las llamaba, las "consejeras de las calles", no tenía juicio alguno sobre ellas. Como los niños suelen hacer, ya que a ellos no se les ha lavado el cerebro con los juicios que la sociedad tiende a generar, yo veía a través de los ojos de la inocencia, sin las trampas de la mente que nos son inculcadas con el tiempo. Yo me decía que eran gente hermosa. No me subía a mi púlpito para condenar. No les decía que se iban a quemar en el infierno por sus pecados. No tenía nada de eso en mi corazón, por lo menos no hasta que me metí en el fenómeno del catolicismo.

Lo gracioso de mi contacto con la religión es que en lugar de aprender la doctrina de Cristo, que es el perdón y amar a tu prójimo, me lavaron el cerebro preocupándome por el pecado y por ir al infierno.

Una breve digresión. J-R puso la doctrina de Cristo en práctica y nos la enseñó en el grupo de su personal de manera práctica y profunda. Si a J-R no le gustaba la conversación, se retiraba de la mesa. Si él se iba, culpábamos a la persona que había promovido aquella conversación y lo hacíamos a un lado por haber hecho que J-R se fuera, porque cuando lo teníamos a nuestro alrededor, era todo mágico. Comenzamos a sostener la Luz y mantener las cosas en positivo por temor a perderlo.

Nos comportábamos mucho como hermanos, y hubo momentos en que teníamos problemas entre nosotros. J-R siempre dejaba que discutiéramos, mas no permitía la violencia física, y a veces llegamos a ser bastante intensos. Sin embargo, en algún momento

J-R nos llevaba a su oficina y hacía que los dos que estábamos peleando nos laváramos los pies el uno al otro. No puedo comenzar a describir el poder de esto. Entonces hacía que los otros tres también se lavaran los pies el uno al otro. J-R decía que en Mandeville, mientras estuviéramos bajo su techo, éramos el guardián de nuestro hermano.

Sé que yo a veces luchaba contra el proceso, pero siempre finalmente cedía. Puedo decirte, nosotros los del grupo del personal, nos convertimos en amigos cercanos debido a esto. J-R siempre decía: "el que se disculpa primero, gana".

En el viaje del PAT IV en 1988, tuvimos una escala de una noche en Ámsterdam antes de nuestro vuelo a El Cairo. J-R me llevó a caminar por la zona roja, y pude ver que él tenía mucha compasión por todo aquello. Curiosamente, en ninguno de los viajes fuimos a pasear por los barrios ricos. Y empecé a aprender que perdernos cuando estábamos camino a algún lugar no era realmente un problema y es probable que presentara una oportunidad divina para plantar columnas de luz, o sea, pedir que la Luz atraviese tu cuerpo y se ancle en la Tierra, dejando una columna pura de Luz blanca para el bien mayor. Esto es lo que hacíamos si terminábamos en una zona desconocida; de alguna manera parecía suceder a menudo.

Supongo que, a medida que maduramos, derribamos a nuestros héroes. Sé que en algún momento empecé a darme cuenta de que mi padrastro no era exactamente un buen ejemplo de héroe, desde el punto de vista de un adulto. Así que miré a mi alrededor en busca de más héroes. Al interesarme en la actuación, Scott Baio se convirtió en alguien que yo pudiera admirar. Fue mi primer héroe de tipo profesional porque me enseñó algo que yo podía alcanzar: un nivel protagónico de éxito en la televisión. Y lo alcancé.

Entonces quise ir más allá. Marlon Brando se convirtió en héroe, luego Robert De Niro, y después James Dean. Todos estos hombres son lo que yo llamo guerreros espirituales. Fuera de mi universo inmediato de Hollywood, yo consideraba que Robert Kennedy, John F. Kennedy, Martin Luther King y Abraham Lincoln eran todos superhéroes, y en un sentido, guerreros espirituales porque lograron algo muy hermoso. Ellos representaban valentía y honor. Incorporaban muchas cosas para mí. Y cada uno tenía sus propios problemas que, creo, sirvieron para mantenerlos anclados aquí en el nivel físico.

Creo que los guerreros espirituales, los héroes, tienen que tener algún tipo de problema físico, una condición o una situación que los ancle aquí a esta Tierra. Creo que tienen que ser, en cierto sentido, discapacitados aquí para así trascender y elevarse a sí mismos y a otros.

Cuando conocí a John-Roger, me di cuenta de que él era mi verdadero héroe. Supe en un nivel muy profundo que éste era el hombre que yo había estado buscando. Vi que en todas las áreas era definitivamente un gran líder. Durante todos los años que lo conocí, nunca lo vi deprimido, nunca lo vi quejarse. Aspiro a ser un hombre y un guerrero así.

Definitivamente he fracasado y me he caído muchas veces. Pero he conseguido levantarme. Por la gracia de Dios, y a través de la oración, he vuelto a ponerme de pie. Como aprendí de J-R, lo que importa no es cuántas veces caes, sino cuántas veces vuelves a levantarte.

Cuando estaba en el programa del Doctorado en Ciencias Espirituales a través del Seminario Teológico y Escuela de Filosofía Paz, tuve que escribir un documento de 100 páginas como tesina, explorando algunos aspectos de mi vida. Elegí "Viviendo con un Guerrero Espiritual" como tema para mi tratado doctoral. Al escribirlo, tuve que explorar lo que significaba para mí ser un guerrero espiritual, tanto dentro de mí como afuera, al vivir con John-Roger.

Llegué a reconocer que cada uno es un guerrero espiritual, y todo el mundo maneja situaciones en su vida de forma distinta. Para mí, ser un guerrero espiritual es, más que nada, simplemente tomar la vida y las situaciones como se presenten, un paso a la vez. No siendo tonto al respecto, pero hay cosas en la vida que realmente se precipitan sobre ti y te desafían. Vi que esto te puede acabar, o puedes darle un giro y volverlo divertido. Atraviesas tu tristeza, tus lágrimas, escribes sobre esas cosas, las expresas y luego miras el lado positivo y permaneces en el presente y sigues adelante y respiras.

Estoy agradecido de ser un actor, porque probablemente en los peores momentos de mi vida, fui capaz de expresar lo que me estaba desafiando a través de mis papeles en las películas, en los programas de televisión y en obras de teatro. También canto, por lo que fui capaz de cantar y escribir y expresar lo que estaba dentro de mí, de esa manera. Me di cuenta de que a través de los tiempos difíciles (hubo realmente muy pocos), fui capaz de crear una obra hermosa, ya fuera una canción, un guion, una escena o una obra de teatro. Pude utilizar éstos como medios para desahogarme.

Al examinar mi vida, creo que el período más difícil que he vivido fue cuando John-Roger se lastimó. Tuvo un accidente e hirió seriamente uno de sus ojos. En resumen, eso me enseñó, más que nada, a ponerme de pie dentro de mí, acceder a mi interior, conectarme a mi conocimiento y tomar el mando. Encontré que en el acto de hacer, el Espíritu se une a la acción. Una clave fue la perseverancia. Me di cuenta de que una persona que necesita ayuda no necesita que la persona que la esté ayudando lo haga de manera dramática. Necesita que esté en modalidad de líder, para asistir y ayudar, sin la energía dispersa y sin perder la cabeza. Un líder, en caso de emergencia, debe ser directo y seguir moviéndose deliberadamente para llevar a cabo la misión, que es asistir y servir.

También aprendí eso en el set de la película *Guerreros Espirituales*. John-Roger y yo la escribimos y produjimos juntos. Fue J-R quien hizo que se manifestara mi coraje y me dio las riendas para filmar en el Medio Oriente.

Diez de nosotros fuimos allá para rodar la película. Fue increíble. Me cambió la vida. Hacer esa película me puso en el asiento del director y tuve que estar presente, o no, en mi integridad. Fue al filmar esa película que realmente empecé a aprender cómo estar presente en mi integridad, no dar marcha atrás ante lo que yo sabía que era una conexión interna y a estar claro interiormente.

Un ejemplo de esto fue cuando estábamos en el medio del desierto de Wadi Rum en Jordania. Era tarde y el director y todos los del equipo tenían hambre y querían comer. Ten en cuenta que este no era un lugar donde pudiéramos llegar a un McDonald's y pedir un par de hamburguesas. Este era el desierto. No había restaurantes de comida rápida en la carretera porque no había carretera; había arena.

Estábamos en cinco Land Rovers y Fadel Gad, mi coproductor y guía conocedor de la región, nos llevó más y más adentro del Wadi Rum, que es más o menos como el Gran Cañón en el desierto. Era impresionante: la madre naturaleza en su mejor momento. Estaba fascinado. Wadi Rum era donde David Lean había filmado *Lawrence de Arabia*, y yo estaba creando mi propia pequeña fantasía donde yo iba a rodar mi propio *Lawrence de Arabia*. Así que le pregunté a Fadel si él podía encontrar las dunas de arena donde se había rodado la película.

Lo que me estaba pasando era que estaba empezando a obtener la guía interior de J-R, que físicamente estaba en L.A. Pero no estaba por decirle nada de esto a mi director.

Finalmente, Fadel compartió con nosotros que tendríamos que dejar de buscar después de apenas media hora, así que acepté. Lamentablemente, seguimos buscando durante una hora más, aproximadamente, y el director estaba enojado. Él se me acercó muy enfadado y me dijo de todo, y yo cedí. Me derrumbé por dentro y dije que nos iríamos sin rodar la toma que yo quería.

Nos metimos en los Land Rover y procedimos a regresar al autobús, que luego nos llevaría en un camino normal a la ciudad, a una hora de distancia. En otras palabras, tenía un equipo de personas enojadas, hambrientas y estábamos alrededor de dos horas y media de distancia de alguna comida.

Al desplazarnos, tuve una conversación en mi cabeza hablando con el maestro interior, el guerrero espiritual, también conocido como John-Roger. Estaba hablando con él como si él y yo estuviéramos en su salón de estar en Mandeville después del viaje. Fue así:

J-R: ¿Cómo fue el rodaje?
Yo: Grandioso, muy bueno. Fue fantástico. Muchísimas gracias, J-R.
J-R: ¿Se hizo todo lo que querías?
Yo: Bueno, sí, sí, casi todo, excepto…
J-R: ¿Qué?
Yo: Verás, no pudimos… Había una toma que yo quería en el desierto que representa el morir en el desierto y tener sed por el Espíritu, pero el director dijo que yo había roto un acuerdo, entonces no la pude hacer. Y hubiera sido maravillosa. Era igual a *Lawrence de Arabia*.
J-R: ¿Entonces no pudiste hacer la toma?
Yo: No.
J-R: Entonces simplemente te desplomaste y seguiste adelante e hiciste lo que quería el director. ¿No la llegaste a hacer?
Yo: Sí, eso es.

Cuando me oí decir esto en mi cabeza, fue como un destello de un relámpago golpeándome. Quedé anonadado por el aprendizaje que recién había recibido del Viajero. Miré por la ventana y vi que estábamos pasando por una zona que se parecía bastante a lo que tenía en mi mente. ¡Se me estaba dando una segunda oportunidad!

Saqué el *walkie-talkie* que utilizábamos para comunicarnos de un auto a otro y grité diciendo a todos que se detuvieran. Lo hicieron y el Director y el Director de Fotografía bajaron furiosos de sus autos. Había un motín en potencia en el medio del desierto jordano. Pero yo tenía mis órdenes internas y básicamente, toda la furia salió de mi boca. Les dije que íbamos a rodar la escena allí mismo y que si no sacaban la cámara, los iba a despedir a todos.

En este punto, la mitad de las personas estaban conmigo, la otra mitad no. El D.F. se dio por vencido y dijo: "Paz, paz, paz. Vamos a la toma".

Establecí la toma sobre la duna mientras el sol se ponía y se reflejaba sobre la arena. Yo llevaba mi *galabiya* (la tradicional camisa árabe/musulmán), cruzando el desierto, al igual que Lawrence de Arabia. Resultó ser la toma más hermosa de toda la película.

Más tarde, el director se disculpó por haber estado tan enojado y admitió que había sido una gran toma. Fue entonces cuando me di cuenta de que parte de aprender a estar en mi integridad significaba incluir a otros en el proceso. Necesitaba explicarle lo que había sucedido en mi cabeza, el hablar con John-Roger, mi maestro interno. Cuando le dije eso, él estaba realmente desconcertado. Me dijo que habría deseado que se lo hubiera dicho porque lo único que había oído, era: "¡Salgan inmediatamente del maldito auto!".

Al oír esto, me disculpé y allí empezaron mis aprendizajes sobre permanecer fiel al saber interior y a la guía mientras hablas palabras gentiles, compartiendo y comunicando.

Aquellas fueron cosas realmente claves que hicieron cambios en mi vida. Esta es la historia del amor que J-R me dio a mí, el amor de un Maestro. Se mide por el tiempo que pasó conmigo mientras yo trabajaba para aprender a ser fiel a mí mismo interiormente y seguir eso. Y a no desplomarme.

Ahora trato de no desplomarme o derrumbarme. Trato de mantenerme fuerte con respecto a mi guía interior, o del guía que siento que está muy conectado al Cristo y al Espíritu Santo. Pero siempre es un desafío porque es difícil saber lo que es intuición, qué es la guía y qué es el ego. Por eso J-R siempre nos enseñó a verificar las cosas. Vivir con J-R significaba constantemente verificar y experimentar nuestra intención interna; luego, ajustar, corregir y alinear. Era importante no ser el eslabón más débil.

De tanto en tanto, alguien da todo de sí
Y gentilmente ama al mundo.
Una visión se manifiesta, una palabra es pronunciada,
Un corazón comienza a abrirse.
Desafiando las presiones de un mundo imperfecto
El amor renace.
Una luz que guía a tantos,
Sosteniendo esa visión con infinita paciencia y fortaleza,
Una demostración de nuestras aspiraciones más altas,
Guía espiritual, bienamado amigo,
Nuestra dedicación renace, en honor a ti:

JOHN-ROGER
Ministro del Año
Servicios Ministeriales en Acción
Conferencia de la Excelencia, Julio 1, 1984

CAPÍTULO 27

La Integridad

En la década de 1980, John-Roger creó una Fundación para reconocer y honrar a las personas que ejemplificaban las cualidades de integridad. Definido por J-R, la integridad es "tener el coraje de defender tu verdad tal como la conoces, como una respuesta sincera, con cuidado y consideración por los demás".

Un número de personas distinguidas, desde Lech Walesa y Jonas Salk hasta la Madre Teresa, recibieron el Premio de la Integridad entre 1983 y 1987.

Los premios fueron entregados en lujosas galas. Eran cenas de gala festivas, de etiqueta, con presentadores de la farándula y celebridades de primera clase. Se celebraron en el prestigioso Hotel Beverly Hilton donde muchos eventos de alto perfil de Hollywood se llevaban a cabo, incluyendo los Premios Globo de Oro desde 1961.

Esto fue lo que dijo J-R en una de esas galas:

> "Con nuestros métodos modernos de comunicación, podemos ver más fácilmente lo que sucede en este mundo, y así hacer un seguimiento de los que son 'hacedores' en este mundo. Como ellos eligen estar en su integridad, sus acciones frente a las adversidades nos han demostrado nueva fortaleza de propósito e incluso han insinuado maneras en que nosotros también podemos llegar a ser más plenos en nuestras vidas. De esta manera nos ha

dado a todos y cada uno de nosotros una oportunidad para crecer en nuestra propia integridad individual y explorar más nosotros mismos sobre el significado de esta sustancia y esta acción que llamamos vida. Y eso es lo que la Fundación de John-Roger está aquí para hacer. Estamos dedicados a la creación de oportunidades y expresiones para renovar nuestras vidas. Y sobre todo, estamos aquí para recordarnos unos a otros que el regalo más grande que tenemos es el regalo que hacemos de nuestro amor.

Es nuestra integridad la que nos fragmenta o nos hace enteros. La integridad es básicamente un proceso interno, un proceso que da vida. Les puedo asegurar que no hay ninguna duda con respecto a la integridad de las personas que estamos honrando esta tarde".

Para mí e innumerables otras personas, John-Roger era un modelo de integridad y una demostración viviente de nuestras aspiraciones más altas. En reconocimiento de esto, fue nombrado Ministro del Año en la Conferencia de la Excelencia de 1984.

*"Cualquier tonto puede criticar, censurar y quejarse,
y casi todos los tontos lo hacen"*.

–Benjamin Franklin

"Al despertar nuestras energías más profundas, no puedes más que descubrir tu propia valía, tu amor por ti mismo, tu propia magnificencia".

– JOHN-ROGER, D.C.E.

CAPÍTULO 28

Hitos: Cambios por el camino

Con el paso del tiempo, hubo un par de eventos que fueron clave y que dieron lugar a cambios significativos en la vida de J-R y por lo tanto en la mía. Aunque no fueron cronológicamente muy próximos, fueron hitos.

El primero fue nuestro traslado a Santa Bárbara.

Volvamos al 18 de diciembre de 1988, cuando celebramos el aniversario de los 25 años de J-R como Viajero. En ese momento, fue visto como una fiesta de jubilación debido a que en la reunión de ministros de la Conferencia Internacional Anual del MSIA ese verano, J-R anunció que había entregado las llaves de la Conciencia del Viajero Místico a John Morton. Era algo así como que J-R transfería esa autoridad espiritual a John. Aunque este anuncio fue el inicio del proceso de transferencia, la bendición final y la celebración del anclaje tuvieron lugar en el evento del 25.° aniversario de John-Roger más tarde ese año. Fue una enorme celebración formal con trajes de etiqueta y vestidos largos. Yo era nuevo en el grupo del personal y J-R me permitió subirme al escenario y honrarlo con una canción y algo cómico; yo disfrutaba haciendo reír a toda la congregación, incluso a J-R. Había cientos de personas allí para honrar a J-R; me encantaba entretenerlo y sabía que él amaba a los actores y artistas. Él había sido profesor de danza cuando era joven. En el evento yo le canté una canción e hice una imitación de Yoda.

Durante la noche de Homenaje al Bienamado, J-R completó la transferencia de las Llaves a John y lo abrazó. Y pensé: "Está hecho".

Cuando J-R fundó la iglesia, había hecho un voto de pobreza, lo que significa que no poseía nada; había dado todo a la iglesia. La iglesia le dio techo, lo alimentó y cuidó (lo mismo hicieron conmigo ya que yo también hice un voto de pobreza). Vivimos, trabajamos y viajamos, pero no éramos propietarios de nada, y no teníamos un sueldo.

En este gran evento aniversario, fue anunciado que una casa había sido comprada para la jubilación de J-R. Estaba en las montañas arriba de Santa Bárbara cerca de la propiedad de la iglesia, llamada finca Windermere, adonde J-R a menudo le gustaba pasar un tiempo de descanso. (No es que J-R tuviera realmente mucho descanso, pero se iba allí cuando no tenía citas u otras responsabilidades que requerían que estuviera en Los Ángeles).

Aquí hacemos una breve digresión con respecto a Windermere. Bajo la dirección de J-R, la iglesia había comprado algunos años antes estas 142 hectáreas de terreno en las hermosas montañas de Santa Ynez, con vista a Santa Bárbara, California, a la mujer que era la propietaria y vivía en él. Aunque tomamos posesión, J-R le dijo a la mujer y su viejo ayudante que ellos podían quedarse en la propiedad mientras vivieran. Permanecieron allí durante varios años.

No mucho después de que se comprara la propiedad, alguien donó un rebaño de caballos árabes al MSIA, y fueron enviados a Windermere. A J-R le gustaba mucho tener los caballos allí.

J-R me contó que el antiguo camino de Fremont hacia San Francisco, en el cual viajaban carruajes y caballos, atravesaba la propiedad. Los indios Chumash habían vivido allí, y justo por debajo de lo que hoy es la Carretera 154 están las Cuevas Pintadas.

Habíamos estado yendo muy a menudo a la finca, a pesar de que en ese tiempo yo todavía estaba muy comprometido en la industria del cine. Acababa de terminar *Esclavos de Nueva York* en el momento de esta supuesta "jubilación", así que fui con J-R cuando se trasladó a Santa Bárbara. De repente pasé de ser un chico de ciudad en el Cañón de Mandeville a un vaquero en un entorno rústico en una finca en las montañas. Había mucho viento y a veces algunas lluvias. De vez en cuando incluso nevaba. Quedarme mucho tiempo en Windemere fue bastante desalentador para mí. Me encontré preguntándome cómo diablos esto había sucedido.

A menudo J-R me decía que si no me gustaba hacer algo, que fingiera que me habían dado un papel en una película haciendo eso. Así que decidí fingir que había recibido un papel como vaquero en una película. En mi guion imaginario, J-R era mi compañero e íbamos a entrenar caballos. Como resultado, empecé a divertirme en lugar de estar intimidado por la situación. Aprendí a andar a caballo y pronto empecé a cabalgar con J-R, que era un muy buen jinete desde su niñez en Utah.

Una vez estábamos sólo J-R y yo cabalgando por Windermere. Nos dirigíamos hacia un manantial que corría por la propiedad. J-R me condujo hacia algunas enormes rocas resbaladizas y la cara de una de ellas tenía una inclinación de unos 45 grados hacia el sendero. Nuestros caballos se detuvieron, y yo miré para arriba y J-R me miró. Con un brillo particular en los ojos, me dijo que probara subir esa cuesta. Lo miré y miré la cuesta y dije: "Guau, eso es muy empinado". Cuando J-R no dio marcha atrás, taconeé al caballo y ataqué la roca.

Al subir esa cara tan empinada de la roca, comencé a escuchar el metal de las herraduras golpeándola. Mi caballo, Blue, no pudo sujetarse, pero estábamos compenetrados con la velocidad y la fuerza. Y entonces surgió la ley de la gravedad. A mitad del camino hacia arriba, aproximadamente 15 metros, mi caballo cayó. Yo estaba sujetado a él y él rodó sobre mí hacia un enorme arbusto. Pensé que me había aplastado. Esto no era bueno.

Una vez que terminamos de resbalarnos y deslizarnos, el caballo se levantó y se acercó a oler mis pies para comprobar si estaba vivo. Lo estaba y me volví a montar. Desde mi posición sobre el caballo observé a J-R negociar con la roca. Él también se deslizó en parte pero logró mantenerse sentado y llegó hasta arriba. En la cima, J-R me miró y sonrió. Me saludó con la mano y me gritó para que me moviera; dijo que hablara con el caballo. Así lo hice. Hablé con Blue, di una patadita y sostuve las riendas y su melena. Pensé que el caballo me iba a rodar por encima otra vez, pero J-R me animó diciendo que no debía tener miedo porque el caballo se daba cuenta. "Sé claro y directo", me dijo.

Con eso, cambié el miedo dentro de mí y me disparé hacia arriba hacia el Viajero que estaba sentado en su caballo en la cima de la roca.

Cuando me caía, J-R hacía que desapareciera el dolor. Pero tenía que volver a subirme al caballo. Es una metáfora que utilizo hoy. Esta experiencia está en mi ADN.

No tenía mucha experiencia con caballos y J-R me estaba pidiendo hacer cosas con ellos que realmente me desafiaron. Pero había sido desafiado antes. Entonces me volví audaz como los niños que son audaces y sin miedo. J-R a menudo me decía: "finge hasta lograrlo". Mientras algunos podrían considerar eso como deshonesto, o sea, decir que podía hacer algo cuando no podía, yo lo miraba más como estar en el proceso de aprender cosas. La programación neurolingüística (PNL) también utiliza este tipo de enfoque como un método para la expansión y para sobreponerse a los bloqueos.

Así que si la gente me preguntaba si yo sabía algo que realmente no sabía, por ejemplo, si sabía cómo montar una motocicleta, yo decía que sí. Por supuesto, como *no* sabía cómo montar una motocicleta, rápidamente me metía en problemas y chocaba. O me preguntaban si yo sabía tocar batería, y yo decía que sí. Pero no lo sabía y terminaba viéndome bastante tonto. Pero yo lo consideraba parte del proceso de "llegar".

A J-R le gustaba mucho el concepto de "hacer una maqueta o modelo" como técnica para llegar a poder hacer algo que no podías hacer en la actualidad. Hacer un modelo involucraba crear una imagen de hacer la cosa en tu imaginación y hacer una base de esa manera, para que cuando la situación o la oportunidad de hacer la cosa aparecieran, tuvieras cierta idea de lo que vendría y de lo que necesitarías para poder hacerlo.

Otra cosa que J-R proponía era crear un "traje de habilidad". En el seminario Insight I, hay un ejercicio donde cada persona crea su propio "Santuario" interior y en ese proceso, aprendimos sobre la creación de un traje de habilidad. Es un traje que puedes colocarte en cualquier momento en tu imaginación que mejoraría algún don que tienes; puedes darle poder a un talento que deseas o darte la habilidad de hablar con una persona con quien tienes dificultades. También puedes crear un traje de habilidad para darte confianza a ti mismo, paz interior o alguna otra cualidad. En la imaginación, ¡realmente no hay límites para tus habilidades!

No quiero decir que podrías crear un traje de habilidad para, por ejemplo, realizar una cirugía de cerebro, y luego salir y cortar la cabeza de alguien. Sin embargo, si estuvieras aprendiendo algo como tal vez hablar en público o montar un monociclo, podrías crear y ponerte un traje de habilidad y eso mejoraría tu habilidad para hacer eso.

Y como resultado de los muchos enfoques de J-R, ahora puedo tocar la batería y también puedo montar motocicletas. Por lo tanto, tal vez ese "yo", más joven, dijo que sabía cómo hacer algo que no sabía cómo hacer porque veía en el futuro, que sería cuando sí sabría. Ahora puedo decir que mis talentos están a la altura de mis ambiciones.

De todos modos, allí estaba jugando el papel de un vaquero. Un día, J-R me llevó al *bunkhouse* (barraca con literas) en Windermere. El lugar había estado allí por décadas, tal vez cerca de un siglo; era la barraca original, muy espartana, envejecida, rústica, pequeña y sin atractivo alguno. Tenía un par de habitaciones con literas y una especie de sala de estar con una vieja mesa maltratada y un par de sillas. Estaba llena de polvo y tenía corrientes de aire. En pocas palabras, era inhóspita.

Mientras miraba alrededor, J-R me dijo que íbamos a vivir allí y preguntó si eso estaba bien conmigo. Miré la tierra y el desorden y definitivamente no estaba bien conmigo. Pero yo sabía que tenía que seguir sacrificando mis ideas y fantasías ideales, así que pensé que encontraría una manera de hacer que esto funcionara.

Me volví a J-R para hacerle saber que haría que funcionara y vi que tenía una sonrisa pícara. A J-R le aparecía un brillo muy bonito en los ojos cuando estaba haciendo algo que sabía que iba a sorprender a la gente. Me estaba haciendo una broma. Me sentí definitivamente aliviado, porque con J-R, no podías estar seguro.

Temporalmente J-R mudó su residencia del Cañón de Mandeville a la casa de retiro en las montañas de Santa Ynez, cerca de Windermere. Como se encontraba sobre el camino East Cielo, llamamos al lugar: Miracielo. Era hermoso y muy distinto al "*bunkhouse*" de Windermere.

Parte de la razón de la mudanza había sido darle a J-R un medio ambiente más limpio para vivir, con menos gente alrededor. J-R siempre estaba recogiendo "cosas" energéticas de la gente y que él tuviera su residencia en un lugar más remoto, parecía ser una buena idea para mantenerlo saludable. Por supuesto, tratar de mantener a la gente lejos de J-R o a J-R lejos de la gente sonaba bien en teoría. En la práctica, no había forma.

En poco tiempo, J-R había movido muchos de los eventos de la iglesia, por ejemplo la recaudación de fondos con fiestas en la piscina y la recaudación de fondos más grande del MSIA, la Cena Anual del Fundador, a la casa Miracielo. Para acomodar esto, uno de nuestros miembros del MSIA, Jason Laskay, que era un excelente carpintero, fabricó enormes mesas redondas que parecían de la época del Rey Arturo. Grandes grupos de gente venían para la Cena del Fundador. Paul Kaye, Vincent Dupont y Mark Lurie, (los tres que formaban la Presidencia del MSIA), junto conmigo y otros que trabajaban en el grupo del personal de J-R, hacíamos de camareros o ayudábamos de alguna forma con el evento.

Me había convertido también en el camarógrafo para Producciones NOW, documentando a J-R. Este fue mi campo de entrenamiento para convertirme eventualmente en director y cineasta. Siempre lo conducía hasta Miracielo y armaba y desarmaba maletas, etc.

Para entonces, John Morton se había casado y él y su esposa tenían dos hijos. Parecía uno de aquellos ciclos donde un montón de gente en el MSIA estaba teniendo hijos. Dado que el MSIA es, en cierto sentido, una gran familia, todos esos niños jugaban juntos en las reuniones de la iglesia. J-R siempre amó a los niños, así que muy pronto hubo niños por todo Miracielo.

Como el lugar tenía una bonita piscina, era importante que cada niño aprendiera a nadar para que estuvieran seguros. Entonces alguien encontró a un personaje llamado Tom, quien era un increíble profesor de natación para niños pequeños, y arreglaron para que él diera clases de natación en la casa de los Morton en el Cañón de Mandeville, o en una de las otras casas de las familias del MSIA que tuviera una piscina. Las clases se daban a las 6:00 o 7:00 h porque era cuando Tom estaba disponible. Pasaba una hora o dos enseñándoles a nadar a niños desde recién nacidos hasta los cuatro años. Él era fenomenal.

Solía empezar sus clases diciendo: "Tom es el jefe". Por lo tanto, cuando Tom estaba trabajando, los padres tenían que hacerse a un lado. No se les permitía rescatar a sus hijos o participar de manera alguna. *Tom* era el jefe.

Muchos de esos niños ahora son graduados universitarios y sin duda saben nadar, gracias a que John Morton y J-R decidieron que los niños siempre eran bienvenidos en sus hogares.

Mientras tanto, en la finca, más caballos habían sido donados a Windermere por otras organizaciones y amigos. Al aparecer sus potrillos, empezamos a trabajar con la impronta (*"imprinting"*) de los caballos. Salió una película llamada "El hombre que susurraba a los caballos" (*The Horse Whisperer*), que estaba basada en la obra de Monty Roberts, un hombre que J-R y yo posteriormente conocimos y con quien tomamos cursos. J-R vio la bondad de los métodos que se presentaban en la película, así que empezó a crear clínicas y talleres que mostraban a la gente otra manera de domar a un caballo. Este enfoque crea menos daño al caballo y al jinete. Otro hombre con un enfoque similar, Buck Brannaman, daba cursos en Windermere a todos los trabajadores en la propiedad y al grupo del personal de J-R. Los caballos de Windermere empezaron a hacer cosas más que fenomenales con la gente, que los caballos domados tradicionalmente nunca habrían hecho. Por ejemplo, vi a uno de los caballos acostarse en el pasto y poner su cabeza en el regazo de una persona, cosa que normalmente no ocurre.

Los caballos de Windermere tenían una confianza y a menudo una suavidad que eran testimonio de este tipo de entrenamiento.

Hay una historia divertida acerca de algo que sucedió en Miracielo. No fue divertido en ese entonces, al menos no para mí.

Hubo un incendio en Santa Bárbara que empezó en el lado de la carretera que da al océano, pero saltó por encima de la Carretera 101 y subió velozmente la montaña hacia Miracielo.

J-R estaba monitoreando el incendio con los *walkies* y viendo las noticias, porque en aquellos días no había Internet ni iPhones. Como la situación comenzó a verse más peligrosa, ya que el fuego podía llegar hasta nosotros, J-R me dijo que cargara el auto, el Lincoln marrón que usábamos en aquellos días, y que me preparara para evacuar. Así lo hice y empaqué todo lo importante en el maletero… incluyendo las llaves del auto.

Cuando me di cuenta de lo que había hecho, caminé por el largo camino de vuelta hacia J-R, desplomándome por dentro porque tenía que contarle la mala noticia. Regresé a la casa y entré a la sala de estar, que estaba repleta de gente, y tímidamente dije que había encerrado las llaves dentro del maletero. Silencio total.

Entonces J-R dijo: "Bien, esperaremos". No puedo siquiera empezar a describir la sensación en la sala o lo que estaba sintiendo dentro por haber hecho esa tontería. Esperamos 30 minutos y, milagrosamente (sí, claro) el fuego revirtió su curso.

Más tarde, J-R me dijo que el hecho de que las llaves se hubiesen quedado encerradas en el baúl formaba parte del plan para que él se quedara y trabajara con el incendio. Podría haber pensado que J-R sólo había dicho esto para hacerme sentir mejor, pero luego me di cuenta de que a pesar de todo, nadie había pensado en apretar el botón para abrir el maletero, que estaba dentro de la guantera del auto abierto. Cuando el Espíritu suspende la solución obvia de la mente de todos, tengo que estar de acuerdo con: "Era parte del plan".

El segundo evento que me impactó fue cuando J-R se cayó y se lastimó severamente. Hacía ya tiempo que habíamos vuelto a vivir en Mandeville porque no podíamos mantener a J-R lejos de L.A. por el trabajo que estaba haciendo allí. Aunque J-R había sido profesor de inglés en la escuela secundaria durante sus treintas y tenía un gran dominio del idioma inglés, no creo que él supiera el significado de la palabra «jubilación».

En la noche de Halloween del 2004, de todas las noches posibles, J-R se cayó por las escaleras de atrás en su casa del Cañón de Mandeville. Fue un evento que afectaría mucho a J-R, y cambiaría todo para mí.

Ese día había filmado las escenas finales de nuestra película *Guerreros Espirituales*. Había incluso convencido a J-R de venir a la playa y hacer un pequeño cameo en la tarde. Yo había vuelto alrededor de la medianoche y estaba realmente cansado. Recuerdo haber entrado al parqueadero de la casa y decirme a mí mismo:

"¡Guau, llegué a casa sin un accidente! Está todo bien". Y entonces choqué contra la punta de uno de los otros autos aparcados allí.

Después de asegurarme de que el daño no era tan grave, fui al dormitorio de J-R porque siempre le contaba a J-R cómo había sido el día. Me miró y me dijo que me fuera a dormir. Pero yo quería permanecer en la habitación de J-R y hacer la vigía de la noche, que significaba vigilar su cuerpo mientras él estaba viajando en el alma. El hecho es que a veces había seres que entraban y "cuidaban" o usaban su cuerpo mientras su conciencia estaba viajando a otros reinos. Así que quería estar cerca para asegurarme de que no sucediera algún daño a su cuerpo físico si eso ocurría.

Pero en esta noche en particular, J-R fue realmente firme con respecto a que yo me fuera a mi propio dormitorio. Me sorprendió porque hasta entonces había dormido en su habitación todas las noches. Así que le expliqué que había chocado el auto y dañado el paragolpes y que lo haría arreglar. Le di un abrazo y me dijo que me fuera a dormir, que él estaba bien. Así que hice lo que me dijo y me fui a dormir. Parecía una gran noche, nada de qué preocuparse. Entonces...

Yo estaba durmiendo y oí un gran ruido. Fue un sonido horrendo. Inmediatamente pensé que algo le había sucedido a J-R. Corrí hacia la puerta que conduce al sótano y, efectivamente, J-R había caído por los escalones que bajaban al sótano y había herido su ojo izquierdo.

Mientras esto iba a tener un efecto muy profundo sobre J-R, también fue impactante para mí de una manera muy fundamental. En ese momento, yo supe que tenía que tomar las riendas de esa situación inmediata y de lo que vendría. Fue aquí donde entró en juego todo el entrenamiento de mis películas de guerra y de J-R ayudándome a permanecer fuerte y perseverar y a no desmoronarme. Supongo que acá fue cuando me puse de pie y me convertí en un hombre. Nat, Mark y Erik se movilizaron instintivamente con la situación también, y todos trabajamos en equipo para manejarla y llevar a J-R al hospital.

Muchas veces J-R me abrazaba y preguntaba: "¿Dónde está el lugar más seguro en la Tierra?". Yo decía: "Aquí", señalando al área de su corazón. Terminábamos de abrazarnos. Este ritual había comenzado hacía años con su perro caniche llamado Pookie.

Yo siempre quería simplemente sentirme seguro bajo el paraguas de J-R y no tener que pensar ni decidir nada por miedo a hacerlo mal. Había sido mucho más fácil seguir la guía de J-R. Querer las cosas que a él le gustaban y acompañarlo en lo que estuviera pensando o haciendo. Pero para mi sorpresa, cuando esto sucedió, yo estaba listo. Había llegado el momento de escuchar la guía interior, de conectarme y confiar en mi intuición, y seguir lo que ocurría en mí como J-R siempre me había enseñado.

Así que cargué a J-R, lo llevé arriba y lo puse en el auto. Él estaba consciente pero desorientado. Empecé a dirigir a todos para que hicieran lo que tenían que hacer. Llamé a los médicos con quienes sabía que me tenía que contactar. Las cosas estaban moviéndose muy rápido mientras nos dirigíamos al hospital.

Uno de los momentos desafiantes que me mostró lo mucho que había crecido fue cuando uno de los médicos del hospital se acercó a nosotros y dijo que tenían que remover el ojo de J-R. Le dije que eso no iba a suceder e hice que alguien quitara a ese médico del caso de J-R. Inmediatamente llamé a los dos expertos en ojos, el Dr. Griffith y el Dr. Kraus; más tarde, llamé a otros dos grandes hombres, médicos también, el Dr. Chang y el Dr. Song. Se convirtieron en mis héroes. Sabíamos que el ojo de J-R se había dañado seriamente, y ellos fueron los médicos que le salvaron el ojo a J-R. Les estoy tan agradecido y siempre los amaré por sanar a mi amigo.

Esa fue mi prueba más grande. Fui hacia mi interior y seguí a J-R y al Espíritu dentro de mí y tomé la mejor decisión para él. Sé que fue el Espíritu, y se me mantuvo en la impecabilidad de todo ello. La valentía fue la temática. Valentía y amor.

Con este evento, Nathaniel y yo pasamos a ser los defensores principales de J-R ante la industria médica para las decisiones con respecto a su salud. Si tuviera tres deseos, uno de ellos sería que todo el mundo pudiera tener tan buenos defensores como lo fuimos nosotros para J-R. Sabíamos que los errores no eran infrecuentes en los hospitales y que un error con la atención médica podía ser fatal. Estábamos absolutamente comprometidos a asegurarnos de que nada malo le iba a suceder a J-R.

A pesar de la excelente atención que recibió, debido a la magnitud del daño, su visión nunca volvería a ser lo que había sido. El proceso de sanación fue agotador para J-R y no mucho más fácil para mí porque estaba 100% dedicado a él. También tenía que terminar la película *Guerreros Espirituales*, que fue nuestro proyecto en conjunto. Tengo que reconocer a Nat Sharratt, Erik Raleigh, Rick Ojeda y Mark Harradine, que estuvieron presentes para el cuidado de J-R, dándome el espacio para completar los proyectos de películas.

Fue un intenso par de años y J-R se mantuvo con un perfil bastante bajo para no tener que lidiar con la preocupación de la gente por él.

Para el año 2006, J-R ya estaba de vuelta. Ya estaba prácticamente como antes y muy funcional, aunque había recortado su cantidad de trabajo. Por ejemplo, estaba haciendo pocos seminarios y conferencias en los eventos del MSIA. Creo que esta fue otra manera de avisarle a su sucesor, John Morton, que había llegado el momento de hacer aun más, porque J-R estaba poniendo su atención en otras cosas.

Éste fue el comienzo de cuando J-R y yo empezamos a hacer aún más actividades juntos, sin las muchas responsabilidades de trabajo que normalmente lo ocupaban. Lo involucramos más en hacer películas, viajar sin estar bajo la presión de tener que hacer apariciones públicas y eventos de firma de libros. Empezamos a hacer giras con J-R como una manera de conseguir que saliera.

A veces sé que lo que le pasó a J-R no fue mi culpa; no podría haber ocurrido si el Espíritu no lo hubiera permitido. Fue una acción espiritual. Más tarde, J-R me diría que a través de esa caída él había tomado el karma de otra persona.

Sin embargo, mi ego no aceptaba tan fácilmente la idea de que pudiera sucederle algo a J-R. Pensaba que era mi responsabilidad impedir que cualquier cosa mala le pudiera suceder. Realmente lo intenté y si hubiera podido, hubiera movido montañas para mantener saludable a J-R, aunque tengo que admitir, éramos débiles en el área de "mantenerse alejado de las roscas y los helados".

Ahora mi conciencia me está mostrando más de la acción espiritual. Cuando realmente experimento esta conciencia, no siento el peso de la responsabilidad y no tengo ninguna culpa. Recuerdo a J-R siempre diciéndome: "Zeus, en última instancia eres responsable de todo". Por lo tanto, en el transcurso de los años, aprendí a tener la "capacidad de respuesta"[4] para muchas cosas. Me empezó a gustar realmente. Si veía algo que hacía falta arreglar, era mi responsabilidad solucionarlo. Cuando hacía eso, le daba más libertad a J-R y yo estaba bien con eso. J-R me dio la fuerza para tener la capacidad de responder.

Ahora, había un par de cosas que estaban sucediendo sobre las cuales quiero hablar. Quizás es más exacto decir que *tengo* que hablar de ellas. Una es que estaba culpando a Dios por lo que le había sucedido a J-R; estaba realmente enojado. La otra es que estaba muy agradecido por saber qué hacer. Me sorprendió realmente que pudiera manejar las cosas porque, cuando era niño, tuve una experiencia que casi me convenció de que no podía manejar las cosas importantes en la vida. Yo había tenido eso en contra de mí desde entonces.

Había ocurrido cuando era muy joven. Mi familia y yo nos estábamos mudando a una casa diferente y mi padrastro había cargado

---

[4] N. del T. Tomado de dividir la palabra en inglés, *"response-ability"*.

casi todas nuestras posesiones en su camión de 18 ruedas. No había espacio para mi hermano o para mí, por lo que mi padrastro nos dijo que lo siguiéramos en nuestras bicicletas.

Tratamos de seguirlo lo mejor que pudimos, pero iba mucho más rápido que nosotros. Antes que me diera cuenta, había desaparecido en la distancia y ya no lo veíamos. No lo podía ver en ningún lado del camino. Cuando me di cuenta, entré en pánico y empecé a gritar: "¡Ay, Dios mío, estoy perdido!". Mi hermano menor, Eddie, me dijo que no me preocupara, que él estaba allí. Estaba agradecido por lo que Eddie había dicho, pero no cambiaba nada: estábamos perdidos y era mi culpa. Esta sería la base de todos mis detonantes de hoy día cuando sentía una pérdida. Yo diría: "¿Y ahora?". En ese momento tenía a mi hermano, pero tuve que aprender que yo me tenía a mí mismo todo el tiempo. Tenía los recursos para conectarme a lo omnisciente dentro de mí.

Por supuesto, mi padrastro volvió cuando se dio cuenta de que nos había perdido. Sin embargo, yo había fallado y el daño ya estaba hecho. Desde esa experiencia, creo que había estado asustado de ser responsable por algo realmente importante. Había defraudado a mi hermano y a mi padrastro. ¿Cómo podría manejar algo que realmente importara?

Y ahora el bienestar de J-R iba a estar en mis manos.

Ese evento con mi papá tuvo un gran impacto sobre mí; literalmente cambió mi vida. Hoy en día compruebo cosas y verifico si tengo el valor de seguir adelante al tener que actuar. Tengo que acordarme de reconocer que cuando pienso que estoy solo, nunca estoy solo. J-R *siempre* está ahí.

Recordando la experiencia traumática de mi padre obligándome a elegir con quién quedarme cuando yo era un niño, sólo puedo imaginar el dolor que sentí y cuánto miedo tuvo mi ser básico, y que todavía tiene, cuando se enfrenta al hecho de tomar decisiones. El ser básico es una parte joven de nuestra conciencia, junto con el ser consciente y el ser superior. Tiene la responsabilidad de las funciones corporales y de mantener los hábitos. Como un niño de cuatro o cinco años de edad, trata de hacer valer sobre el ser consciente, sus deseos, lo que quiere y sus miedos.

Creo que J-R me ayudó a enfrentarme a mí mismo durante los últimos 31 años y aún continúa haciéndolo. Cantar los nombres de Dios me da la altura para consolar a mi ser básico, a mi mente y a mis emociones, y ver la totalidad.

Cuando ocurrió la caída de J-R y su salud se convirtió en una consideración, aún más que antes, descubrí que *sí podía* manejar las cosas en una crisis. A través de esa experiencia me convertí en un hombre. Pero no sucedió porque nací así. Sucedió porque J-R me enseñó a ser así.

Tal vez incluso me convertí en un gran hombre a mi propia manera. No quiero decir que creo que soy excelente en términos de fama o por factores externos. Me refiero a grande interiormente. Hay un ancho de banda que es de gran alcance en mi conexión con el Espíritu. Cuando hay cosas por hacer, yo avanzo. Esa es la grandeza de la cual estoy hablando. Esta grandeza que él me inculcó sucedió porque él se cayó y tuve que observar y ver cómo yo iba a responder.

¿Cómo respondí? Conseguí que las cosas se hicieran. Manejé lo prioritario que estaba presente; logré que se ocuparan de la salud de J-R mientras yo estaba terminando la película. Y de una manera muy especial, más adelante supe cuán bien lo había hecho.

Uno de los mayores eventos del MSIA tiene lugar en el verano, generalmente alrededor del 4 de julio. Es nuestra Conferencia Internacional y viene gente de todo el mundo a participar en talleres y otros eventos. La Conferencia culmina con dos reuniones muy potentes: la Reunión de Ministros y la Reunión de Iniciados. Como parte de la Reunión de Ministros, la iglesia anuncia a quienes nombran como Ministro del Año, generalmente a dos o tres ministros cuyos ministerios han sido ejemplares y han inspirado a otros en nuestra iglesia. En 2007, Nathaniel Sharratt y yo recibimos ese premio. Fue la forma de la congregación de reconocer y agradecernos por cuidar a J-R.

Hoy en día, aprecio y estoy tan agradecido de haber trabajado con J-R hasta el final, y obtener el premio de Ministro del Año tuvo un sabor casi agridulce. A veces pienso que no sé cómo tomarlo. Tengo que aceptar que la gente aprecia lo que hicimos por J-R. Pero preferiría que J-R hubiera estado sano y que no hubiera necesitado nuestro apoyo y recibir en vez un premio por hacer grandes películas.

Recuerdo lo que dije cuando acepté el premio. Como hago a menudo, bromeé. "Bien, en caso de que nunca gane un Oscar, me quedo con esto". Pero a veces es difícil apreciar el premio porque tiene tragedia conectada a él. Es casi como recibir un Corazón Púrpura. Para mí, es desgarrador porque a nuestros hombres y mujeres que luchan les dan una medalla por haber sido heridos. Aprecio el premio, la lesión no tanto. Pero fuimos reconocidos. Y realmente puedo decir: "Muchas gracias. Lo entiendo".

Pero para mí, el Ministro del Año fue parecido al Corazón Púrpura. Me alegro de que puedo replantearlo y llamarlo mi Oscar. Agradezco al cuerpo ministerial y a todos los que verdaderamente nos amaron ese día y más allá. Esto es lo que está escrito en mi placa:

> Hemos visto tus muchas expresiones de libertad
> y tus muchas travesuras provocando alegría y risa.
> Hoy te celebramos
> en tu devoción al Viajero
> a cualquier hora, día y noche
> y como uno que sirve
> a nuestro Bienamado incondicionalmente.
> Estamos agradecidos de que caminas con el Viajero,
> sostienes al Viajero
> y le traes una sonrisa a su cara.

Muchos te conocen como un Guerrero Espiritual
Nosotros te reconocemos como nuestro Ministro del Año.

RVDO. JESÚS GARCÍA

Baruch Bashan
Servicios Ministeriales en Acción
Conferencia de la Promesa Espiritual, Julio 1, 2007

*El viento sopla de donde quiere, y oyes su sonido; mas ni
sabes de dónde viene, ni a dónde va;
así es todo aquel que es nacido del Espíritu.*

Versión de la Biblia Rey Jaime, Juan 3:8

*"Estábamos usando la tarjeta pre-cargada de viaje, porque
recién nos habían instalado la computadora, y estábamos
viajando, y Zeus estaba trabajando conmigo y nos íbamos,
luego recibíamos un mensaje y nos conectábamos y se lo
enviábamos a Betty, nos desconectábamos; recibíamos otro
mensaje, lo cargábamos, nos conectábamos y se lo enviábamos
a Phil; volvíamos a desconectarnos y esto era muy eficiente
a su manera. ¡Pero qué desperdicio! Porque me equivoqué y
envié un mensaje al grupo completo del personal en mi lista
de la computadora porque apreté la tecla equivocada".*

– John-Roger (1990, Reunión con el personal
sobre enviar correos electrónicos por primera vez)

CAPÍTULO 29

Pequeños Milagros

Cosas inusuales sucedían todo el tiempo. Dado que yo estaba trabajando más cerca con J-R, empecé a considerarlos pequeños milagros. Por ejemplo, cuando íbamos a montar a caballo en Windermere, teníamos *walkie-talkies* para poder comunicarnos por si nos separábamos. En uno de estos paseos, sin saberlo se me cayó mi aparato y no pude encontrarlo. Cuando mencioné que no podía encontrar mi *walkie*, John-Roger dijo que la última vez que recordaba haberlo visto conmigo, había sido cuando habíamos cruzado por uno de los estanques que habían sido cavados cuando mejoramos la propiedad; era como un pequeño lago artificial. Cuando cabalgamos a través de él, los caballos estaban con agua hasta el pecho.

Pensé que era posible que se hubiera caído en el lago, pero si hubiese sido así, ¿cómo iba a saber dónde? Así que John-Roger me dijo que me fuera al lago y que él me hablaría por el *walkie*. Acordé hacerlo, pero con vacilación; no creía poder escucharlo ya que el aparato estaría bajo el agua.

Cuando llegamos nuevamente al estanque, John-Roger prendió su *walkie* y empezó a llamar: "Llamando a Zeus. Llamando a Zeus".

Yo lo miraba, desconcertado, pero luego vi un movimiento por el rabillo de mi ojo. Miré más de cerca y había burbujas subiendo desde el fondo del estanque.

Sacudiendo mi cabeza, entré al lago, el agua casi hasta mi cuello, y me agaché en el lugar desde donde venían las burbujas. Y allí estaba el *walkie-talkie*. Tal vez fue que J-R estaba siendo práctico. Quizá no. Pero con todo lo que ocurre en el mundo y en mi vida, reconocer los constantes milagros y la gracia, definitivamente me ayuda a conectarme al poder superior, el guía interior.

Este es otro ejemplo de la clase de cosas que ocurrían cuando estaba con J-R:

J-R había estado enseñando sobre el ser básico, que mencioné en el capítulo anterior; es como el niño interior de cada uno de nosotros. También es la parte de nuestro ser que realmente sabe todo acerca de nuestros rituales diarios automáticos. Te levantas, te cepillas los dientes, te vistes, buscas las llaves del auto en la cocina, tomas tu billetera y sales en el auto. El ser básico tiende a saber cómo hacer todas estas rutinas. Cuando hacemos acciones sin realmente pensar ni ser conscientes de ellas, es el ser básico quien suele estar manejándolas.

En ese día en particular, no podía encontrar mi tarjeta de crédito. Cuando no está en mi billetera, la guardo en un lugar específico, pero no estaba allí. Era extraño. Yo también soy un buen "buscador" cuando a la gente se le pierde algo. Pero en este caso, no pude encontrar mi tarjeta de crédito. Muy raro. Tuve una *sensación* de que habría podido estar en la basura porque cuando verifiqué internamente para saber si estaba en la casa, la respuesta era que no lo estaba.

Entonces le pedí a J-R si él creía que estaba en la casa. Él era realmente bueno para saber dónde estaban las cosas, y dijo que él no la veía. Me sugirió que utilizara una técnica para encontrar cosas que se llama "extenderse". Es decirse a sí mismo: "Alcanza lo que busco", pidiendo a la conciencia que se extienda a buscar la información. Como internamente la información que me llegó era que estaba en la basura, salí y empecé a levantar algunos pedazos en el cubo de la basura. Estaba oscuro, el basurero estaba sucio, y no tenía ganas de revolver. Así que me dije que quería que estuviera en la casa para no tener que revolver en la basura. (Eso me recuerda el chiste sobre el hombre que una noche busca las llaves de su auto bajo la luz de un farol. Viene otro chico y le pregunta qué está haciendo. Responde que está buscando las llaves que se le cayeron en el callejón. El otro le dice que si dejó caer las llaves en el callejón, ¿por qué busca en la acera? Y el hombre le contesta: "Aquí la luz es mejor".

Un poco más tarde, aún sin haber encontrado mi tarjeta de crédito en la casa, me fui a la cama. Pero primero escribí un poco en mi diario. Me habían animado a comenzar un diario donde podía escribir cosas que quería, o escribir sobre cosas que habían sucedido y las cosas que quería soltar. Me habían dicho que algo sucede cuando conscientemente escribes algo; se convierte como en un contrato contigo mismo. El ritual de repasar el día en mi mente, ver cómo fueron las cosas y escribir mis pensamientos, es en lo que se ha convertido mi vida antes de irme a la cama. Al final escribo: "Oh, Dios, te pido ayuda", o "Gracias", o "Estoy tan agradecido". En este caso, escribí: "Por favor, ayúdame a encontrar la tarjeta de crédito". Podría haber llamado para cancelar la tarjeta, pero es una molestia. Así, en su lugar, le pedí a Dios que por favor hiciera algo. ¡Que me mostrara algunos poderes!

Esa noche tuve un sueño con una serie de imágenes. Una de las imágenes fue verme afuera al lado de los cubos de basura agarrando una bolsa de basura de plástico, abriéndola y vaciándola pieza por pieza. Cuando me desperté, me acordé del sueño y lo anoté. Todo el tiempo mientras estaba escribiendo temía el tener que salir afuera y tomar cada pedazo de papel, uno por uno, vaciando siete cubos de basura. Pero me comprometí conmigo mismo a hacerlo, me vestí y me dispuse a hacerlo.

Salí y me paré frente al primer contenedor. Lo abrí y luego la primera bolsa. Y seguí lo que vi en el sueño, sacando un pedazo de papel a la vez. Saqué uno, dos, tres piezas. Metí la mano otra vez y me fijé dónde estaba poniendo mi mano. Y vi que mi mano estaba por tomar... ¡mi tarjeta de crédito! Me detuve con la mano en el aire y sólo alabé al Señor. No podía creerlo. Pero me di cuenta de que la imagen que apareció en el sueño me decía que todo lo que tenía que hacer era mirar, lo más cerca posible.

Esto fue un gran entendimiento. Vi que si tengo una imagen de algo, y le presto atención, me ayuda a conseguir lo que busco. Me di cuenta de que no vi el resultado de mi búsqueda de la tarjeta de crédito en el sueño. El sueño solo me mostró la imagen de hacer el proceso. Esa fue una clave interesante.

El tercer incidente que fue significativo para mí sucedió la noche después de que había perdido un anillo que era muy especial para mí. Tenía el símbolo del "Hu", un nombre antiguo de Dios en sánscrito. El símbolo se escribe parecido al Om. Es nuestra principal insignia en MSIA.

A la mañana siguiente, en un sueño, J-R me dijo: "Ve a chequear en el auto". Así que cuando me levanté, fui al auto, abrí el baúl y allí estaba el anillo.

Tal vez tú tienes experiencias como éstas, y tal vez te ocurren a menudo. A mí me sucedieron con más frecuencia después de que empecé a trabajar con J-R.

Y Elías dijo a Acab: "Sube, come y bebe; porque se oye el estruendo de mucha lluvia".

Versión de la Biblia Rey Jaime, 1 Reyes 18:41

Pensé: "No sabré si esto realmente funciona hasta que no lo haga alguna otra persona". Así que me senté en la parte posterior con Liz, y Zeus se sentó en la parte delantera y comenzó a conducir. Empezó a hacerlo mirando cómo yo lo hacía, y luego se hizo cargo. Y es bien fácil, es una cosa muy, muy fácil de hacer cuando te enseña alguien que sabe lo que está haciendo. Consigue un maestro que sepa lo que está haciendo. Si alguien se para a un costado y te dice cómo debes sostener las riendas para él, simplemente escúchalo, pero ponte a hacerlo con alguien que haya sostenido él mismo las riendas. Hay un mundo de diferencia entre pararse y hablar de algo, y levantarse y hacerlo".

"Ahora esos caballos dentro de mí están en un lugar muy cómodo. Muy cómodo".

– JOHN-ROGER, D.C.E. (1990, SEMINARIO EN EL INSTITUTO POR LA PAZ INDIVIDUAL Y MUNDIAL EN SANTA MONICA)

CAPÍTULO 30

La Vida Es Sólo un Sueño

Si hubo algo que produjo un enlace directo de J-R conmigo, o desde mi intuición hasta mi conciencia, fueron los sueños. Tuve algunos sueños realmente increíbles a lo largo de los años que trabajé con J-R, y tuve muchas enseñanzas en mis sueños.

A veces tenía sueños que indicaban que algo iba a pasar en el futuro. Descubrí con el tiempo que a menudo había un retraso de seis meses entre un sueño y su manifestación en el mundo físico, mientras que otras veces, como con el sueño sobre mi tarjeta de crédito, era casi en el mismo momento.

Un ejemplo de cómo a mí me funcionan los sueños es que, al principio de mi tiempo con J-R, tenía un agente que estaba manejando mi carrera como actor. Ella realmente no estaba produciendo ningún resultado y pensé que yo a ella no le agradaba. No sabía lo que estaba sucediendo. Pero decidí que tenía que llegar al punto de poder ser compasivo en lugar de culparla por no hacer nada.

Entonces tuve un sueño en el que deambulaba por toda su casa, y ella no estaba allí. Vi fotos de su familia en la repisa de la chimenea y tuve una sensación de extrema tristeza en el hogar. Se sentía como una especie de sentimiento inquietante y sombrío; una depresión. Un par de días más tarde estaba hablando con ella por teléfono, en la vida real, y le conté mi experiencia y ella se asustó. Más tarde descubrí que ella era una alcohólica, y bebía para enterrar sus emociones. Me di cuenta de que J-R me estaba enseñando a través de una especie de sueño de visualización remota a tener comprensión y compasión por la gente.

Cuando me enteré de eso, esperaba que el haberlo traído presente en esa conversación podría haberle dado una oportunidad para abordar esos sentimientos y luego poder soltarlos. Pero eso no fue lo que ella hizo. Poco tiempo después de ese llamado terminamos yendo cada uno por su propio camino.

Recibir mensajes en los sueños es algo que definitivamente no desaparece. Diré, sin embargo, que me encontré en un lugar muy extraño luego de la muerte de J-R, y por un tiempo no tuve ninguna comunicación interna con él. Recién ahora, cerca de un año después de su muerte, está empezando a volver.

Estas tomas de conciencia son todas claves para mí. Yo las llamo mis faros. El propósito de los faros es proporcionar advertencias; hacen que las naves sepan dónde están las rocas y la orilla. Creo que estos sueños y estas experiencias son mis faros para mantenerme consciente de que el Señor está muy cerca de mí.

En mis primeros años trabajando con J-R, mientras todavía estaba enfocado en mi carrera, tenía una meta de trabajar con Tom Cruise. Conocía a Tom de la década de los ochenta, antes de que ninguno de los dos tuviera demasiado éxito. Después de mudarme a Mandeville, tuve un sueño en el que Tom y yo íbamos a vernos. Era como si fuéramos amigos y estábamos pasándolo bien, charlando.

Seis meses más tarde, J-R y yo fuimos al cine, y justo después de que llegáramos me pidió que fuera a comprar palomitas de maíz. Bajé y allí estaban Tom y Nicole Kidman. Ellos sólo se habían colado para comprar un poco de palomitas de maíz y otras cosas. En ese momento él estaba grabando *Entrevista con el vampiro*, basada en el libro *best-seller* de Anne Rice, haciendo el papel principal del vampiro Lestat. Me encantó esa serie de libros y como mencioné en un capítulo anterior, había ya leído los tres libros cuando empecé a viajar con J-R. Entonces cuando vi a Tom, le conté acerca de eso y entramos a tener una charla genial sobre ellos.

Entonces le recordé que habíamos jugado *paintball* juntos en los años ochenta. Pensó por un segundo y luego exclamó: " Dios mío, así es. Nicole, este es el chico sobre el que te hablé". Eso fue genial: él había estado hablando acerca de mí porque nos habíamos juntado con Emilio Estévez antes de que Tom fuera una estrella y habíamos jugado en ese enorme parque de *paintball*.

Este es solo un ejemplo de cómo mis sueños a veces se cumplían. Fue interesante que J-R me enviara para comprar palomitas de maíz justo cuando Tom y Nicole estaban allí.

También quería trabajar con Andy García. Al igual que con Tom Cruise, también había tenido sueños sobre conocer a Andy. Cuando estaba en el grupo del personal cercano de J-R en la década de los noventa, me había colado en los estudios Paramount y había emboscado a Andy en su oficina. Le pedí un papel entonces, y aunque él fue muy agradable (probablemente más de lo que yo me merecía, ya que me había colado), él no tenía nada para mí en ese entonces. Pero J-R me había enseñado a perseverar y a nunca rendirme. Así que, aunque ninguno de los dos lo sabía en ese momento, Andy no tenía chance.

En el 2004, 16 años después de haber empezado a trabajar con J-R y 14 años después de haber emboscado a Andy en su oficina, yo estaba en Nueva York en un viaje con el grupo del personal cercano a J-R. Me había dejado crecer el cabello y la barba; no sabía lo que estaba sucediendo conmigo en ese período con respecto a la actuación. De la nada recibí un llamado, porque Andy quería que hiciera el casting para el papel del hermano de Andy en *La ciudad perdida* que era la historia de la caída de Cuba. No me dieron ese papel.

Sintiéndome deprimido, compartí con J-R lo que había sucedido y le pedí que lo colocara en la Luz. Dos semanas después, recibí un llamado, y Andy quería que hiciera la prueba para el papel del

Che Guevara en la película, porque había ido a la primera audición con barba, con un aspecto bastante desaliñado.

Me emocioné realmente porque cuando era un niño, tuve una poderosa experiencia interior con el Che, una figura clave en la revolución cubana, aunque originalmente argentino. Esto fue más que genial porque mis padres son cubanos y a pesar de haber nacido en Nueva York, yo me consideraba cubano.

Había sentido un tirón hacia él durante mi vida, no en forma de adoración, sino en forma de *déjà vu*. Más tarde me di cuenta de que había sido una especie de premonición espiritual, y que hacer el papel del Che sería una validación de mi anterior experiencia de *déjà vu*.

Así que estaba muy entusiasmado con todo esto. Pero cuando llegó la audición, estaba realmente enfermo. Estaba muy mal del estómago y se me olvidaba la letra todo el tiempo. No fue mi mejor audición. Así que le pedí a Andy si podía regresar y volver a hacer la prueba. Afortunadamente, me dijo que sí. Volví a hacer la audición y, gran sorpresa, me dieron el papel.

Una de las cosas que aprendí de esa experiencia fue reconocer que la manera en que yo estaba viendo las cosas no era necesariamente lo que Dios tenía en mente. Pero una vez que empecé a pensar más creativamente y me permití recibir a la manera de Dios y no presionar para que saliera a mi manera, las cosas tendían a resolverse. Haciendo el papel del Che, sentí muy cerca la presencia de J-R, más que en cualquier otro papel.

Cuando estábamos filmando en la República Dominicana, le pregunté a Andy cuál de las audiciones le había gustado más, la primera o la segunda. La segunda había sido mucho más pulida, y la primera fue simplemente yo, devastado en un montón de niveles. Andy dijo que le había gustado la primera audición y que por eso él me había escogido. Y eso me dijo mucho: nadie tiene realmente control sobre una actuación. Solo hablas tu verdad lo mejor que puedes, y si la gente quiere contratarte, te contratan.

En muchos sentidos, el papel del Che Guevara fue el más importante para mí. Hacer el papel de una persona como él te permite mucha libertad que no tienes cuando haces un personaje recto, un héroe unidimensional. En muchos países se le conoce como un héroe, pero a mí no me importaba porque soy apolítico. De lo que se trataba era de conseguir un papel realmente jugoso.

El papel del Che fue un referente para el cambio en mi vida y un nuevo capítulo. Durante el rodaje, Andy se acercó a mí en el set y me dijo que sentía que esta era la mejor actuación de mi carrera. Después de esto, podía retirarme. Él no tuvo idea de cuán profética fue esa declaración. Tal vez incluso indicada por el hecho de que los dos compartimos el mismo apellido. En cualquier caso, considero a Andy mi hermano.

Es probable que haya otra cantidad de experiencias de sueños que podría contar en las cuales J-R me mandó información de avanzada sobre lo que vendría, pero creo que entiendes a lo que me refiero.

Aparte de los sueños acerca de mi carrera, también hubo sueños muy profundos que tenían que ver con el crecimiento espiritual. Por ejemplo, una vez le conté a J-R que había tenido un sueño donde vi sus ojos mirándome y oí el sonido del chillido de un águila. Dijo que había un momento en que llegas a un cierto nivel por arriba del alma y el "terror de Dios" rompe cualquier apego, cualquier cosa de los reinos negativos que esté enganchada a ti, para que así seas solamente tú, puro en ese reino superior.

Lo dijo de otra manera en una charla que dio.

> Las personas van a tener misiones especiales aquí, van a ser llevados a lugares elevados, altas rocas, altas cumbres, altas cimas, a lugares elevados y van a ser abandonados frente a las fuerzas de la negatividad. **Las fuerzas de la negatividad vienen como pájaros chillando con garras que desgarran,** pero la persona que está allí no puede ser herida, porque no hay nada que la lastime.

Pero lo que haces es que empiezas a liberar todos los miedos, las impurezas, y simplemente se sueltan, y tú entras en tu ser que dice: "Ah, bien, esto es lo que está sucediendo", y es muy natural y muy normal otra vez.

Los sueños son un recurso increíble y también son rompecabezas que tenemos que descifrar si queremos entender el mensaje completo. Creo que es un desafío interminable y un gran ejercicio espiritual.

*Es importante entender que crecer no
necesariamente equivale a pasar una semana
sin mayores inconvenientes.*

– JOHN-ROGER, D.C.E.

(DEL LIBRO CUMPLIENDO TU PROMESA ESPIRITUAL)

"Es increíble, pero justo después de eso, cuando anduvimos a caballo, él comenzó a cabalgarlos con gracia. De pronto, se había convertido en un buen jinete. Yo decía, ya sabes, yo le enseñé hasta un cierto punto, pero de repente él mismo configuró un gran salto hacia adelante, porque estaba centrado. El caballo captaba su estar centrado, porque él no hacía nada, nada, que dijera: 'Voy a centrarme y ser uno con el caballo'. Él simplemente había integrado eso y el caballo lo había captado".

– JOHN-ROGER, D.C.E. (1991, ENTRENAMIENTOS PAT EN EL "CHURCH HOUSE" (CASA DE LA IGLESIA) EN WINDERMERE, HABLANDO SOBRE ZEUS)

CAPÍTULO 31

Experimentando la Gracia

En 1991, hubo un entrenamiento PAT II en lo que llamamos el "*Church House*" (la Casa de la Iglesia), una casa que pertenecía al MSIA adyacente a la propiedad de la Finca Windermere en Santa Bárbara. J-R había venido al entrenamiento para compartir con el grupo, como hacía a menudo, y me usó como un ejemplo de cómo ponerse en contacto con un lugar de paz y de gracia interior. Se refirió a un retiro que habíamos tenido en Asilomar, California, llamado Viviendo en la Gracia.

Como comentario adicional, sucedió algo que fue realmente fenomenal justo en el medio del compartir de J-R:

John-Roger: Conocemos la paz del Espíritu porque a través de estas encarnaciones físicas hemos estado en esos niveles. Y no hay manera de que puedas entender esto debido a que esa paz, como dice Jesús, sobrepasa el entendimiento. Pero no sobrepasa la capacidad de experimentarla. Aunque después de experimentarla, sería como: ¿Cómo entiendes una naranja? No entiendes una naranja, te la comes.

Así que es realmente difícil. Es como decir: "Tu segundo nombre, ¿es verdadero o falso?", y tú contestas que eso no tiene nada que ver, que no es aplicable, que no puedes relacionarlo. Pero dentro de ti, dices: "Bueno, mi segundo nombre podría ser

Verdadero y Falso, de la misma manera que podría serlo fácilmente cualquier otro nombre", así que es una experiencia.

Ahora, la profundidad de tu experiencia podría ser muy diferente, quizá, a la de todos los demás. Puedes ir más profundo, o no tanto, o supongo que podría estar en la misma vibración, pero las interpretaciones serían muy, pero muy diferentes.

Cuando finalmente salimos de la época navideña, Zeus dijo: "¿Sabes? No tengo la gracia. Quiero volver a Asilomar con exactamente las mismas personas. Y quiero estar allí y que vengas y que hagas tu magia". Yo le dije: "Bueno pero, ¿por qué tengo que ir hasta Asilomar para hacerlo? Es decir, ¿no podemos simplemente conducir calle abajo y declarar: 'Aquí está Asilomar', y hacerlo?"

Y fue como: "No. Eso pasó en Pacific Grove, en Asilomar, en aquel salón, con todas esas personas. Cada una contó por ser exactamente quién era". No sé si importaba que fueran precisamente esas sillas, pero "Yo era la Gracia" en esa experiencia.

Entonces, estábamos trabajando con energética con una persona, y la persona preguntó: "¿Experimentaste la gracia allí?", y Zeus dijo: "Sí, sí. ¡Por Dios, realmente quiero eso!". Él dijo: "Bueno, pero si lo experimentaste allí, entonces está en ti", y él contestó: "Claro, sí". Y siguió: "Bueno, si está en ti, ESTÁ EN TI; simplemente que asomó su cabeza allá. Así que vuelve a ese lugar dentro de ti donde eso...". Y él no conseguía entenderlo..., y dijo: "Ve a Asilomar, dentro de ti. Ve a la gracia dentro de ti". Y así lo hizo. Ves, somos capaces de hacerlo si nos das indicaciones ingeniosas".

De pronto, J-R se detuvo y le apareció una de sus miradas distantes.

Espera un segundo; estoy recibiendo Guía Espiritual en este momento. (Pausa)

Bueno, lo que se requiere que hagamos ahora es sencillamente quedarnos sentados bien tranquilos e irradiar Luz a los

Maestros en los Mundos Internos. Algo está sucediendo en la zona de Persia que no es nada bueno. No es necesariamente en el mundo físico sino en el mundo espiritual. Y hay una súplica por mayor Luz. Así que vamos a invocar simplemente nuestra propia Luz Espiritual y así se enviará a los Maestros de la Luz, y ellos se encargarán de manejarla (Pausa).

O.K. Con eso es suficiente.

Sabes, a veces cuando envías Luz, la gente pregunta: "¿Qué tengo que hacer?". Espera un momento, déjame terminar con lo de Zeus primero, o de lo contrario, nos fragmentaremos aquí y hay un montón de cosas que se despliegan de eso. Es como: "Di la palabra mágica y agáchate porque empiezan a caer palabras por todas partes".

Eso es lo que pasaba por su mente (estábamos en Los Ángeles), pero en su conciencia, él había ido a Asilomar y había encontrado la gracia. Y yo le había dicho: "Cuando la consigas, avísame". Y él me dijo: "La conseguí", y yo le contesté: "Está en ti ahora mismo. Reclámala, reconócela en este preciso momento". Y él lo hizo. De repente, se había llenado de gracia, en Los Ángeles. Y yo le dije: "Fíjate dónde está dentro de ti, fíjate cómo se mueve, observa, préstale atención ahora". Y fueron unos treinta a cuarenta minutos de un mirar realmente intenso, en que unos tres o cuatro de nosotros sostuvimos la Luz y la energía. La había encontrado. Entonces una profunda paz se hizo presente en el salón. Él no podía sostener su gracia por sí solo. Todo lo que había hecho falta era que una sola persona la encontrara y el resto de nosotros la tendría por contagio. Y pensé: "Dios".

Y ahora él sabe cómo regresar a su área aquí, al corazón. Él la ubicó aquí. Así que nosotros podemos ir por la calle y estar haciendo algo, y puede que él haga algo como esto. (J-R se golpeteaba el pecho, demostrando cómo anclar la toma de conciencia de un momento de gracia). Y él quiere quedarse en ese corazón. Pero, claro, a veces te quedas allí y no puedes moverte, porque es algo en donde dices: "Quiero estar sobrio en mi embriaguez de esta gracia". Así que te sientas y te quedas simplemente contigo mismo. Y nos "volamos" o "abstraemos" bien fácilmente.

Y, entonces, cuando se levantó, se dio cuenta de que tenía la gracia en él. Y que podía ser en Asilomar, en un auto, en este lugar, dentro de una película, viendo una película, o andando a caballo.

Es increíble, pero justo después de eso, cuando anduvimos a caballo, el comenzó a cabalgarlos con gracia. De pronto, se había convertido en un buen jinete. Yo decía, ya sabes, yo le enseñé hasta un cierto punto, pero de repente él mismo configuró un gran salto hacia adelante, porque estaba centrado. El caballo captaba su estar centrado, porque él no hacía nada, nada, que dijera: "Voy a centrarme y ser uno con el caballo". Él simplemente había integrado eso y el caballo lo había captado.

Así que sabemos que sea lo que sea que consigas aquí, no tiene que quedarse en este lugar, en esta casa. Si lo consigues aquí, todo lo que estamos haciendo es algo así como: "Se despertó aquí y sigue despierto; es tuyo, reclámalo, asume tu autoría sobre eso, hazte dueño, intégralo, ánclalo". Usamos puntos de anclaje para seguir recordándotelo. Algo así como: "Ahí está, ahí está, ahí está, ahí está". Cuando caminas por la calle y alguien te corta el paso, dices: "Ahí está, ahí está, hijo de puta, ahí está, ahí está". Por lo tanto, no interesa cuántas veces te salgas de eso; no es para nada importante.

Ni siquiera quiero escuchar a nadie decirme cuántas veces ha perdido la gracia y la paz. Sólo quiero escuchar acerca de esa única vez y de cómo las recuperaste. Ésa es la que quiero oír".

Hablando de gracia, J-R creó un retiro que se llevaba a cabo cada año cerca de la Navidad, en Asilomar, un hermoso y rústico centro de retiros en el norte de California.

Los retiros Viviendo en la Gracia podían cambiar tu vida y producían profundas experiencias espirituales en las personas. Los elementos significativos de los retiros de la Gracia eran los procesos que los participantes hacían entre ellos y los compartires con J-R.

Tomar el entrenamiento y disfrutar de las rondas divinas (los procesos opcionales que la gente podía elegir hacer, tarde en la noche hacia el final de la jornada de retiro oficial), fue increíble para mí. Y yo siempre presionaba a J-R para que compartiera incluso cuando él no quería.

En los últimos años, J-R se fue retirando cada vez más, permitiendo que John Morton y Michael Hayes compartieran en el escenario sin él. Recuerdo una noche en el retiro de Gracia 2012 cuando yo lo estaba presionando y él no se vestía para ir. Yo le supliqué y le compartí cuánto echaba de menos verlo en el escenario. Le dije que a la gente le encantaría verlo y él respondió: "¿Por qué no vas *tú*?"

¿Qué? Me enojé. En ese momento tuve el presentimiento de que él ya no compartiría más en el escenario, de que las cosas se estaban ralentizando. Sentí como un puñetazo en mi estómago al darme cuenta de que ya no volvería al escenario. Le rogué que fuera a compartir con John y Mike. Cuanto más presionaba, más me respondía él que me subiera yo al escenario a compartir con Michael Hayes y John Morton. Le dije que no. Quería que él compartiera como en los viejos tiempos. Incluso hubo un tiempo en que me enseñaron a hacer las pruebas musculares y hacer lo que hace Michael Hayes pero en su lugar tomé los cursos del Doctorado en Ciencias Espirituales (D.C.E.) y escribí mi tesina. Tenía miedo, supongo, de subir al escenario y hacer ese trabajo.

Subí al escenario el día sábado del retiro, cuando la gente estaba soltándose y actuando. Canté y compartí con los otros participantes que yo había intentado convencer a J-R para que volviera al escenario. Sin embargo, él me había dicho que subiera yo a compartir, y eso era lo que yo estaba haciendo.

Recuerdo haberle dicho a J-R que no había manera de que me dejaran compartir. Con la retrospectiva de una visión 20/20, me doy cuenta hoy de que debería haber subido al escenario con John y Michael a compartir cuando la gente hacía preguntas. Pero eso fue entonces y yo no lo hice.

J-R siempre me animaba. Ahora creo que, después de mucho pensar y esperar estos dos años desde su muerte, mi conciencia está cambiando. Tiene ganas de crecer y experimentar. No puedo dejar de recordar cómo J-R hacía cosas o cómo respondía o reaccionaba. J-R está en mi ADN.

Así que ahora de seguro estoy tomando ese salto. Voy a compartir.

Espero que hayas encontrado valor en lo que decía J-R acerca de que la gracia, o lo que sea que hayamos experimentado en cualquier momento, está siempre disponible porque está dentro de nosotros, no afuera. Y espero que esto también te dé un pequeño sentido de la magnitud de la obra que J-R estaba haciendo todo el tiempo.

"Más que el fragor de muchas aguas, más que las poderosas olas del mar, es poderoso el SEÑOR en las alturas".

– La Biblia de las Américas, Salmo 93:4

"Estaba con Zeus la otra noche en Cardiff, Gales, y había este lugar que decía: 'Billares', entonces le dije: '¿Quieres que entremos por unos billares?' Y él me dijo: 'Sí, claro', así que entramos, y se acercó al bar y dijo: '¿Me puedes dar un vaso de billares?'"

– JOHN-ROGER, D.C.E., 1988,
SEMINARIO EN CARDIFF, GALES

CAPITULO 32

Haciendo la Primera Película

Viviendo con los Guerreros Espirituales que aparecieron en mi vida, J-R incluido, yo mismo y mucha gente en la iglesia, creo que el fenómeno más grande en mi vida fue hacer el largometraje *Guerreros Espirituales* con John-Roger, con quien escribimos juntos el guion. Fue inspirado en su libro *"El Guerrero Espiritual: El arte de vivir con espiritualidad"*, número uno en la lista de *best-sellers* del periódico *Los Angeles Times*. Viví un montón de milagros mientras trabajaba en esa película. J-R y yo también escribimos algunos otros guiones, incluyendo los cortos: *Mi pequeña Habana*, *Mandeville Canyon* y *¿Cómo es ser cubano?*

Pero no sé si alguna vez hubiera hecho la película *Guerreros Espirituales* si no hubiera sido por una experiencia muy frustrante en el año 2004, en la que Steven Spielberg estuvo periféricamente involucrado.

En aquel momento, yo estaba trabajando en la serie de televisión *Crossing Jordan* en Universal Studios. Del otro lado de la calle estaba Amblin Studios, donde trabaja Steven Spielberg, y donde él creó la mayoría de sus películas. Yo había estado allí unos años antes y había rechazado participar en una película llamada *Milagro en la calle 8*, porque ya había aceptado hacer otra película.

Esperando poder llegar al radar de Spielberg, quería darle mi cinta de la audición de *Hermanos de sangre*. Así que cuando lo vi de pasada, le entregué la cinta y un par de libros de J-R como regalo. Él no quiso tomar los libros porque no quería que lo demandasen en algún momento acusándolo de robar ideas de los libros. Pero sí tomó la cinta. ¡Excelente!

Como no había escuchado nada de él al día siguiente (no es que sea impaciente ni nada), decidí ir a Amblin y entregarle la cinta otra vez. No tenía idea de que había estado recibiendo amenazas de muerte por trabajar en la película *Munich*, que trata sobre la organización de la liberación de Palestina (PLO por sus iniciales en inglés) y su matanza de los atletas israelíes durante las Olimpíadas de Munich de 1972. Como estaba recibiéndolas, había tomado medidas para asegurarse de estar protegido. Así que cuando llegué a su oficina, hubo un gran revuelo y los agentes de seguridad me detuvieron durante un par de horas. Realmente fue una experiencia horrible, que fue peor por el hecho de que me estaban esperando en el set para filmar una escena de *Crossing Jordan*. Fue más que frustrante, créanme.

Usé la frustración de ser detenido para motivarme a hablar con J-R sobre la película *Guerreros Espirituales*. Había estado evitando enfrentarme con el tema de la película y, después de esa situación, decidí que no iba a dejar que nada interfiriera con hacer mi propia película.

J-R dio el visto bueno y conseguí que David Raynr (Hubbard) dirigiera la película, el mismo famoso actor adolescente y director que había facilitado el evento del Insight de adolescentes al que yo había asistido tantos años atrás, y quien más tarde se había convertido en un buen amigo. Le mostré todo lo que habíamos hecho y aprendí mucho de él. Pero había algo acerca de esa experiencia en Amblin que todavía me seguía molestando. La sanación de aquello apareció de una manera muy extraña.

Así sucedió: Una noche, el grupo del personal y yo habíamos llevado a J-R a un restaurante de sushi para cenar. Nos encontramos allí con Steven Spielberg y su esposa. A cada rato su esposa miraba a J-R y era evidente que ella se sentía atraída por la energía de J-R.

Subrepticiamente arreglé con el camarero pagar la cuenta de Steven, y al final de la comida cuando él encontró que su cena había sido pagada, quiso saber quién lo había hecho. El camarero me señaló. Así que le sonreí y me acerqué y le conté lo que había sucedido aquel día cuando fui detenido. Él no tenía idea de que eso había sucedido, y yo tuve conciencia del sentido del perdón y la liberación dentro de mí por habérselo contado.

Entonces su esposa me preguntó quién era ese hombre sentado en nuestra mesa; dijo que podía sentir tanto amor emanando de él y de los amigos que lo rodeaban. Yo no tenía ni idea de que Spielberg conocía a J-R, pero había escuchado historias de Leigh Taylor-Young donde ella contaba que se habían conocido anteriormente. Así que Steven vino con su esposa a la mesa y se la presentó a J-R. Steven y J-R se miraron fijamente a los ojos y en ese momento me di cuenta de que había definitivamente algún tipo de conexión. Era evidente que la esposa de Steven había sido atraída por la luz de J-R y realmente le había encantado la energía. La energía era muy poderosa ese día.

Un tiempo después, nos dispusimos a mostrar la película *Guerreros Espirituales* en varios cines y habíamos hecho postales para promoverla. Me encontré a Steven y a su esposa en Brentwood y les entregué una tarjeta postal. En otro encuentro casual, le di otra postal y él me miró y dijo: "Chico, tienes coraje. Uno de estos días voy a ir a ver esa película". Eso fue genial.

Este tema con Steven Spielberg fue un proceso que duró unos tres años. Agradezco mucho cuánto me motivó realmente aquello y cuánto me guió J-R a través de todo, y además, realmente cuánta sanación trajo todo ello. He escuchado varias historias de John-Roger interactuando con personas importantes en la industria del cine y tal vez esa experiencia le ayudó a él a ayudarme a mí.

Pero volvamos a la película. Después de que J-R le dio luz verde, nos pusimos a trabajar. La rodamos en una cantidad de locaciones, incluyendo el Medio Oriente, como he descrito en un capítulo anterior. Me sentí más vivo que nunca en el Medio Oriente. Amé esos viajes; me encanta ser líder y fue mi primera experiencia haciendo eso como jefe de producción para "Scott J-R Productions". Con el entrenamiento que J-R me había dado al trabajar en los tres PAT IV (1988-90) y dos viajes PAT V (ambos en 1995), sentí que estábamos haciendo uno más de ellos, pero con gente nueva y esta vez, lo estábamos filmando. Después de diecinueve días de rodaje, sentí que habíamos logrado bastante.

Cuando volvimos del Oriente Medio, J-R, John, el resto del grupo del personal cercano de J-R y yo, fuimos a los Juegos Olímpicos de Atenas y luego nos preparamos para otros 25 o 30 días de rodaje en Los Ángeles, Utah y Santa Bárbara.

Alrededor de esa época, mi madre me llamó desde Florida para decirme que tenía que hacerse unos exámenes médicos. Era algo con respecto a su pecho. No fue muy específica. Así que le deseé buena suerte y le dije que estaba en pleno rodaje, por lo que la vería a mi regreso. Ella fue al doctor, se hizo los exámenes e inmediatamente le programaron una cirugía de bypass. Al parecer las arterias de su corazón estaban bloqueadas. ¡¡Quién lo hubiera sabido!?

Así, mientras yo estaba totalmente inmerso en escribir, filmar, dirigir y actuar en la película *Guerreros Espirituales*, mi hermana me llamaba todos los días desde Florida contándome cómo iban las cosas con mi mamá y su cirugía de corazón abierto. A través de todo esto, estaba constantemente al teléfono con J-R que no sólo estaba trabajando conmigo como mi maestro espiritual, sino como mi amigo.

En realidad, cuando me enteré de la cirugía de mi madre, llamé a J-R a pedirle ayuda. Cuando yo era pequeño, quería que mi madre y mi abuela se salvaran. Rezaba y lloraba pidiéndole a Dios que se llevara a mi abuelita y a mi mamá (llegado el momento) y que tuviera un lugar en el cielo para ellas. Las amaba tanto y aquí estaba, años más tarde con J-R, el Señor, pidiéndole que ayudara a mi mamá y a mi abuelita. Lo hizo. En realidad le pregunté si estaba trabajando con ellas y él dijo: "A través de ti, lo estoy haciendo". Mi madre es ahora una iniciada y ministro en el MSIA. De hecho, tuve el honor de ordenarla. Me siento muy orgulloso. Gracias J-R.

Después del rodaje tardamos unas 40 semanas para hacer el montaje. Sería un eufemismo decir que fue realmente difícil. Hay un dicho en la industria del cine que dice que tu película nunca será mejor que tus tomas diarias y nunca será peor que el primer corte. Descubrí cuán cierto es. Me encantaron cada una de las 91 horas que grabamos en esta película. Por eso, el primer corte fue de aproximadamente tres horas y cuarenta y cinco minutos, aproximadamente el doble de un largometraje contemporáneo. Sin embargo, el proceso de edición consolidó para mí la historia entera del Guerrero Espiritual. Terminó siendo un desafío y fue una lección dentro de una lección: una lección de vida y una lección de filmación.

Resultó ser que estábamos haciendo una película acerca de una lección, para entretener y enseñar, y estábamos aprendiendo esa lección mientras estábamos filmando. Supongo que eso tiene sentido. ¿Cómo puedes enseñar algo sin aprenderlo?

"Salí a mi porche trasero en Miracielo y abrí la puerta y miré, y ella (la nieve) se estaba apilando, así que me agaché así y agarré un puñado de nieve y entré y dije: 'Zeus, ¿alguna vez te han tirado una bola de nieve o has jugado al muñeco de nieve?', y él contestó: 'Sí, creo que una vez'. Así que le dije: '¡Aquí va la segunda! Piuuuu'. Entonces se levantó de un salto, trató de agarrarla y juntarla para tirármela de vuelta. Todavía queda mucha; (quedaba) un poco allí cuando me fui".

— JOHN-ROGER, D.C.E. (1991, ENTRENAMIENTO PAT HABLANDO SOBRE LA NIEVE CERCA DE MIRACIELO)

CAPITULO 33

Más sobre Hacer las Películas

Cuando empecé a pensar sobre hacer películas, vacilaba porque no podía pasar mucho tiempo separado de J-R. Sabía que J-R no iba a poder venir a todas las filmaciones, pero yo podía ver que estas películas podían ser importantes.

Así que estaba realmente agradecido por los otros miembros del personal, que iban a estar allí para cuidar de J-R mientras yo no estaba. J-R solía preguntarme qué pensaba sobre muchas cosas; le gustaba escuchar mi punto de vista. En una ocasión, preguntó si estaba bien conmigo añadir nuevo personal, y que además algunos de ellos fueran a vivir a Mandeville. Yo estaba bien con estas personas y siempre dije que lo estaba. Hacía lo que fuera por J-R. Me alegró especialmente el haber estado de acuerdo con que se quedaran a dormir. Contribuían enormemente en muchos aspectos y sólo el personal de J-R realmente entiende lo que significa ser un miembro del personal. Yo aceptaba todo ello como un espartano. Éramos todos unidos, la guardia republicana de J-R, juntos como hermanos.

J-R estuvo siempre a favor de que yo hiciera las películas y nunca nadie ha estado ahí para mí como él lo hizo. No sólo me dejó hacer estas películas sino también me permitió salir al mundo, promocionando, comercializando y proyectándolas. Una vez me dijo que si una sola persona fuera inspirada por el Espíritu a través de la película, entonces habría hecho mi trabajo.

También, agradecía a John Morton por el trabajo que había hecho y estaba haciendo. Cuando estuve mirando la secuencia filmada de la película, me di cuenta de todo lo que J-R y John, Michael Feder, otros miembros del personal en ese momento y la Presidencia del MSIA habían hecho en los primeros viajes del PAT IV: eran los cimientos para lo que yo estaba haciendo con las películas. La revelación para mí, mientras miraba las cintas originales de 8mm, fue ver que todo había sido establecido por John-Roger y el personal. J-R me animó a volver a esos lugares. Hice exactamente eso en la película. Lo hicimos otra vez en Israel y con el trabajo que John estaba haciendo junto con J-R.

Hace un tiempo atrás hice una entrevista con David Sand que fue publicada en la revista del MSIA, el *New Day Herald* (Nuevo Amanecer), en noviembre de 2013. Estoy incluyendo secciones de esa entrevista aquí ya que da otras ideas con respecto a hacer la película y otras cosas que creo son partes importantes de mi autodescubrimiento y autorevelación.

Aventuras en la Zona de Incomodidad:
Cómo se hizo "El Viajero Místico: Vida y Obra del Dr. John-Roger"
Entrevista a Jsu García
Por David Sand

Jsu García completó hace poco una biografía cinematográfica de J-R de tres horas y media, la cual fue proyectada en la Conferencia de 2013 y en Londres. Hablamos con él en Los Ángeles en octubre, justo después de haber concluido el mes de viaje de John-Roger por Inglaterra, el cual fue organizado y facilitado en conjunto por Jsu y Nicholas Brown.

DS: ¿Cuándo comenzaste a trabajar en la película?

JG: En estos momentos lo tengo todo medio borroso. En el invierno de 2010, después de terminar la película *El Guía Espiritual*, me llegó la inspiración de empezar a entrevistar a los "ancianos" del MSIA y grabar sus historias, mientras tuviéramos la posibilidad. Laurie Lerner dio un paso al frente y ofreció producir el proyecto y nos consiguió una cámara filmadora. Fue genial tener nuestra propia cámara, porque hubiera costado una fortuna alquilar una cada vez que queríamos entrevistar a alguien.

Con esa cámara filmadora fui capaz de viajar por todo el mundo haciendo entrevistas. Yo no sabía lo que estaba haciendo. Lo único que sabía era que iba a recolectar "datos". Thor, el camarógrafo de *El Guía Espiritual*, se nos unió espontáneamente como Director de Fotografía (DF). Así que empecé a conseguir una entrevista tras otra, haciéndole a todos las mismas cinco preguntas: ¿Cómo conociste a J-R? ¿Cómo era él? ¿Cuál es tu comida favorita? ¿Qué te gustaría decirle a J-R? Durante la época de controversia, ¿cómo sacaste tu fuerza interna para seguir adelante?

DS: ¿En qué momento te diste cuenta de que estabas haciendo un documental?

JG: Tan pronto como empecé a filmar me di cuenta de que tenía algo más que sólo entrevistas, de que se trataba de algo más grande. Entrevistamos a muchas personas que estuvieron desde el principio, incluyendo a algunas que están muertas ahora, como Norma Howe, Joe Ann Cain y Steve Ferrick. El rodaje de la cámara era como el Viajero y la Luz que cubren el micrófono cuando compartimos en el retiro "Viviendo en la Gracia". Las personas eran intensas, reían, lloraban y realmente me conmovían. Era testigo del testimonio de personas que habían derramado sangre, sudor y lágrimas en el movimiento, personas que habían creado el movimiento y eran parte de él. Una sensación de humildad me invadió. El hecho de vivir con J-R no significaba nada; estos sujetos eran los *verdaderos* pioneros. Al escuchar sus historias, yo pensaba:

"¡Wow! Siento haberte juzgado". Fuimos a las fuentes originales, la gente que había estado realmente allí, desde el principio, como Pauli Sanderson y Candace Semigran, y filmamos sus historias en sus propias palabras.

Quería diversos puntos de vista para que ninguna persona pudiera alterar o comprometer mi investigación. No me importó que fueran personas que se habían ido del Movimiento, porque ellas habían estado involucradas en ese momento cuando el Movimiento florecía, tal como se describe en las frases de Shakespeare, que J-R cita en *El Viajero Místico*:

> Existe una marea en los asuntos humanos,
> Que, tomada en pleamar, conduce a la fortuna;
> Pero, omitida, todo el viaje de la vida
> Va circuido de escollos y desgracias.
> En esa pleamar flotamos ahora,
> Y debemos aprovechar la corriente cuando es favorable
> O perder nuestro cargamento.
> *(Julio César, Acto 4, Escena 3)*

El primer par de editores empezó a ensamblar las entrevistas y a pedir más tomas que abarcaran la información que faltaba. Esos primeros editores, especialmente Matt Rondell, que editó *El Guía Espiritual*, hacían preguntas como: "¿Cuándo nació J-R?", así que buscábamos tomas que tuvieran que ver con eso, y, muy pronto, tuvimos filmaciones que abarcaban toda su vida. Encontramos seminarios en los que hablaba de las primeras etapas de su vida, como por ejemplo, el accidente automovilístico que tuvo antes de recibir las llaves de la Conciencia del Viajero.

Así que reunimos todo este material y creamos secciones de diferentes épocas de la vida de J-R. Creamos un gráfico con la lista de las diferentes etapas y de lo que teníamos rodado. Entonces yo flotaba entre una tonelada de material, películas en 8mm que habían sido escaneadas en la década de los noventa. La calidad del escaneo estaba bien, pero al compararla con la calidad de escaneado actual, tuvimos que volver a escanearla. (Terminamos escaneándola en 2k y Alta Definición).

Yo no sabía hacia dónde iba todo esto. Sin embargo, John-Roger aprobó que yo tuviera acceso a los archivos del MSIA. Le pedí ayuda a Barbara Wieland, bibliotecaria y archivista del MSIA. A través de J-R, yo había sido aprobado para tener acceso a los archivos y a la base de datos de John-Roger de modo que tuviera una gama completa de recursos para la realización de la película *El Viajero Místico*. Phil Danza y Barbara Wieland se las arreglaron para conseguirme todos los extractos y medios digitales para los editores, según los fui necesitando. Lo que pedíamos de los archivos, Barbara y sus muchos voluntarios lo encontraban y, después, cuando necesitábamos los medios digitales, Phil Danza, el Don Corleone de Now Productions, junto a Nir Livni, organizaban, copiaban y capturaban las imágenes. Chuck Moore de Now Productions estuvo disponible las veinticuatro horas del día para ir al depósito donde se almacenaban los medios digitales de J-R y conseguirme lo que necesitara. En el proceso, incluso tuvimos la oportunidad de actualizar el sistema de archivo, porque a veces había discrepancias entre la base de datos y lo que había en las bóvedas.

A medida que el proyecto fue creciendo, los editores originales tuvieron que hacerse cargo de otros proyectos, ya que yo no tenía cómo seguir pagándoles. Avanzábamos a tropezones y yo estaba desesperado por encontrar editores. Realmente no se puede editar este material sin "comprender" a J-R, y eso puede tomar años. Me ha llevado veintisiete años "comprender" a J-R, como tantos de nosotros. Así que, si encuentras a un editor que sea realmente bueno, ¿cómo haces para llevarlo a un estado en que entienda lo suficiente como para realmente hacer la edición? Tomaba de un mes a dos en la sala de edición para que un editor "comprendiera" a J-R. Finalmente, encontré a dos grandes editores, Aaron Thacker, quien hizo la gráfica, y Josh Muscatine.

Llamé a Lisa Day, quien había editado *Great Balls of Fire!* (¡Grandes Bolas de Fuego!), la película biográfica de Jerry Lee Lewis, y le dije que estaba en problemas. Ella me dijo que me relajara y que empezáramos a construir el esqueleto de la película primero, y que después agregaríamos las diferentes capas. Eso me dio una dirección, así que empezamos a construir la estructura de la película, o sea todas las diferentes fases de la vida de J-R, y a encontrar las tomas que se relacionaban con ellas. Luego, rellenábamos las partes faltantes con fotos, entrevistas, seminarios, etc. Si alguien hablaba de una persona en una entrevista, yo llamaba a Barbara y le pedía que consiguiera fotos de esa persona, así de pronto, me encontré con que tenía cientos de fotos.

Sin J-R, Zoe Golightly Lumiere (mi soldado #1), Laurie Lerner, John Morton, la Presidencia del MSIA, Now Productions y los diezmeros del MSIA (personas que donan el diezmo a la iglesia) más los que siembran, nada de esto hubiera sido posible. Pude ver cómo se usa el dinero y el increíble trabajo que se está haciendo organizando, almacenando y haciendo disponibles todos los medios digitales. Actualmente, cualquiera puede digitar lo que está buscando y acceder a los medios digitales de cualquier punto de la historia del trabajo de J-R. Pude encontrar material no sólo por la fecha o el número del seminario, sino incluso por ciudad, de modo que pudimos recrear la historia del MSIA en cualquier área que quisimos.

Revisamos 100 TB (que es una cantidad inmensa) de información. La redujimos a 190 GB para la película definitiva, así que podrás imaginarte cuánta información revisamos. Nos pusimos bajo mucha presión durante dos años. No sé si la máquina volverá a funcionar alguna vez tan intensamente como le exigimos en ese entonces. Yo decía: "Necesito esto AHORA", y Phil contestaba: "¡Marchando!", y era llevado a cabo ya fuera por Greg Fritz, Nir o

Chuck. Mark Lurie fue mi brazo derecho para mantenernos alineados en el tema legal. Mark siempre tuvo la actitud de: "Estoy aquí para ti. Lo que haya que hacer, lo haremos". Yo trabajo de manera gratuita. No tengo espacio suficiente para nombrarlos a todos; sin embargo, NOW Productions (y ya saben quiénes son ustedes), realizó un trabajo maravilloso cuando hicimos la película de J-R, *El Viajero Místico*. Lo que yo saco de todo esto es disfrutar de ser parte de la historia.

Fue casi como que si no hubiera nada que yo no pudiera hacer, nada que no pudiera crear, sobre todo porque yo iba donde J-R y le decía: "J-R, necesito entrevistar a Larry King, ¿puedes ponerlo en la Luz?". Y acto seguido, yo tenía una entrevista con Larry King. Yo le decía: "Necesito a Tony Robbins, ¿cómo voy a llegar a él?", y me encontraba por casualidad con su abogado al día siguiente. No salí a buscar estrellas, salí a buscar a las personas que J-R había tocado durante su vida.

Revisamos un increíble número de rollos de película para encontrar fotogramas. Incluso había película que nunca había sido desarrollada, por lo que tuvimos que escanearla para hacer copias de contacto y poder ver lo que había en ellas. Y, por suerte, las primeras personas del staff que filmaron a J-R, lo hicieron con cámaras antiguas de 8mm. La mayor parte de los gastos de la película se empleó para restaurar todo ese metraje de 8mm. Teníamos como cincuenta y cinco horas de cosas que nunca habían sido vistas. Invertimos un montón recuperando esas películas en 8mm, gracias a John-Roger, a Mark Lurie y a todos los ministros e iniciados que han diezmado y sembrado. El dinero de ustedes hizo posible esta película. ¡Gracias! Y quedó hermosa. También encontramos una entrevista antigua de Laren Bright a J-R que había sido rodada con una cámara amarrada a una grabadora. Esa tecnología ya no existe, así que tuvimos que encontrar a alguien que pudiera escanearla y ponerla en un formato que pudiéramos utilizar.

DS: ¿Qué sentías al revisar todas esas películas de los primeros tiempos?

JG: Las películas en 8mm realmente revelan una época que ya pasó. Es como una cápsula del tiempo. Ves a J-R en ese contexto y por supuesto que te enamoras de él. Imagínate conseguir películas de la época de Jesucristo y ver a toda la gente con él. Ahora puedes ser testigo de algo increíble que sucede en nuestra época. En cien años más, todos nos habremos marchado. ¿Serán las películas lo que la gente mire para saber cómo fue? No sé, son digitales y quién sabe cuánto duren en buen estado. Tal vez simplemente desaparezca con los unos y los ceros. Pero el viaje fue increíble y yo investigué a J-R como si fuera un reportero.

Aprendí a ser un reportero y luego aprendí a ser un investigador. Veía a una persona en segundo plano en una parte de alguna película de 1970 más o menos, y me preguntaba quién era..., y luego el editor llegaba todo emocionado y decía: "Creo que descubrí quién es esa persona. ¡Mira esto!", y luego la veíamos en las imágenes de 8mm. Mirábamos pedazos de película y no teníamos la menor idea de dónde era, y entonces mejorábamos la imagen, la agrandábamos y veíamos un periódico de San Francisco debajo de la mesa, y descubríamos la ubicación. Relacionábamos tiempos y lugares según los estilos de peinado de J-R, el automóvil que manejaba, o algún otro detalle.

No sé si ha habido mucha gente con tanto material de archivo de sus vidas como J-R. (Tal vez George Harrison; recomiendo fervientemente el documental de su vida, *Living in the Material World*). Yo presionaba con mucha fuerza a todo el mundo para juntar todo este material, especialmente a Now Productions y a Barbara Wieland. Incluso con todo ese material, todavía quedaron lagunas de las cuales no existen películas. Hay lugares donde tuvimos experiencias increíbles, como en Egipto en algunos de los PAT IV, de lo cuales no tenemos todo filmado, así que tuvimos que recurrir a fotografías o entrevistas.

Finalmente, ensamblamos una versión de dos horas. Usamos palabras en código para los diferentes ensamblajes de la película que provinieron de distintos modelos de transbordadores espaciales. Esa primera versión de dos horas que terminamos en el 2012 fue Endeavour. La versión final sería Atlantis.

Cuando proyectamos esa versión de dos horas, recibimos retroalimentación de que las enseñanzas de J-R no aparecían lo suficiente. Habíamos evitado eso a propósito porque no queríamos predicar o hacer proselitismo. Pero el cuadro completo de la obra de J-R no estaba representado, por lo que añadimos cincuenta minutos de las enseñanzas, de una manera profunda. Al ver la película, sientes cómo ella te hace descender a la profundidad de la energía. Aaron Thacker agregó gráficos impresionantes en 3D creando versiones en tres dimensiones de las fotografías fijas y de los reinos de la conciencia, usando un nivel de tecnología de software que se utiliza en películas de ciencia ficción. Eso llevó a la película a un nivel completamente nuevo.

En abril de este año, nos sentamos con los editores y creamos una tabla delineando Atlantis, la versión final. Llegamos a una película de tres horas y cincuenta minutos. Tratamos de acortarla y sólo pudimos recortar algunas cosillas, pero nos dimos cuenta de que la película era de tres horas y media. No había nada que faltara o sobrara. En ese momento, lo único que teníamos que decidir era cómo íbamos a ordenar lo que teníamos. La dividimos con títulos en *haiku* y secciones pequeñas de película en 8mm, a las que llamamos quiebres de capítulo. En lugar de decir algo literal como: "Utah, los primeros años", utilizamos citas cortas de J-R de la película, y eso "gestaltaba" esa parte de la película de una manera que despertaría el interés de la gente.

DS: ¿Cuál fue el rol de J-R en la película?

JG: Lo mejor de la película es que tuve que trabajar con J-R. Él siempre está involucrado, y está involucrado en mi cabeza. Y esos son mis mejores momentos cuando estoy haciendo una película.

Me pregunto: "¿Qué pensaría J-R? ¿Qué haría aquí?", y siempre recibo la respuesta. A veces estaba a su lado medio deprimido y él me preguntaba si algo andaba mal y yo le contestaba: "No he podido conseguir tal y cual cosa para la película", y a la mañana siguiente recibía una llamada acerca de eso. J-R siempre fue mi oráculo con quién quejarme y, por arte de magia, él cambiaba algo. Fue como si no hubiera ningún obstáculo para hacer esta película. J-R era como Ganesh, el removedor de obstáculos. Si J-R no me daba luz verde, simplemente no sucedía.

A lo largo de todo el proceso, le estuvimos mostrando clips de la película a J-R para que nos diera su visto bueno. No puedo atribuirme el mérito por nada de esto. Mi intención fue convertirme en un conducto para que el Espíritu y J-R me hablaran. En todas mis decisiones consultaba internamente al Espíritu. Todo el tiempo oía la voz de J-R resonando en mi cabeza: "¡Hazlo bien! ¡Hazlo bien!". Y cuando me pillaba tomando atajos, podía oír a J-R en mi cabeza: "Hazlo bien", "las pequeñas cosas se convierten en cosas grandes".

Yo sabía que tenía que mantenerme intachable en mi convicción de lo que necesitaba decir, de aquello que conozco como J-R. El propósito general de la película fue mostrar que J-R sirvió al Señor. Simplemente quise poner a J-R tan honestamente como me fuera posible. Y, luego, la segunda prioridad fue lo artístico y que fuera genial. En un momento, uno de los editores editó una cita de J-R pensando que a mí no me importaría. Cuando le pedí que reprodujera el original, vi que había sido cambiada para que tuviera sentido dentro de la trama de la película, pero también cambiaba el significado. Me recordó la manera en que las enseñanzas de Jesús fueron cambiadas en la Biblia. La volvimos a poner como era en original. Fue muy importante permanecer tan fiel como pudiera a J-R.

No sentí que tuviera que esconder nada. Quería revelarlo todo. Y me gustaría que otras organizaciones espirituales hicieran documentales como este acerca de ellas para que pudiéramos conocerlas mejor. Muchísima gente se ha acercado a mí diciendo: "No sabía eso sobre J-R", y eran cónyuges de personas en el Movimiento. Decían: "Ahora sí que puedo ver a J-R en toda su magnitud. Antes lo veía a través de los ojos de mi cónyuge. Ahora lo entiendo". Tan sólo por eso valió la pena. J-R pone una energía en la película y tú simplemente la captas. Él la vio el 5 de julio de 2013 y dijo que la energía estaba allí, que el Cristo estaba trabajando con ella.

Me encantaría adjudicarme los créditos por todo esto, pero no puedo. Soy sólo el conductor del autobús. Fue J-R quien abrió la puerta, y todo el mundo simplemente participó y con excelencia. Zoe, la directora de producción, fue una trabajadora a toda prueba. Y Laurie Lerner, la productora, siempre me apoyó cuando necesité algo.

DS: ¿Hubo cosas que cambiaron en tu percepción de J-R al hacer la película?

JG: Él es un (improperio), es intenso. Lo conocí durante veintisiete años, pero la mayor parte aconteció después de que le pasara las llaves a John. Siguió siendo una escuela dura. Pero puedo imaginarme lo que debe haber sido cuando tenía treinta. Cuando me mudé con él, tuve que aprender realmente a moverme, pero en aquel entonces apuesto a que tenías que moverte el doble de rápido, o te dejaban atrás. Al hacer la película, pude comprobar con mucha claridad que él seguía una dirección interior.

Soy amigo de J-R, el tipo gracioso. Aquí en Mandeville, sólo estamos con el J-R que está pasando el rato, y esa es la persona con la que crecí. Pero cuando da seminarios, ése es el otro J-R. Y me encantan todas esas antiguas personas del staff que llegaron y se fueron. Son como estrellas de rock. Y las mujeres que estuvieron entre los años setenta y ochenta, creo que, gracias a Dios, no las conocí entonces, porque me habría enamorado y me habría casado con ellas. Y realmente me sorprendió ver quién se había casado con quién. Pero, por sobre todo, estoy asombrado por lo mucho que

J-R ha hecho. Por cierto, en un buen día en Arrowhead durante los entrenamientos PAT, literalmente te enamoras de todo el mundo. Un amor más elevado. Creo que es una canción.

Me encantan los primeros tiempos, la época hippie, cuando todo el mundo dormía en el suelo y trabajaba duro; todo el mundo colaboró para ayudar a J-R durante los incendios e inundaciones que afectaron Mandeville. Aprendí que la gente sigue a J-R por amor. De eso se trataba.

Esa es la gran lección para mí, que siempre vuelves al amor. Llegué a la conclusión de que o J-R es quien dice ser, o todo el mundo está loco, porque él tuvo un impacto sobre todas esas personas. Tal vez puede haberles lavado el cerebro a algunos, pero todas las personas tuvieron las mismas experiencias internas. Yo creo haber entrevistado a cien personas y el efecto que J-R tuvo sobre la gente, es increíble. A mí no me pasa eso por estar simplemente aquí en Mandeville con J-R. Pero después, cuando entrevisté a todas estas personas, quedé conmovido por cómo J-R las había tocado a ellas.

Y pude ver todas las formas en que les había llegado a nivel personal, no sólo a través de los seminarios, sino al sostenerlos de la mano mientras vivían sus vidas. Me sentí conmovido por lo conmovidos que estaban ellos. La entrevista promedio duró de veinte a cuarenta minutos, y era como un mini seminario dentro de mí. Entrevisté a Steve Ferrick justo antes de morir, y cuando la entrevista terminó, dijo: "Bueno, J-R, mis maletas ya están hechas". Realmente te emociona entrevistar a alguien que sabe que se va y que sabe además que se va con el Viajero.

DS: ¿Hubo maneras en que cambiaste en el proceso de hacer la película?

JG: Creo que me volví más impecable. Fui implacable en mi propósito de hacer la película tan buena como pudiera ser y en mantenerme conectado con mi visión interna. Por sostener ese enfoque creo que a veces me volví insensible. Cuando estás con J-R aprendes a asumir más y más, y me olvidé de que los demás son sensibles y no tan inconmovibles como yo. Así que estoy tratando de aprender a ser más cuidadoso con las personas. No obstante, aprendí que hay un núcleo gigante dentro de mí y que es mi ser verdadero, la parte que J-R me ha ayudado a hacer crecer. Y crece escuchando internamente y siendo verdadero. Parte de la prueba que la gente en el Movimiento y todos atraviesan, es si nos dejamos desviar de nuestro sendero por otras personas, o si nos ponemos de pie y damos la batalla por lo que tenemos que hacer, sin lastimar a nadie. Yo simplemente comunicaba: "Vamos a terminar esta película".

La gente me decía que era imposible. Y yo les hablaba de las posibilidades que yo veía desde los niveles superiores. A veces, se sentía como si los estuviera engañando al tratar de explicarles algo que yo estaba viendo en el Espíritu. Pero cuando mi ser básico (mental, causal, astral) aparecía, yo sucumbía a las dudas y temores propios de esos niveles. Entonces volvía a los ejercicios espirituales o me iba a dormir y viajaba. En la mañana, confirmaba con J-R si seguía bien encaminado y él asentía. Y eso era todo lo que yo necesitaba. Le decía al equipo lo que íbamos a hacer y al salir de la habitación exclamaba: "¡Ay, Dios mío! ¿Qué vamos a hacer?", pero eso era trabajo mío y no de ellos. Mi trabajo era ir a llorarle a J-R: "Por favor, tienes que hacer algo. Creo que me he echado un bocado más grande de lo que puedo tragar".

Luego, él me ayudaba a verlo, saltándonos la mente y yendo directamente al Espíritu. Aprendí que el Espíritu es el que hace todo y que es importante articular al Espíritu en la mente para la gente y, al mismo tiempo, mantener mi integridad. Como dice J-R: "Tener el coraje de defender tu verdad tal como la conoces, como una respuesta sincera, con cuidado y consideración por los demás".

Tuvimos mucho tiempo y muchas oportunidades para fracasar. Y al final hicimos la mezcla de la película en Warner Bros. con Danetracks y Dane Davis, quien diseñó el sonido de *The Matrix*. Son personas que no están en el Movimiento pero que aman a

J-R, lo han conocido y les gusta lo que dice. Cuando estábamos mezclando la película, podías ver cómo los seminarios de J-R los hacían pensar. Algunos de ellos son creyentes, otros ateos..., no importa. En el medio de hacer una película, teníamos discusiones sobre filosofía y espiritualidad. Así que, trabajar con J-R, o hacer una película con él, siempre es divertido, a pesar de lo mucho que se trabaja. Descubrí que no se trata de lo que pensemos sino de juntarse y crear: fusión y sinergia. Fue una demostración de: "Cuando dos o más están reunidos, ahí está Él".

Costó pero valió la pena cuando vimos el resultado de la proyección el 5 de julio. Cuando miré al público y vi el lleno total, con J-R presente, el sufrimiento se desvaneció. Volamos, como los hermanos Wright. Mientras estás haciendo la película, tan pronto como piensas en ella te abrumas y todo termina. Así que lo que saqué de hacer esta película fue una línea de alta velocidad, con un gran ancho de banda en mi conexión con la fuerza y el saber de lo que está claro y no está claro dentro de mí. A veces, la gente se molesta porque yo no hago ningún movimiento a menos que J-R me dé el vamos.

Y eso nos trae hasta este momento. Mucha gente la quiere en DVD, por lo que estamos trabajando con Blu-Ray. J-R dijo que somos como Juanito Manzanas: simplemente estamos sembrando semillas para hacer disponibles las enseñanzas. Si pudiera continuar haciendo películas sobre J-R, me encantaría. Estamos participando con la película en el Festival de Cine de Mar del Plata en Argentina (exhibiendo la versión de dos horas). Quiero entrevistar a más gente y habrá más en Blu-Ray. No quiero cambiar la película, pero puedo agregar contenidos adicionales al DVD.

Como de hecho no sabes a quien le va a gustar J-R, estamos haciendo subtítulos en un montón de idiomas para que la gente la pueda ver alrededor del mundo: en polaco, japonés, chino, farsi, hebreo, ruso, español, francés, árabe, búlgaro. Algunas personas provenientes de Abu Dabi vinieron a la proyección en Londres; no entendieron muy bien el idioma pero captaron a J-R, así que ahora estamos haciendo subtítulos en árabe. Conozco gente de diferentes culturas a quienes les envié la película pidiéndoles su opinión. Conocí a unas mujeres chinas en el *Four Seasons* en Londres y les pedí que vieran la película y que chequearan si los subtítulos estaban bien hechos. Probablemente pensaron que yo estaba loco, pero terminaron amándola.

Y quiero hacer más proyecciones. Solemos hacer un Maratón de J-R y luego exhibimos la película, y nos empapamos completamente de J-R. Quiero proyectar la película en San Francisco y en Sudamérica.

DS: ¿Cuáles son tus expectativas para la película?

JG: He renunciado a la idea de tratar de hacer dinero con ella. Si ése hubiese sido el objetivo, ya me habrían despedido y, por suerte, J-R no lo requirió. Lo que J-R me dijo es que, a veces, la película es para una persona en particular, en ese momento en particular. Hubo un hombre en Londres que tomó el autobús desde Escocia para ver la película, y se volvió a subir al autobús inmediatamente después de que terminó la película para regresar a Edimburgo. Dije: "La película fue para ese tipo". Se compenetró tanto de la película que cuando salió dijo que el viaje había valido totalmente la pena. En mi interior sentí: "¡Qué padre!". Para eso haces la película: para gente como esa. Espero que podamos llegar a las personas de esa manera. Nosotros en California, tal vez estemos un poco hartos porque tenemos muchas de estas cosas. Pero puedes mostrárselas a alguien que esté sediento de ellas y que diga: "¡Por Dios!".

Aquí la gente dice: "He tomado el *Insight*, gracias". Bueno, pero ¿qué tal si te lo repites? A veces tienes que salir de tu zona de comodidad. Le mostré la película a un tipo famoso, un amigo de Oprah, y dijo: "J-R me dio la respuesta que necesitaba para el libro que estoy escribiendo. Gracias". Eso es todo lo que quiero escuchar. No necesito que entre al MSIA. De eso es de lo que siempre se ha tratado J-R: de qué clave puede darle a una persona, que haga que ella salga y se cambie a sí misma o cambie al mundo.

Al mirar todo esto en retrospectiva, a veces me asombra ver en cuántas capas y niveles funciona esa película, tanto en lo que comunica a los espectadores, como en lo que me moldeó a mí al trabajar en ella.

Hombre: *¿Te gusta dormirte mirando televisión?*

J-R: *No; realmente no, porque tiendo a incorporar lo que estoy viendo en televisión a mis sueños. Me da un susto de los cojones. Y..., Zeus, ya sabes, lo que sea que haya pasado ese día, él va a... Voy a escucharlo mañana. "¡Anoche tuve un sueño genial!" y me lo va a contar y yo le voy a preguntar: "¿Había también en él esto, lo de más allá y aquello?", y él va a contestar: "Sí", y yo diré: "Eso pasó en la película". "Sí. Pero de verdad estuvo genial".*

– John-Roger, D.C.E. (1991, Entrenamiento PAT en la finca Windermere)

Tener una actitud neutra no significa que no te preocupes por ti mismo o los demás. Puedes ser amoroso y cariñoso y seguir siendo neutral. La neutralidad surge cuando se tiene una perspectiva más elevada, desde donde se aprecia mejor el panorama total y se entiende que el bien mayor puede manifestarse de maneras que, a primera vista, pueden no parecer positivas y elevadas.

– JOHN-ROGER, D.C.E.

(DEL LIBRO CUMPLIENDO TU PROMESA ESPIRITUAL)

CAPÍTULO 34

Lo que el Espíritu Quiere, el Espíritu Obtiene (o las cosas se pueden poner muy tensas)

Vivir con un Guerrero Espiritual es como si Dios colocara una luz brillante sobre ti, y no puedes errar. También es similar a recibir la tarea de cuidar a un niño: estás en modo de protección. Realmente no es un trabajo estar en ese estado de conciencia protectora, estar en alerta máxima. Para mí, de esto se trata tener conciencia. Tienes que tener cuidado con lo que dices, lo que haces. Siempre estás atento. Estás más en un estado defensivo con respecto a otros. Sólo estás cuidando a este niño, que es probablemente lo que Dios hace con nosotros.

La creación de la película *Guerreros Espirituales* también fue así para mí. La película era como mi hijo. La estaba cuidando, y eso requería una gran responsabilidad.

Durante la pre-producción de la película *Guerreros Espirituales*, fuimos invitados con J-R a cenar a casa de Katherine y Frank Price, con Jan Shepherd, un evento anual. Como con la mayoría de las cenas privadas de J-R, yo estaba también presente como la "mosca en la pared". Frank estaba muy interesado en la prueba de ADN y su búsqueda para completar el árbol genealógico de sus ancestros.

Se ofreció a mandar a hacer el análisis del ADN mío y de J-R, tomando una muestra de nuestra saliva con un hisopo de algodón y enviándolas en un frasquito a un laboratorio en Oxford, en el Reino Unido. Unas semanas más tarde, Jan llamó para darnos el mensaje de que el origen, tanto de J-R como el mío es del período de Gilgamesh. Hice mi tarea y averigüé que él era un rey guerrero representado en las estatuas y pinturas sosteniendo leones por la cola. Luego J-R me dijo que Gilgamesh era un Viajero. ¡Qué genial! Es por eso que le puse el nombre Gilgamesh a nuestra Sociedad de Responsabilidad Limitada (S.R.L.).

Administrar el dinero era parte de la responsabilidad. Y a veces no sucedía de la manera en que yo quería. Así que aprendí la dura lección que a veces cuando las cosas no van como yo quiero es porque no estaba viendo la manera perfecta en que el Espíritu la había puesto frente a mí.

Esto lo aprendí cuando filmábamos una escena en la que quería representar el alma. Me había preguntado cómo podíamos representar el alma visualmente, fuera de sólo un fantasma flotante, ya que no tendría una calidad emocional.

La escena era muy similar a una en la película *Contacto*, donde Jodie Foster está mirando a su padre y reconciliando las cosas entre ellos dos (que realmente era dentro de ella). En nuestra escena, había decidido que una manera de representar el alma era usar a un bebé. Así que estaba conciliando las cosas con este niño, que para mí era como una figura del Cristo, o yo mismo. La intención era hacerlo de tal manera que el amor entre el bebé y yo estaría emanando de la pantalla, y la audiencia lo sentiría y estaría extasiada.

Por lo tanto encontramos el bebé para la escena y filmamos. Por una serie de razones, costó mucho dinero hacer esa toma de un día y tenía eso en mi mente mientras estaba tratando de conseguir la sensación que quería. Pude relajarme un poco porque John-Roger estaba allí, observando todo.

Lo que el Espíritu Quiere, el Espíritu Obtiene

El bebé parecía estar bien y, mecánicamente, hicimos todo lo que necesitábamos hacer. Aún así, la escena no se sentía como si fuera mágica.

Terminamos y los padres se fueron a casa con su bebé. Luego, una media hora después que se habían ido, nos enteramos de que la cámara había funcionado mal y no se había grabado la escena en la que habíamos pasado dos horas trabajando. Estábamos en un gran aprieto.

Inmediatamente encontramos a otro bebé y le pedí a la madre que nos trajera al niño. Pero ese bebé no quería tener nada que ver conmigo. Lloraba y se quejaba. Yo veía el desastre que se avecinaba.

Como ya no sabía qué hacer, básicamente me arrodillé frente a J-R y le pedí ayuda. Le dije que esto estaba fuera de control y no sabía cómo lograr lo que quería. Después de una pequeña pausa, J-R me dijo que el Espíritu no quería hacer lo que yo quería hacer; Él quería hacer lo que Él quería hacer. Me aconsejó que averiguara lo que el Espíritu quería hacer.

Le pregunté qué quería hacer el Espíritu y le dije a J-R que lo que fuera, lo haría.

Resulta que justo por una de esas casualidades yo había invitado a mi amigo Michael Hayes y a su hijo Danny al set ese día. Danny tenía ocho años y era su cumpleaños. Es un chico muy amoroso. Llegaron más o menos en el momento en que yo estaba hablando con J-R y Danny llegó corriendo a mis brazos y me abrazó. Él estaba muy alegre.

J-R observó todo esto y, mientras Danny me estaba abrazando, J-R me preguntó por qué no usaba a Danny para la escena. En ese momento me di cuenta de que Danny estaba haciendo justo lo que necesitaba: estaba demostrando amor. ¡Entendí!

El director lo vio y le preguntó si podíamos hacer eso otra vez, con la misma autenticidad. Yo no sabía si él podía, por lo que le ofrecimos un regalo de cumpleaños si él podía hacerlo otra vez. Hizo cada toma perfectamente. Los regalos seguían llegando.

Aprendí esa lección, hacer lo que quiere el Espíritu, no lo que quiero yo. Y que el Espíritu presentará a menudo lo que quiere de una manera muy natural y espontánea. Eso no significa renunciar a mi vida ni nada de eso. Fue sólo una demostración de cómo, al cooperar con el Espíritu, él me dio mucho más de lo que yo esperaba.

En retrospectiva, puedo recordar infinidad de veces en que algo sólo se presentaba y J-R cooperaba con eso, no importaba si era lo que él había tenido en mente o no. Qué gran lección.

Voz: *¿Podemos tocar a Jesús?*

J-R: *Claro. Pueden tocar a Zeus, a él le gusta. (Risas). Y nosotros somos una de las pocas organizaciones que tienen a dos Jesús en ellas. Ustedes conocen al que viaja conmigo y es mi payaso personal, y al otro que está allá en la iglesia, que lleva el control del dinero. Yo creo que no podríamos estar en mejores manos, realmente.*

– John-Roger, D.C.E. (Preguntas y Respuestas, 1991, Iglesia Unitaria, Santa Barbara)

*Realmente no fracasas. Sólo logras lo que logras.
Eres tú quien crea el "fracaso" al fijarte expectativas
que no son realistas, para luego castigarte por no cumplirlas.
Eso, amigos míos, se llama locura.*

– JOHN-ROGER, D.C.E.

(DEL LIBRO CUMPLIENDO TU PROMESA ESPIRITUAL)

CAPÍTULO 35

Las Técnicas para Salir Adelante en la Vida

Al trabajar con J-R, me fueron mostradas un montón de técnicas que realmente me ayudaron a atravesar los tiempos desafiantes, o períodos que incluso no eran tan desafiantes pero que me sacudían el día. Aquí comparto algunas contigo. Todas son parte de las enseñanzas de la escuela de misterios, de acuerdo a mi punto de vista.

DIARIOS

Para mí, escribir un diario y rezar se volvieron actividades fundamentales en mi vida. No sé cuántos diarios he llenado pero puedo decir que tenía tantos en algún momento que tuve que quemar algunos y tirar otros. Creo que algunos escritos estaban demasiado cargados de karma y necesitaba deshacerme de ellos. Yo no creo que haya una forma especial de escribir un diario; simplemente escribir lo que parece importante cada día.

REZAR

Recuerdo innumerables veces en que realmente recé para recibir mensajes. Varias veces realmente funcionó y obtuve lo que esperaba aprender. Comencé a hacer un seguimiento y encontré que mis peticiones fueron cumplidas en un período de entre seis a doce meses. Por ejemplo, decidía que quería tener un trabajo de actuación. Entonces rezaba y luego soñaba que estaba en ese tipo de situación. Luego, entre seis meses y un año más tarde, sucedía.

SEGUIMIENTO

Una de las cosas realmente valiosas del curso del Doctorado en Ciencia Espiritual que llevé a un lugar muy profundo en mi interior, fue la práctica del seguimiento de las cosas en mi vida a las que quería prestarles atención. Cosas como cuántas horas dormía de noche, o cuánta agua bebía o las áreas importantes de mi vida en las cuales pasaba el tiempo. Encontré que lo que yo pensaba que estaba haciendo no correspondía con la realidad de lo que realmente estaba haciendo cuando hacía el seguimiento. Anotar las cosas es una manera para que la gente realmente se demuestre a sí misma lo que ha hecho porque la memoria es callada, débil y a menudo no coincide con la realidad de la vida.

Cuando intentaba traer a mi conciencia aquellas experiencias que había tenido, que es realmente Dios hablándome de otra forma, me daba cuenta de que si ellas realmente habían sucedido o no, podía llegar a ser muy confuso si no las anotaba y las rastreaba. Además, el seguimiento es una gran manera para comparar lo que yo pensaba que me acordaba y lo que realmente rastreaba en ese momento.

ESCRITURA LIBRE

Al vivir con un Guerrero Espiritual, he encontrado que la escritura libre ha sido una herramienta muy buena para mí. Ha sido especialmente útil durante los períodos de dolor y enojo o cuando he estado trabajando un tema por el que hervía por dentro. Ese puede ser el mejor momento para hacer la escritura libre. Y a veces es muy bueno hacerla antes de que algo se acumule. Es bueno para cortarlo de raíz.

En lugar de describir el proceso aquí, te remito al libro de J-R, *El Guerrero Espiritual: El arte de vivir con espiritualidad* o a uno de los libros del juego de 3 volúmenes, *Cumpliendo tu promesa espiritual*. Ambos proporcionan una explicación detallada y las instrucciones del proceso. También puedes obtener la información en formato de audio en uno de los CD (o MP3) en un paquete ofrecido por el MSIA llamado *Viviendo en la Gracia*. *El Guerrero Espiritual* también está disponible para descargar como audio libro en Audible.com.

SIEMBRA

La siembra es un proceso por el cual puedes energizar una visión de lo que quieres al "plantar una semilla" para esta con Dios, con tu fuente. La semilla es plantada y fertilizada con una donación para lo que tú consideres la fuente de tus enseñanzas espirituales. Para mí, obviamente, es J-R.

Tú puedes escoger la cantidad que consideres adecuada, ya sea esta un centavo, $100 o más. Y le pides al Señor que te lo entregue si es para tu mayor bien. Podrías sembrar por un auto. Si quisieras sembrar por un auto de $30.000, podrías ir a tu interior y sembrar $30 o $300, o 50 centavos si es el caso. De vez en cuando yo sembraba por una película de gran éxito, o una gran carrera, lo que fuera. La siembra en realidad resultó trayendo oportunidades para trabajar con Mel Gibson en una película y con Arnold Schwarzenegger en otra.

La siembra ha funcionado para traerme un montón de cosas. Pero en el camino, aprendí que funciona mejor cuando siembras para lo que es para tu mayor bien. Desperdicié mucho tiempo sembrando por cosas como estar en una película con Richard Gere y Julia Roberts. Pero con estas siembras, realmente no le estaba pidiendo a Dios que me diera la película que Él pensaba que era buena para mí; yo estaba pidiendo lo que quería, no para mi bien mayor.

De hecho, cuando aprendí a entregárselo a Dios, puedo decir realmente que yo no habría podido haber diseñado mi carrera mejor que Él. Dios me dio buenos papeles con estrellas y grandes actores. Era increíble la cantidad de trabajo que llegué a hacer cuando yo realmente lo soltaba. El designio de Dios era mejor que el diseño de mi imaginación.

Viendo eso, me di cuenta de que estaba limitado en mi propio pensamiento. Fue entonces que me di cuenta de que estamos todos limitados. Pero cuando accedo a la fuente, a Dios, y construyo algo y actúo en algo, o creo junto con lo Divino mirándome, supero mi mente limitada, mi emoción limitada y me expando.

Donde amo vivir es en la originalidad. Creo que es donde están los genios, y creo que todos los genios están conectados con lo Divino y la fuente creativa, tanto si lo reconocen como tal, o no.

Tú puedes aprender más sobre los detalles de la siembra del MSIA en la página web:
www.msia.org/es/giving/formas-de-dar-siembra.

TRABAJAR CON LOS SUEÑOS

He tenido muchas experiencias con los sueños. Me encanta soñar. John-Roger animó a la gente a escribir y hacer un seguimiento de sus sueños y sus experiencias con ejercicios espirituales (E.E.'s). Nos da un mecanismo de retroalimentación externa y pueden hacer más tangible la experiencia.

Esta práctica quedó muy arraigada dentro de mí cuando hice el programa del Doctorado en Ciencia Espiritual (D.C.E.) de PTS.

Temprano en la década de los ochenta, antes de que me mudara con J-R, escribía en mis diarios cosas relacionadas sobre todo con mis clases de actuación y mi proceso con ellas. Por lo tanto cuando me mudé con J-R, escribir y hacer seguimientos era algo automático. Fue fácil transferir el hábito de la escritura para actuar a anotar mis sueños y experiencias espirituales: los hizo más reales y fortaleció mis habilidades de seguimiento.

VOLVIÉNDOSE NEUTRAL

Como actor, aprendí una especie de forma taoísta de trabajar que realmente se aplicaba a muchas cosas en el mundo. Descubrí que lo que perseguía se retiraba de mí y cuando aparentaba desinterés y desapego, las cosas venían a mí.

El trabajo del actor es conseguir el trabajo, realmente ir detrás de él. Ése es un juego que finalmente tuve que dejar de jugar. Lo que funcionó fue fingir que no lo quería. Quizá una mejor forma de decir esto, es que tenía que soltar mi apego a conseguir un rol en particular. Realmente, de verdad, tenía que ser neutral, o eso me mataría.

Fue lo mismo con las citas: cuando tenía ganas de tener una novia, no podía conseguir una cita. Pero cuando estaba totalmente cuidando de mí mismo y estaba interesado en lo que estaba haciendo, venían las oportunidades para relacionarme con las chicas y ellas estaban interesadas en mí. Pero *tratar* de ser interesante y *tratar* de conseguir una chica o un trabajo de actor de esa manera, no funcionaba. En las clases de actuación, aprendí: "Estate interesado, no trates de ser interesante". El Tao o en la "Zona", es donde me centraba en el momento. J-R me enseñó a usar el Tao en muchas cosas. La capacidad de querer algo pero no ir detrás de ello.

Para mí, es el caso de prácticamente todo lo que quiero en la vida. Cuando voy detrás de algo, si es para mí, lo obtendré. Así que presionar para obtenerlo no hace gran cosa. Es más una cuestión de preguntarme a mí mismo por qué quiero esas cosas, tener en claro si realmente las quiero y luego relajarme y permitir que lleguen.

No es sólo sobre el sueño americano: puedo decir con certeza que esas cosas en nuestra cultura que idealizamos a veces no son para el bien mayor. Lo que sigue es una afirmación constante que me digo a mí mismo: *Quiero vivir mi vida y lograr aquellas cosas que siempre he querido.*

Vivir mi vida y lograr lo que quiero no se excluyen mutuamente. Sin embargo, hay sólo cierta energía que yo puedo poner en las cosas, de lo contrario me estaría engañando. Crear una familia y una carrera y todas esas cosas que la gente quiere en la vida requiere una gran dosis de energía y es imposible dar el 100% de tu energía a cada una de esas cosas. Por lo que descubrí que tienes que elegir lo que realmente quieres y poner tu energía y enfoque en ello.

Hay muchas otras técnicas que aprendí de J-R sobre las que puedes encontrar más información a través de sus escritos y seminarios en el sitio de Internet del MSIA: www.msia.org.

"La autoestima, mi señor, no es un pecado tan vil como el desprecio de uno mismo".

-WILLIAM SHAKESPEARE *(ENRIQUE V)*

John-Roger: *"Cuando le estaba enseñando a Zeus cómo montar a caballo y no hacía lo que yo quería, tomaba las riendas y lo azotaba. ¿Tu cabalgas, Zeus?"*

Zeus: *"Sí"*.

J-R: "¿Lo hice, Ginger? ¿Virginia? ¿Lo hice, Jack? ¿Quién más me vio? Connemara me vio. ¿Es un mejor jinete ahora que antes? ¿Eres un mejor jinete ahora que antes?"

Zeus: *"Sí, mucho mejor"*.

J-R: *"¿Ayudó que te azotara?"*

Zeus: *"Sí. Creo que pegarme me quitó totalmente el sentido del ego que estaba allí"*.

J-R: "No, a él, no. Es un excelente jinete. Pero se creía que estaba en alguna película que no estábamos filmando".

–John-Roger, D.C.E. (Seminario PAT en el Church House – Casa de la iglesia)

CAPÍTULO 36

Las Escuelas y las Escuelas de Misterios

Yo abandoné mis estudios secundarios. Por lo tanto, cuando comencé a vivir y trabajar con J-R, me alentó (y no has sido alentado hasta ser alentado por J-R) para obtener mi certificado de nivel secundario aprobado (G.E.D. en inglés, *General Equivalency Diploma)*. Decidí seguir sus consejos y estoy muy contento de haberlo hecho.

Estudié para el examen y realmente tuve mejores notas que si me hubiera quedado en la escuela secundaria, porque en mi adolescencia yo estaba algo perdido. Ciertamente no estaba motivado para estudiar cosas que no me parecieran importantes para mí en ese momento. Así que cuando volví a los estudios secundarios después de ganar mi experiencia de vida, encontré el material mucho más significativo, me sentí involucrado y me fue muy bien en el examen.

Pero allá en el pasado, me fui de la escuela y me metí directamente en la actuación. En ese momento, no estaba en la escuela secundaria pero definitivamente era un estudiante. Las clases de actuación me desafiaron de maneras diferentes a las clases de la secundaria, pero no fueron fáciles.

Actualmente tengo 53 años. He tenido una carrera de actor y he actuado en más de 51 películas, muchas de ellas bastante importantes. También he dirigido tres largometrajes con John-Roger. A pesar de todo eso, en algún momento me di cuenta de que la razón por la que vine a esta Tierra, en este momento en particular, en esta dispensación, es para estar en las escuelas de misterios y conocer al Maestro de la Corriente de Sonido John-Roger. Para conectarme a la Corriente del Sonido y volver al corazón de Dios y para servir.

Durante una clase de la Maestría en Ciencias Espirituales (M.C.E.) en el Seminario Teológico y Colegio de Filosofía Paz - PTS, me di cuenta de que estaba haciendo precisamente eso. Eventualmente me gradué de su programa de Doctorado de Ciencias Espirituales (D.C.E.). Al recibir mi certificado de finalización en vivir los principios espirituales, que fue una experiencia increíble, también encontré que vivir con un guerrero espiritual realmente profundizó mi educación. De hecho, mi tesina, mi examen final para el programa de doctorado se tituló, "Viviendo con un Guerrero Espiritual: Una mirada a vivir con J-R y mi Guerrero Espiritual Interno". También me gradué de la Universidad de Santa Mónica (USM) y recibí mi certificado de graduación, un paso más en mi búsqueda de autoconciencia y de mi conciencia del Ser. El "recibir una educación" fue algo que J-R continuamente me animó a obtener.

Nunca fui a una universidad regular y realmente no le veo demasiada utilidad a los títulos. Sé que son importantes para algunas personas y no quiero minimizar su valor. Pero demasiado a menudo he visto personas con títulos que no podían hacer lo que el papel implicaba que podrían. Así que suscribo a la idea de John-Roger del "título de hacer". Es decir, respeto a las personas por su capacidad de logros, no por tener un pedazo de papel.

Por lo tanto, en mi opinión, me gradué de lo que algunos llaman la escuela de los golpes duros. Prefiero pensar en ello como la escuela de la vida, o mejor aún, la escuela de John-Roger.

Lo que he observado es que con el Doctorado en Ciencias Espirituales y la Maestría en Psicología Espiritual de USM, no obtendrás el papel hasta que puedas demostrar que puedes hacer lo que dice que puedes hacer. Cuando algo aparecía en mi vida, John-Roger a menudo me preguntaba si quería la información o la experiencia. En cierta manera la información es buena para el intelecto. Pero te pueden persuadir de muchos diferentes puntos de vista basados en información.

No pueden discutirte tu experiencia; no puede ser negada. Si me sigues diciendo que si voy a la cocina a cocinar algo y podría quemarme, tendría la información, pero no sabría las consecuencias de eso. Si estoy cocinando en la cocina y me quemo una vez, entendería completamente tu advertencia y no lo haría otra vez. No importa lo que me digas, no me puedes quitar el haber sido quemado, de tal manera que intencionalmente lo haga otra vez.

La inteligencia espiritual también es vivencial. Se llama sabiduría. Trabajar con J-R es pura experiencia, es aprendizaje vivencial.

"La voluntad de hacer crea la capacidad de hacer y, por Dios, ésa es la verdad, pero no puedes fingirla; las ganas de ir y limpiar la bosta en los establos. Anoche, preguntaron: '¿Cuántos querrían ir a los establos?', o tal vez haya sido la noche antes de esa. Zeus levantó su mano y dijo: 'Yo quiero hacerlo', y algunos más, Jim y algunos de los otros y una chica que estaba aquí, dijeron: 'Yo quiero hacerlo'. Fueron y se divirtieron un poco más. Esto es lo que escuché, que alguien dijo: 'Con toda esta bosta, seguro que hay un poni en alguna parte'. Lo superaron y adivina, ¿quién quiere ser elegido para ir a hacerlo de nuevo? Los mismos. ¿Por qué? Porque lo convirtieron en diversión".

– JOHN-ROGER, D.C.E.,
EN UN ENTRENAMIENTO PAT EN WINDERMERE

CAPÍTULO 37

Sobre las Relaciones y el Amor

Cuando estaba investigando para este libro y escuchando incontables horas de seminarios, me di cuenta de cuán molesto podía ser. Especialmente al grabar a J-R, porque siempre lo estaba presionando para tratar de conseguir que me dijera cosas que yo quería saber de las cuales él no quería hablar. A pesar de cuán molesto podía ser, para mí el mensaje de fondo de J-R siempre fue el amor. El amor trasciende todo y a través de él llegas a la trascendencia del alma.

Durante aproximadamente el último mes de vida de J-R, experimenté un amor intenso por él. Me preguntaba por qué yo no podía amar a todos como amaba a J-R. Aprendí que amar a J-R era espiritual y que uno de mis trabajos era para aprender a encontrar una manera de experimentar ese nivel de amor por todo el mundo. Es casi como poner a J-R alrededor de cada persona con quien me encuentro para tener esa relación con ellos.

Realmente trabajo para compartir mi amor. La mayoría de las veces es más fácil compartirlo con mi novia, Nicole. Pero al haber observado a J-R haciéndolo, estoy aprendiendo a ser amoroso con cualquiera y con todos. Es una forma pura de amar, nada romántico o sexual. Es tan puro que al instante le otorga la libertad al destinatario. Por supuesto, el cuerpo físico tergiversa esto. Pero, parafraseando a J-R, si alguien pregunta qué está haciendo Zeus, siempre es correcto decir que está trabajando en sus malos hábitos.

El otro día estaba escuchando un seminario de J-R y mencionó un poema sobre un hombre llamado Abou Ben Adhem, quien J-R dijo era un Viajero. J-R dijo que este poema era su favorito.

Abou Ben Adhem
Por Leigh Hunt

Abou Ben Adhem (¡ojalá su tribu se incremente!)
Se despertó una noche de un profundo sueño de paz,
Y vio, a la luz de la luna en su habitación,
enriqueciéndola y como un lirio floreciente,
a un ángel escribiendo en un libro de oro.

La enorme paz impulsó a Ben Adhem a ser audaz,
y a la presencia en la habitación dijo:
"¿Qué escribís?". La visión levantó su cabeza,
y con una mirada llena de dulces acordes,
respondió: "Los nombres de aquellos que aman al Señor".

"¿Y es el mío uno de ellos?", dijo Abou. "No, no lo es",
replicó el ángel. Abou habló más bajo,
pero sin perder el ánimo, dijo: "Te ruego esto, entonces.
Escríbeme como uno que ama a sus semejantes".

El ángel escribió y se desvaneció. La noche siguiente
vino otra vez con una gran luz de despertar,
y mostró los nombres de los bendecidos por el amor de Dios,
¡Y he aquí que el nombre de Ben Adhem encabezaba a todos!

Tengo que decir que creo que esto también describe a J-R.

"Pero el verano tuyo no se amengua
ni perderás tampoco lo que es tuyo
ni la Muerte usará su engreída lengua
si con versos eternos te construyo.
Mientras los hombres respiren y ojos lean
vas a vivir en esos que me lean".

-William Shakespeare
(Soneto 18: ¿A un día de verano compararte?)

"Fui criado por prostitutas y ladrones y aprendí a amar".

CAPÍTULO 38

En la Vida, Todas las Cosas Buenas Llegan a su Fin

Experimenté dos mundos con J-R.
 En uno, veíamos juntos sus viejos seminarios y sentíamos el gozo del amor y la majestad del Espíritu. Fue realmente interesante porque en el video lo veía usar una corbata o un reloj y eso me hacía inmediatamente volver a aquellos tiempos cuando, después del seminario, conduciríamos durante horas mientras J-R trabajaba sobre sí mismo para despejarse de toda la basura que recogía durante el seminario.

A menudo, incluso teníamos que ir a todo tipo de profesionales durante la noche, la mayoría de los cuales trabajaban con los niveles energéticos. J-R me dijo una vez que un Viajero no puede curarse a sí mismo. Tienen que ir a alguien que puede identificar el problema y verbalizarlo. J-R una vez dijo: "Recuerda, si puedes nombrar algo, tienes dominio sobre eso". Pero, siendo el Viajero, cuando era afectado, no se le permitía nombrarlo. Necesitaba de alguien fuera de sí mismo reflejándole las condiciones que estaban presentes en él. Una vez que lo tuvieran identificado, J-R podía trabajar con ellos para despejarlo.

Este "recoger cosas" era la razón por la cual J-R siempre tenía el personal a su alrededor. Podían actuar como un amortiguador para él, así que si algo venía hacia él y nosotros podíamos tomarlo, más tarde él podía despejarnos, mientras que él no podría despejarse a sí mismo. Así que J-R siempre estaba despejando el eslabón más débil del personal.

En el otro mundo, que era el presente, el cuerpo de J-R estaba preparándose para la transición. A menudo yo verificaba con J-R para asegurarme de que estaba bien seguir adelante "hasta que las ruedas se cayeran". Siempre decía, "Seguro", así que así lo hicimos. Seguimos adelante hasta que se cayeron las ruedas.

Pero hasta que esto ocurriera, hubo un montón de noches duras y largas tratando de curar y ayudar a J-R, y teníamos que pedirle asistencia a Michael Hayes o al Dr. Ed Wagner.

Este patrón de días buenos y días malos parecía ser la etapa final de entrenamiento del personal y mío para que nos convirtiéramos en guerreros espirituales acérrimos. Las cualidades de resistencia y perseverancia estaban siendo fortalecidas y probadas. Fueron tiempos difíciles pero llenos de amor por J-R.

Por supuesto, sabes el resto.

Por mí, todo lo que puedo decir es, Dios te bendiga, J-R. Ha sido un viaje magnífico.

"La energía y la persistencia conquistan todas las cosas".

—Benjamin Franklin

"No tienes que recurrir a la memoria de algo, pero puedes recurrir a la energía de ella".

Epílogo

A menudo J-R decía que él comprobaba cosas durante un período de alrededor de dos años antes de entenderlas del todo. Interesantemente, justo hemos observado el aniversario de dos años desde el fallecimiento de J-R y para ser honesto, yo siento como si estuviera emergiendo de un largo y oscuro túnel.

Sé ahora, conscientemente, que vine aquí para conectarme con J-R y ser iniciado en la Corriente del Sonido y a regresar a casa al corazón de Dios.

A los 16 años, en el barrio de Coconut Grove de Miami, Florida, estaba tocando la guitarra y cantaba hacia el cielo, queriendo sentir lo que es el amor verdadero. Con el tiempo, investigando y buscando en mi nuevo camino espiritual, muy a menudo me encontraba agonizante y en completa desesperación por no saber lo que traería el futuro. Aunque no lo sabía en ese momento, estaba rezando para encontrar a mi maestro, para encontrar a John-Roger. Décadas más tarde, yo volvería a Coconut Grove con J-R como parte del grupo del personal cercano haciendo el trabajo del Viajero. Recuerdo que miré la ciudad desde el balcón de un hotel, apreciando esa conexión después de tantos años y sintonizándome con las columnas de Luz que J-R había dejado años atrás, no muy lejos, en la casa de Rama Fox, cuando ella organizó los seminarios en casa en los años 70. Sentí que había cerrado el círculo y que mi oración había sido contestada. Y hoy en día, continúo con ese trabajo lo mejor que puedo.

Recientemente me he graduado de la Universidad de Santa Mónica, completando un curso de dos años en Psicología Espiritual. Mi proyecto de segundo año fue este libro, El Amor de un Maestro, que ahora estoy completando.

Mi ministerio personal se ha convertido en empezar a viajar y compartir lo que yo llamo los Maratones de J-R: ocho seminarios de J-R, consecutivos, de una hora cada uno, y la película *El Viajero Místico*, el documental de la vida y los tiempos de J-R. También estoy disfrutando de las conexiones internas que tengo con J-R durante mis sesiones de consejería espiritual con otros. Esto es lo que está en mi corazón y es mi felicidad. Encuentro que J-R está conmigo, a mi derecha, a través de todas estas actividades y en todos estos lugares. Encuentro que la gente quiere que proyecte las películas *El Guía Espiritual* y *Guerreros Espirituales*. Como dice Joseph Campbell: "Persigue tu felicidad y las puertas se abrirán".

Tras el fallecimiento de John-Roger, empecé a notar experiencias mucho más espirituales que cambiarían mi conciencia. Me encontré siendo consciente de las muchas capas en los reinos multidimensionales de los niveles astral, causal, mental, etérico, del alma y por encima del alma. Y me hice particularmente consciente de las trampas en los reinos mental y causal con respecto a mi duelo. Supongo que no hay nada que informar realmente excepto decir que contar la historia es una forma muy terapéutica para que yo pueda despersonalizarla y así poder mirarla y reconocerme a mí mismo.

Como me dijo una vez un amigo, necesitaba llorar mis lágrimas. Soy consciente de los diferentes niveles de conciencia donde el duelo se estaba llevando a cabo. Esta es una experiencia interesante que me permite constantemente verificar y comprobar que mientras que John-Roger físicamente no está aquí, el hecho es que él está dentro. Ahora estoy teniendo esas experiencias. J-R siempre dijo que el aprendizaje a través de nuestra propia experiencia es la clave, y estoy aprendiendo de mis experiencias.

Nutrí esas experiencias con J-R cuando estaba vivo; cuidando de él, a través de la realización de las películas, trabajando con él. Me estoy dando cuenta ahora de que todo se trataba de volverse fuerte para cuando llegue el momento de dejar el cuerpo. Lo vi a él hacerlo; lo hizo con estilo, gracia y soltura. Pero durante 26 años, vi a J-R entrar y salir de su cuerpo y volver. Esas fueron las experiencias que vi.

La clave es el Cristo. J-R demostró el amor más puro que he visto o experimentado alguna vez en mi vida. Tengo muy claro dentro de mí que nunca podré sobreponerme a su muerte. No creo que sea cierto que una persona necesita superar la pérdida de un ser querido. Hay que *entrar* en ella, en su interior. El tiempo cura la parte emocional hasta cierto punto. Pero la realidad es que hay algo que falta. Es como esas historias donde alguien pierde un brazo o una pierna y a veces aún sienten la sombra del miembro "fantasma".

Siento a J-R constantemente a mi alrededor, incluso en lo físico y quiero inclinarme y hacerle una pregunta o quiero levantar el teléfono y llamarlo. Supongo que no tengo prisa por perder esa conexión, de hecho ahora creo que hay algo bello en hacer el duelo.

Son dos años ahora y he experimentado el *Bhandara*[5], la celebración de la muerte de J-R, el 22 de octubre a las 02:49 h. Después de dos años, hay cosas que se están revelando en mi conciencia. La pérdida física de J-R realmente ha sido un catalizador para que yo siga adelante para continuar su trabajo. Si pudiera desear algo, desearía que tú, al leer este libro, te sientas inspirado a buscar conectarte a la Corriente del Sonido y de volver a casa al Corazón de Dios al servir a tus hermanos y hermanas.

Pero, en última instancia, nada ha cambiado dentro. La conexión, la sabiduría espiritual y el talento que aprendí de J-R están mejores que nunca.

---

[5] En el idioma Hindi, "fiesta o celebración pública".

Me doy cuenta de que dejó con nosotros el secreto, que es lo que Jesús ha dicho.

"Los milagros de Jesús no eran realmente milagros en el sentido que eran irrepetibles. Él dijo: 'El que cree en mí hará también las obras que yo hago; y mayores obras que estas porque yo voy al Padre.'(Juan 14:12). Jesús nos prometió esto. Él nos hizo herederos de su reino de Luz, no de los mundos de ilusión, sino de los reinos puros del Espíritu. Cada uno de nosotros va a heredar el trono si seguimos la Luz y el camino de la Luz, que es el Espíritu Santo".

- John-Roger, del libro *Cumpliendo Tu Promesa Espiritual*.

J-R, estás tan vivo como siempre dentro de mí. Te amo. "Pues allí donde dos o tres se reúnen en mi nombre, allí estoy yo en medio de ellos". (Biblia Rey Jaime, Mateo 18:20).

En resumidas cuentas: al final, J-R me dejó su amor... el amor de un Maestro. Y continuaré su trabajo y compartiré el amor conmigo y con otros. De hecho podemos hacer lo que hizo J-R y más aun, porque J-R fue al Padre.

— Jesús García, D.C.E.
22 de octubre de 2016
Los Ángeles, California

Notas Finales

Escribí este artículo unos meses después de completar el manuscrito del libro. Quiero compartirlo aquí porque encapsula algunas de mis experiencias que no están en el libro.

Siguiendo los pasos del Maestro
El Maratón de J-R y las proyecciones del *Viajero Místico* en Europa, 2017

Atravesé un intenso período de duelo después de que murió John-Roger. No había ningún manual que pudiera prepararme para esto. El dilema para mí ha sido cómo mantenerme en esa energía que había estado experimentando con él durante 26 años. Pero J-R sí dejó mucho de sí mismo en personas y lugares que visitó mientras estuvo en el planeta. Plantó columnas de Luz por todos lados. Dijo que somos todos conductores de energía divina, así que yo soy iluminado por la misma energía que J-R dejó en esos lugares.

Gran parte de mi vida fue viajar junto a J-R y nuestro equipo, y entrar y salir de aeropuertos. Así que tan pronto voy al aeropuerto soy tocado por esa energía, y estoy en el fluir espiritual que experimenté con J-R. Cuando primero me conecté con él en 1988, me dijo que si me quedaba con él el tiempo suficiente iba a cambiar mi ADN. Cuando visito estos países donde J-R viajó, nuevamente estoy haciendo el trabajo del grupo del personal, y eso libera algo dentro de mí, en mi cuerpo físico y también en los niveles superiores. Me conecto a la transformación que él creó en mí en mi ADN.

Mi ordenación y todas mis iniciaciones, excepto una, ocurrieron durante algún viaje: Siria, Inglaterra, Rusia, Lake Tahoe y Las Vegas (que a J-R le gustaba mucho). Así que ahora estoy viajando por el mundo, conociendo otros iniciados y ministros, haciendo consejería y proyectando la película *Viajero Místico* y los seminarios de J-R. He estado viajando con mi propio dinero a países lejanos donde el personal no ha podido ir, iniciando a las personas que de lo contrario habrían tenido que esperar mucho tiempo para su iniciación. Estas personas están muy agradecidas por la oportunidad.

Mi viaje reciente fue a Inglaterra, Bulgaria y Suiza. Estar de viaje otra vez revigorizó mi relación con J-R, y planté columnas de Luz para reforzar lo que plantamos allí hace muchos años. Esto no se trata sólo de llegar a un aeropuerto, subir al taxi, etc. Es como caminar donde Jesús caminó durante nuestra estadía en Israel. Es seguirle los pasos a un maestro.

Durante muchos años he tenido sueños de volar en un avión que yo no podía aterrizar. A menudo los tengo antes de viajar. Cuando le preguntaba a J-R solía decirme que estaba viajando en el alma. Siempre me ha encantado viajar, tanto en el Espíritu como físicamente, y estoy aprendiendo a confiar en que el nivel físico se pagará por sí mismo. En mayo de 2017, comenzaré un recorrido por América Central y del Sur. Estaré celebrando el cumpleaños de J-R el 24 de septiembre con seminarios de J-R durante todo el día y la película *Viajero Místico*, en la librería "Mystic Journey" en su nueva ubicación en Venecia, California, donde J-R estuvo para firmar sus libros, y donde voy a presentar mi nuevo libro, *El Amor de un Maestro*.

Sin embargo, mi último viaje por Europa comenzó en Londres, donde tenía diez días para preparar la proyección del maratón de J-R y la proyección del *Viajero Místico*. Nathalie Franks y Andrew John Clark fueron sorprendentes líderes-servidores. Pude simplificar el proceso de la presentación de la película, y compré un buen proyector así que ahora puedo mostrar vídeos incluso en una habitación sin equipos. Gracias J-R. Tuve la posibilidad de hospedarme un par de días en la casa de un ministro y luego de alquilar habitaciones por *Airbnb*, por lo que pude viajar a muy bajo costo.

El 11 de febrero de 2017, aproximadamente 27 personas se presentaron al Maratón de J-R, con diez horas de seminarios de J-R y la película *Viajero Místico*, en el Hotel Columbia donde J-R y John habían hecho seminarios desde los años 80. Usé una tarjeta SIM en mi teléfono para crear un punto de acceso para poder subir videos a *Facebook Live* en cualquier lugar donde viajara. Genial.

Londres fue un lugar para realmente volverme creativo y sanar. Estuve reformulando y reescribiendo un montón de mis recuerdos de J-R. Se convirtió más en encontrar la energía sutil que él dejó tras de sí en este planeta a través de las columnas de Luz. Intenté ir a donde él había ido para volver a cargarme y alinearme con lo que J-R dejó allí para nosotros. Como me di cuenta de esto, empecé a pasarlo mucho mejor y a superar mucha de mi tristeza. Sentí que tenía el espacio para respirar.

He tenido muchos sueños donde lloro y me despierto llorando en este mundo físico. Recuerdo a J-R diciendo: "Es mejor borrar el karma en el Espíritu que aquí abajo". Fue lindo encontrarme con personas que contaban historias sobre cómo conocieron a J-R. Vino gente nueva y fue una experiencia de "cuando dos o más están reunidos en mi nombre allí estoy también". Sentí la energía de J-R allí. Recordé la declaración: "Tú también puedes hacer las obras que yo hago y aún mayores porque yo voy al Padre". J-R ha ido al Padre. Estoy viviendo mi escena ideal de poder contactarme con la energía y luego transmitirla a otras personas.

Bulgaria era un territorio desconocido para mí. John ha estado allí muchas veces y había oído que J-R había viajado por allá, en 1986 o 1987. Una vez más pensé: "Aquí estoy en la energía, no siguiéndola como una memoria sino caminando a través de las columnas de Luz y la energía que J-R ha dejado aquí".

Hristina y Teodora y otros ministros del MSIA me saludaron y comenzamos con una reunión de Ministros. Algunas de estas personas nunca habían conocido a J-R y sin embargo llevan su energía. Para alguien como yo que tuvo el beneficio de tanto contacto físico con J-R, me pone en mi lugar encontrarme con gente así.

Cuando mostramos la película *Viajero Místico*, asistieron 80 personas. Aplaudieron y se rieron y amaron; algunos estaban llorando. El camino había sido preparado. Muchos de ellos habían tomado Insight y descubrí que un líder de la Gran Hermandad Blanca, **Maestro Beinsa Douno**, vivió en Bulgaria. Tengo subtítulos incorporados en la película *Viajero Místico* así que puede ser proyectada en todo el mundo, y uno de los idiomas es el búlgaro.

Luego partí para Tesalónica, Grecia, donde conduje cuatro horas de ida y vuelta para iniciar a alguien que había estado esperando pacientemente que un iniciador llegara a esa parte del país. Amé hacer esto. Pensé que estaría dispuesto a gastar todo el dinero del mundo para poder ayudar a alguien a conectarse a J-R y a John y a la Corriente del Sonido; y dejé vagar mis pensamientos sobre cómo me sentiría yo si estuviera muy lejos de Los Ángeles y de todos los iniciados del MSIA y las organizaciones allí, y este norteamericano desconocido viniera de lejos para conectarse con otro amado, otra alma para los Viajeros y Dios. Me supera saber que este es mi Ministerio, y no ha cambiado demasiado desde que J-R estaba vivo.

Fui desde Bulgaria a Suiza y allí otra vez fue el mismo tema de seguir la energía que ha dejado J-R. Está ahí para que nosotros nos sintonicemos y activemos el Conductor de la energía divina dentro de nosotros hacia el mundo y nos conectemos con los demás.

Tuvimos una gran proyección con los ministros y amigos de la zona allí en Neuchâtel, Suiza. Veronique Sandoz y amigos, junto con muchos amigos del Ministro del MSIA Robert Waterman, compartieron el amor por John-Roger en el estreno suizo de la película *Viajero Místico*. Mientras que Suiza es una combinación de alemán, italiano y francés, Neuchâtel es muy francés y exquisitamente hermosa. Por gracia y a través de amigos, a Nicole y a mí nos regalaron un viaje en tren alrededor de este magnífico país.

Mientras hacíamos todo esto, yo estaba teniendo grandes recuerdos recurrentes de estar allí con J-R, con John y su familia, y luego J-R y yo solos recorriendo el mismo terreno. Fue allí, en 1997, cuando J-R estaba tratando de enseñarme a ver los templos etéricos que estaban en el área. Fui al hotel donde nos alojamos en Zermatt para almorzar con nuestros amigos. Había un cielo despejado y nubes justo encima de las montañas, y recordé cómo J-R decía que los OVNIS se esconden algunas veces detrás de las nubes y que los templos etéricos están en las cumbres. Él me enseñó a mirar oblicuamente, no directamente, para ver a través de otras dimensiones. Si lo miras directamente, te lo pierdes. Se sentía como si J-R estuviera en el viaje, así que llamamos el viaje "El Tour del Templo Etérico". Nos divertíamos con eso porque no teníamos participantes físicos, sólo nosotros y tal vez algunas personas invisibles. Fue fantástico, un regalo encantador para poner fin a nuestro viaje.

No importa hacia dónde vamos. En el pasado viajábamos seis meses al año con J-R. Cuando dos o más están reunidos, especialmente ministros e iniciados, allí está «Él» dentro de mí. Esperar para abordar un avión significa que vamos a trabajar, y J-R y el Espíritu están conmigo. Y el trabajo está en todas partes. Sólo quiero dar las gracias a todos por su apoyo y gracias sobre todo, John-Roger, por el apoyo interno que cada vez es mayor.

Gracias.

*"El momento dentro de ti en que perdonas lo que sucedió...
es el momento en que te estás iluminando a ti mismo".*

– JOHN-ROGER, D.C.E.

APÉNDICE A

Recursos

En esta sección, presento algunos recursos que considero particularmente valiosos en mi aprendizaje y crecimiento durante los años que viví con J-R y más allá.

Películas de John-Roger
El Viajero Místico (documental)
El Guía Espiritual (largometraje)
Guerreros Espirituales (largometraje)

Libros de John-Roger
J-R escribió muchísimos libros durante su vida. No creo que haya ninguno malo, pero aquí hay una lista de los que más me gustaron:

Pasaje al Espíritu
El Camino de Salida
¿Cuándo Regresas a Casa? (con Pauli Sanderson)
Cumpliendo Tu Promesa Espiritual

El Guerrero Espiritual: El Arte de Vivir con Espiritualidad
El Sexo, el Espíritu y Tú
Relaciones: Amor, Matrimonio y Espíritu

Viajes durante los Sueños
El Descanso Pleno (con Paul Kaye)

Audiolibros de J-R en Audible.com

El Guerrero Espiritual: El Arte de Vivir con Espiritualidad
Mundos Internos de la Meditación
El Evangelio de San Juan: Herencia Espiritual del Hombre/ La Promesa Espiritual
Living the Espiritual Principles of Health and Well-being (inglés)
The Way Out Book (inglés)

Seminarios de John-Roger en audio y video (en inglés y en español)

A través de los años, J-R presentó literalmente miles de seminarios. Aquí hay algunos de mis favoritos (algunos traducidos al español), con su número de referencia de la tienda del MSIA:

Passages to the Realms of Spirit (Nov. '81) - 7037
Are you Experiencing Your Prosperity? (Aug. '80) - 3411
The Blessed Curse (June '83) - 8210
Poder Auténtico – SKU 7426-DVD ES, y en mp4
Radiación Nuclear desde el Punto Cero de Impacto – SKU 7061-DVD ES, y en mp4
Journey to the East – Egypt & Israel – 3924
The Way Out - 7051
The Golden Thread of Divinity - 7466
Breaking the Ties That Bind – 7277 (en inglés y español)
Centering to Find the Soul - 7918
Doubting the Ever-Present Christ? – 7196 (mp3)
Humor is the Balm for Karma - 8132
Sanando el Dolor – SKU 7292-DVD ES y en CD, mp3 y mp4
Christ Has Risen – 7389

The Way Out with the Traveler - 7056, mp3 y CD (en inglés y español)
Contributions with J-R in Alaska (May '82) - 8207
Inteligencia vs. Intelectualismo – SKU 2144-DVD ES, y en CD, mp3 y mp4

Para más información o para pedidos, visitar:
www.msia.org/es/store

Sitios de Interés (en inglés)

www.soultranscendence.com
www.mysticaltraveler.com
www.SpiritualWarriors.com
www.john-roger.org
www.msia.org
www.pts.org
www.jsugarcia.com

"Si quieres ser amado, ama y sé amable".

– Benjamin Franklin

APÉNDICE B

Los 12 Signos de un Viajero

Primero, el Viajero vive como un ciudadano común y corriente. Podría estar casado, ser soltero, estar divorciado o convivir con alguien fuera del matrimonio. El "estilo de vida" de cualquier hombre común puede ser también el estilo del Viajero. Vive una vida sencilla, ni lujosa ni menesterosa. Ser común y corriente es la condición previa a Dios. Cuando te conviertes en una persona común y corriente y dejas de considerarte único y distinto del resto, fluyes con el Espíritu que está presente y te conviertes en uno con él y, en consecuencia, en uno con Dios.

El segundo signo de un Viajero es que no hace nada para diferenciarse de los que lo rodean. Algunos maestros espirituales se diferencian de sus estudiantes usando túnicas de colores específicos, turbantes u otros ornamentos y símbolos. Esto es parecido a irse a vivir en comunidad con toda la gente que amas, pero luego construir una fortaleza alrededor de tu casa para estar singularmente separado de las personas que amas y con las cuales quieres compartir. Esto no tiene mucho sentido. Si alzas tu bandera separatista, te conviertes en el líder de las banderas, no en un ser amante entre la gente. Hay momentos en que se justifica que los líderes se separen de los demás; igualmente, hay ocasiones en que se justifica que todos se separaren de los demás. Existen momentos en tu vida en que es necesario que te dediques a ti mismo, alejado de las distracciones de los demás; que te des un tiempo para orar, meditar, descansar y recuperarte. Pero no me refiero a eso. Me refiero a la actitud que transmite: "Soy especial, único y mejor que tú". *Ese* tipo de separación no es parte de la expresión del Viajero.

El tercer signo de un Viajero es que nunca hace separatismos con sus iniciados o establece diferencias con algunos miembros del grupo, permitiendo que se implante un sistema de castas. Puede describir situaciones pre-existentes, como por ejemplo: "Ella está en aquella silla y él está en la silla de allá". Es decir, simplemente identifica opciones que ya se han tomado, pero no las *crea*. El Viajero nunca dividirá a su gente, fomentando el uso de vestimentas especiales, adornos para la cabeza, viviendas separadas, ornamentos u otros medios de separación. El Viajero promueve la experiencia de unidad en todas sus formas.

El cuarto signo de un Viajero es que no se esconde en la selva, en la montaña o en una caverna. ¿Podría posteriormente convertirse en un Viajero alguien que se ha separado y ha estado meditando por muchos años en un área remota? Claro que sí, si luego abandona la caverna y regresa a "combatir" por las Almas de la gente, a compartir su amor y a darlo todo por la salvación de sus Almas. El "campo de batalla" del Alma es en donde la fuerza negativa se encuentra más presente, y esta es el área de los deseos emocionales, de las decisiones mentales y de las ventajas económicas. En esos niveles la fuerza negativa es ama y señora. El Viajero se asienta justamente en esas áreas para demostrar cómo el poder positivo puede prevalecer en el centro mismo de la negatividad.

El quinto signo de un Viajero es que no está interesado en crear religiones u organizar sectas. Su trabajo con la gente involucra a toda la humanidad sin importar raza, credo, color, situación, circunstancia o entorno. Su trabajo abarca a toda la humanidad.

El sexto signo de un Viajero es que no te promete abundancia material ni éxito mundano. No sé cuántas veces le he repetido a la gente: "No les prometo nada en el mundo físico, y en cuanto al mundo espiritual, no hay necesidad de hacer promesas, porque eso se está cumpliendo todo el tiempo". Prometerte el mundo espiritual es como prometerte que puedas respirar; eso se está llevando a cabo, permanentemente. Estás participando en eso en este mismo momento, por lo tanto no es necesario prometer lo que ya está presente. Algunas personas tratan de manipular al Espíritu para que les proporcione poder o riquezas en el mundo físico. Consultan a espiritistas, utilizan la tabla *ouija* o le hacen preguntas al péndulo, tratando de "sacarle partido" al juego de la vida. A veces tratan de invocar a los maestros ascendidos para pedirles información. El problema es que el maestro ascendido no está presente como para corroborar si la información es correcta o no, de manera que la persona empieza a manipular la información, manipulando por ende a la gente que depende de dicha información. Y si la persona comienza a canalizar informaciones contradictorias del maestro, la confusión que se produce es mucho mayor. La guía interna que proporciona el Viajero no contradice nunca sus enseñanzas externas. Hay una concordancia entre el Viajero interno y el externo, que impide que existan contradicciones. Algunas personas tratan de manipular al mundo a su alrededor por medio de encantamientos espirituales, amuletos, medallitas, etc. El Viajero no dará nunca ese tipo de cosas como medio para lograr éxito en el mundo. Objetos como cruces, estrellas de David, colgantes con el Jiú, prendedores y corazones de cristal, pueden usarse para simbolizar la naturaleza de Dios. Por ende, los símbolos de este tipo pueden servirte si los usas de una forma positiva. Éstos no se magnetizan o se cargan para ejercer ningún tipo de control, viaje, adivinación o realización de ninguna actividad paranormal.

El séptimo signo es que un Viajero no invoca a los espíritus de los muertos ni practica forma alguna de ocultismo. Invocar a los espíritus de los muertos puede manifestarse como caer en trance y pedirle a un espíritu que hable a través tuyo. El Viajero no practica este tipo de cosas, pues sabe que cuando el Alma abandona este mundo físico, su experiencia aquí ha finalizado y parte a otro lugar a continuar con su experiencia en otro nivel. Tratar de traer a un Alma de vuelta a este nivel puede producir un retraso espiritual. No es un acto de amor o algo que esté permitido espiritualmente.

El octavo signo del Viajero es que él es perfecto a nivel espiritual y puede transmitir esa perfección espiritual a sus iniciados, conectándolos con la Palabra de Dios, que los purifica y les trae perfección. Esto no se lleva a cabo en el nivel físico, porque nada es perfecto en este nivel. La Palabra de Dios produce un cambio perfecto, lo que se refleja internamente en la forma espiritual, y no externamente en la forma física que rodea a la forma espiritual. La forma física no será nunca perfecta y como no es perfecta, se encuentra siempre en estado de cambio. Tan pronto naces has contraído la enfermedad de la muerte. Al nacer al mundo físico estableces tus limitaciones y convienes el final de esta forma. Aquello que es perfecto, el Alma y el Espíritu, no termina con la muerte física. Su perfección es infinita. El equipaje imperfecto, conectado al Alma, es sometido a un proceso de purificación por medio de la iniciación en la Corriente del Sonido. Esto no se diferencia mucho de sacar la perla de una ostra; sólo tienes que abrirla, meter la mano y extraer la perla. Es de esa "perla tan preciada" de lo que nosotros nos ocupamos. A veces escucho a los teólogos referirse al Alma como si fuese "lisiada". Eso es absurdo. No hay Alma que esté lisiada. Todas las Almas son perfectas; cualquiera que diga lo contrario no ha visto al Alma.

El noveno signo es que el Viajero viene a dar y no a recibir. Él provee la esencia misma de la vida; da valor y apoyo; suministra la semilla del despertar y de la esperanza, pero a la vez que entrega estas cualidades, va y las destruye, porque experimentar la realidad es la base sobre la cual debes apoyarte. Si te apoyas en alguna otra cualidad, caerás. Si sólo tienes esperanza y fe, pero careces de realidad, en algún punto te sentirás desmoralizado y pensarás: "¿Qué saco con tanta fe y esperanza? ¿De qué me sirven?". Es como si alguien te repitiera continuamente que el cheque va en camino, y tú no lo recibieras nunca. Tienes fe y esperanza de que lo vas a recibir, pero jamás llega. En algún punto comienzas a preguntarte qué sucede. Cuando coges el coche, conduces hasta la casa de la persona en cuestión, recoges el cheque, vas al banco y lo depositas, *entonces* tienes la realidad de la experiencia.

El décimo signo de un Viajero es que viene a disipar la superstición. La manera en que descarto muchas supersticiones es ridiculizando las cosas. La gente me cuenta lo que están haciendo y yo les digo: "¿Para qué querrías hacer eso?". Ellos responden: "Porque tengo la secreta esperanza de que podría suceder *esto otro*". Yo digo: "¿Quieres decir que vas por la pista A con la esperanza de llegar a la pista L? ¿Esperas que dos pistas paralelas se crucen? ¡No se van a cruzar jamás y tú lo sabes! Lo que estás haciendo es alimentar una superstición". Si existen dos eventos que *están* conectados y cambias uno para afectar al otro, ése puede ser un enfoque válido. Pero si tienes dos eventos que *no* están conectados y cambias uno con la esperanza de afectar al otro, realmente estás en apuros. Yo solía jugar baloncesto con un amigo que jugaba mejor que yo, pero era supersticioso. "Tenía" que pararse en determinado lugar de la cancha para poder encestar el balón. Así que era muy fácil jugar contra él. Si yo lograba que se moviera de su "lugar", aunque fueran unos pocos centímetros, podía anular su juego. Él también tenía otra superstición, que consistía en que tenía que hacer dos rebotes antes de lanzar. Todo lo que yo tenía que hacer era contar: al primer rebote, yo iba y le quitaba el balón de las manos. Cuando le conté que podía predecir su patrón de juego, él contestó: "Es que si no hago dos rebotes, no encesto". Y lo había establecido tan firmemente en su conciencia, que parecía que fuera cierto. ¿Era realidad o superstición? Superstición, definitivamente. No hay ninguna relación entre cuántos rebotes hagas con el balón y las veces en que conviertes el lanzamiento en la cesta. Simplemente no tienen nada que ver entre sí. Pero para él sí. Eventualmente le dificulté tanto las cosas en la cancha que lo forcé a que aprendiera a variar su juego. Se vio *obligado* a aprender a lanzar desde diferentes ángulos y *tuvo* que aprender a variar el número de rebotes antes de un lanzamiento. Si tienes niños y notas que empiezan a crear supersticiones, háblales acerca del tema. Si los dejas continuar, lo que comienza como un patrón relativamente inofensivo, puede convertirse en algo compulsivo y conducir a una obsesión. Puede enclaustrarse en el subconsciente e inconsciente y crear un bloqueo en el progreso espiritual. Una vez que este tipo de patrones se fija, puede llevar mucho trabajo cambiarlos.

El décimo primer signo de un Viajero es que no hace milagros para exhibiciones públicas. Puede hacerlos para que un iniciado avance espiritualmente. Los iniciados experimentan milagros todo el tiempo, porque ellos *viven* los milagros en lugar de *buscarlos.* Antes de la iniciación, los neófitos podrían perseguir los pequeños milagros diarios, que ocurren en el momento preciso; sugiero enfáticamente que ellos se liberen de cualquier superstición y que *vivan* la vida al máximo. Cuando lo hacen, el momento preciso para ellos automáticamente se vuelve perfecto, y entonces no tienen necesidad de manipular al mundo. Si van al supermercado, justo enfrente del mismo se desocupa un lugar para estacionar. Es como si alguien hubiese estado reservando el espacio para ellos. No tienen que hacer fuerza mental para crearlo o tratar de imaginar alguna forma de conseguirlo; simplemente sucede. Ese es el fenómeno de la sintonización espiritual. La gente dice: "Dios está más cerca de ti que tu siguiente respiración". ¡Correcto! Él *es* tu siguiente respiración. Y tú ni siquiera tienes que esperar a que se produzca la siguiente respiración. Él está completamente presente. Dios no se encuentra únicamente en el pasado o en el futuro. Dios está presente. Cuando vives en el momento presente, estás viviendo al compás de Dios. Si practicas gimnasia mental, vives por adelantado y distorsionas el ritmo de Dios. La sincronización mejora notablemente si simplemente fluyes al compás de lo que el Espíritu te va presentando. ¿Qué hay entonces de la programación por adelantado? Puedes programar el futuro en el ahora. Y esto, ¿cómo se hace? No puedes vivir en el momento presente y planificar con la mente exactamente al mismo tiempo, porque dos fenómenos no pueden ocupar el mismo espacio y tiempo. Pero sí eres capaz de cambiar tu foco de atención bastante rápido. Puedes mirar un objeto, pensar en algo diferente y oír algo distinto y mantener tu atención en estos tres fenómenos, saltando de uno al otro tan rápidamente, que da la impresión que fuera un solo fenómeno continuo. Pero no es así; son acciones separadas. A medida que desarrollas tu mente, puedes mantener en ella más cosas que parecieran ocurrir simultáneamente. Hay personas que juegan ajedrez con quince o veinte adversarios al mismo tiempo. Se desplazan realizando las jugadas, luego vuelven a pasar, y mantienen todos los juegos en funcionamiento. Pero como esto se lleva a cabo en la mente, no es realmente un método de planificación adelantada y de estar en el presente al mismo tiempo. Algunas personas logran esa conciencia desde una forma espiritual, más que desde una forma mental. De esa manera pueden planificar por adelantado y seguir estando en el presente. Estas personas ni siquiera piensan; simplemente se convierten en el juego. Conocen todo el proceso y todas las acciones aun antes de que éstas se realicen, pero se mueven por el juego en un proceso del *ahora*. No hacen ningún movimiento antes de tiempo, aunque puedan ver lo que está por suceder. ¿Lo entiendes? No tienes que hacer nada antes del momento en que tengas que hacerlo. A veces *piensas* que debes hacerlo, pero no es cierto. Siempre puedes esperar hasta que el momento te imponga la acción. Cuando el momento preciso se presenta, es imposible negarse a la acción. Antes de ese momento, puedes *pensar* que se requiere una determinada acción, pero todo puede cambiar antes de que el momento se presente.

El décimo segundo signo de un Viajero es que él depende exclusivamente de la Palabra de Dios; no de la Palabra de Dios impresa en un trozo de papel o escrita en un libro, sino de la Palabra de Dios que es comunicada internamente. El Viajero traspasa la Palabra de Dios a sus iniciados para que estos, a su vez, hagan igual. Así, todos terminamos en la misma fila, comemos en la misma mesa y vivimos el mismo amor. Desaparecen la separación, el terror o el dolor, porque todos estamos juntos. Nadie es una isla; nadie está solo. La alegría de todos es mi alegría y el dolor de todos, es mi dolor; sin embargo, yo no apoyo la expresión de dolor en mis iniciados. El dolor es casi siempre una respuesta que se basa en expectativas falsas. Algunas personas que practican ciertas creencias religiosas, hablan acerca del dolor y de la aflicción relacionadas con la "pérdida" de Jesucristo. Eso es absurdo. Dado que Dios y la conciencia del salvador están realmente presentes, no caben el dolor y la aflicción. Solamente existen la alegría y la abundancia, independientemente de lo que haya sucedido. La ilusión de "pérdida" no tiene poder cuando el Espíritu está presente en tu corazón. Siempre hay dicha en presencia del Señor y su compañía no es algo que suceda de vez en cuando; es una realidad continua, a cada instante.

Cuando te enfocas en el Señor, lo encuentras junto a ti. Él nunca se ha separado de ti; tú simplemente has estado distraído en otros niveles. Cuando te enfocas en el Señor, llegas a conocerlo. Cuando conoces a Dios, lo puedes amar. Las claves para conocer y amar a Dios están dentro de ti. No se te pueden enseñar estas cosas; sólo puedes ser despertado a ellas. Cuando conozcas a Dios, conocerás al Viajero, porque él viene como emisario o agente del

Dios Supremo. No existe separación alguna. El Viajero está aquí para asistirte a que despiertes *conscientemente* al Señor. Al agregar tú la fuerza de la conciencia al conocimiento intuitivo y al amor, puedes despertar de una manera más profunda y elevada a los reinos espirituales. Nuevamente, amigo mío, permíteme enfatizar que tú conocerás al Viajero por el amor viviente por toda la humanidad que está presente. Jesús, El Cristo, lo expresó de esta manera: "En esto conocerán todos que sois mis discípulos, si tuviereis amor los unos con los otros"; (Juan 13:35). Maestro es aquel que vive la cualidad del amor. Sólo existe el maestro o guía ahora. Posees sofisticación y puedes llegar a Dios directamente. Dios es amor viviente y para alcanzarlo, *tú* tienes que ser también ese mismo amor viviente. Dios es tan grande que se requiere de una dedicación tan grande de amor y de tiempo, que no queda tiempo para discutir con la gente, vengarse o sentirse deprimido. Todo el tiempo que tienes es *eternidad*. Todo está presente dentro de ti. Dios ha preparado para ti un banquete de abundancia. Dios ha colocado Almas emprendedoras en el mundo. Hemos superado las escrituras. Mahoma completó las escrituras; Bahá'u'lláh completó las escrituras. Todo lo que queda por hacer es amar. Dios está viviendo entre sus elegidos; Dios está viviendo en el corazón. Dios es más grande que el corazón. Dios lo es todo; no es sólo una parte del todo, sino todas las partes. Ama a Dios con todo tu corazón y ámate a ti mismo con la misma devoción. Ama todo lo que se te presente, tal como amas a Dios. Pero encuentra el amor dentro de ti antes de buscarlo afuera. Con amor, nada es imposible; con amor puedes sobrellevarlo todo. Puedes superar tus temores, tus inseguridades, tus problemas; todo. Naces de nuevo y has resucitado al Espíritu a través de la Conciencia del Cristo, de la que eres su heredero. Buda dijo: "Yo soy la Luz del Asia"; Cristo dijo: "Yo soy la Luz del mundo"; el Viajero dice: "Yo soy la Luz del Universo", y el Preceptor: "Yo soy la Luz de todos los Universos". Esta no es una promesa espiritual sino una realidad. Está presente ahora, así como todos los santos, redentores y maestros de todos los tiempos. Respiras el mismo aire que respiraron Bahá'u'lláh, Mahoma, Jesús, Salomón, David, Moisés, José, Abrahán, y todos los demás. Cuando te sintonizas con el Cristo, te vuelves a sintonizar con la herencia de toda esta línea de energía y poder. Su amor y su Luz descienden directamente a través tuyo y la única forma en que puedes manifestarlo es amando. El amor es la gloria de Dios puesta de manifiesto. Al convertirte en uno con esta línea de autoridad espiritual en la conciencia, experimentas la dicha y paz más grande que alguna vez puedas llegar a imaginar.

– John-Roger, D.C.E., del libro *El Sendero a la Maestría*

"El genio sin educación es como plata en una mina".

– BENJAMIN FRANKLIN

*Cuando ustedes se expresan amor mutuo,
eso los mantiene en la conciencia de gracia
con mayor plenitud*

– JOHN-ROGER, D.C.E.

(DEL LIBRO CUMPLIENDO TU PROMESA ESPIRITUAL)

APÉNDICE C

Glosario de Términos

Mientras que muchos de los términos siguientes fueron utilizados en *El Amor de un Maestro*, otras frases no específicamente mencionadas han sido incluidas como referencias comunes de John-Roger o utilizados a menudo dentro de la comunidad del MSIA. La mayoría de estas definiciones son extraídas del conjunto de 3 libros *Cumpliendo Tu Promesa Espiritual* por John-Roger, D.C.E. Otros términos definidos se extrajeron de *Gemas Espirituales* por el Gran Maestro Hazur Baba Sawan Singh.

Afirmación – Una declaración positiva que uno se repite a sí mismo para generar una mentalidad elevada y resultados positivos.

Alma – La extensión de Dios individualizada en cada ser humano. El elemento básico de la existencia humana, por siempre conectado a Dios. El Cristo, el Dios interior que nos habita.

Anai-Jiu (Ani-Hu en inglés) – Un canto, o un tono espiritual, utilizado en el MSIA. "Hu" es un antiguo nombre sánscrito para Dios, y "Ani" agrega la calidad de la empatía y la unidad. Véase también *Ejercicios Espirituales* y *Tono*.

Aura – El campo de energía electromagnética que rodea el cuerpo humano. Tiene color y movimiento.

Balance de Aura – Un servicio ofrecido por miembros especialmente entrenados del personal del MSIA, que ayuda a equilibrar el aura y a disipar la negatividad con un péndulo de cristal.

Baruch Bashan – Palabras hebreas que significan "Las bendiciones ya existen". Las bendiciones del Espíritu existen en el aquí y ahora.

Bienamado – El Alma; el Dios interior.

Chakra de la Corona – El centro psíquico en la parte superior de la cabeza.

Conciencia del Alma – Un estado positivo del ser. Una vez que una persona se establece en la conciencia del Alma, ya no necesita ser atada o influenciada por los niveles inferiores de la Luz.

Conciencia del Preceptor – Una energía espiritual de la más elevada fuente, que existe fuera de la creación. Se ha manifestado en el planeta en una encarnación física (tal como John-Roger) una vez cada 25.000 a 28.000 años.

Conciencia del Viajero Místico – Una energía de la fuente superior de Luz y Sonido cuya directiva espiritual en la Tierra está despertando a la gente a la conciencia del Alma. Esta conciencia existe siempre en el planeta a través de una forma física.

Consejo Kármico – Un grupo de maestros espirituales no físicos que se reúnen con un ser antes de su encarnación para asistir en la planificación del viaje espiritual del ser en la Tierra. El Viajero Místico tiene una función en este grupo.

Corriente del Sonido – La energía audible que emana de Dios y fluye a través de todos los reinos. La energía espiritual en la que una persona regresa al corazón de Dios, también conocida como *Shabd* o *Shabda*. Véase también *Shabd* y *Ejercicios Espirituales*.

Cristo, Oficialía del – El Cristo es un cargo espiritual, al igual que la Presidencia de los Estados Unidos. Muchas personas han ocupado ese cargo, Jesús el Cristo lo cumplió más plenamente que cualquier otro ser. Es uno de los más altos cargos en los reinos de la Luz.

Devas – Los seres no físicos del reino Dévico que sirven a la humanidad cuidando los elementos de la naturaleza. Apoyan el buen funcionamiento de todas las cosas naturales en el planeta.

Diezmo – La práctica espiritual de dar el diez por ciento de nuestras ganancias a Dios, dándoselo a la fuente de nuestras enseñanzas espirituales.

Disertaciones de la Conciencia del Alma – Cuadernillos que los estudiantes en el MSIA leen mensualmente como parte de su estudio espiritual, únicamente para uso individual personal y privado. Son una parte importante de las enseñanzas del Viajero en el nivel físico.

Disertaciones – Véase *Disertaciones de la Conciencia del Alma*.

Doctor en Ciencia Espiritual (D.C.E.) – Un programa de grado del Seminario Teológico y Escuela de Filosofía Paz.

E.E.'s –Véase *Ejercicios Espirituales*.

Ejercicios Espirituales (E.E.'s) – La práctica activa de la Corriente del Sonido; la unión del alma con el Shabd; aplicación de la corriente de la conciencia a escuchar el Sonido interno; unir la mente y la atención a la Corriente del Sonido a través del canto de un tono espiritual como "Hu", "Ani-Hu", o el tono de iniciación individual. Ayuda a una persona a romper las ilusiones de los niveles inferiores y eventualmente a moverse hacia la conciencia del Alma. Véase también *Tono de Iniciación, Shabd* y *Corriente del Sonido.*

El Nuevo Amanecer (New Day Herald) – El diario del MSIA impreso bimestralmente durante muchos años. Ahora está sólo disponible en línea, excepto para temas especiales.

Entrenamientos de la Conciencia de Paz (Siglas en inglés: *PAT*) – Una serie de retiros espirituales de una semana ofrecidos por el Seminario Teológico y Escuela de Filosofía Paz en varios lugares alrededor del mundo.

Escuelas de Misterios – Escuelas en el Espíritu, en las que los iniciados reciben capacitación e instrucción. Los iniciados de la Conciencia del Viajero estudian en escuelas de misterios que se encuentran bajo los auspicios del Viajero.

Espejo Cósmico – El espejo en la parte superior del vacío, que está arriba del reino etérico, justo debajo del reino del Alma. Todo lo que no se ha despejado en los niveles físico, astral, causal y mental se proyecta sobre el espejo cósmico.

Espíritu Santo – La energía positiva de la Luz y el Sonido que viene del Dios Supremo. La fuerza vital que sostiene todo en la creación entera. A menudo utiliza la Luz magnética a través de la cual trabaja en los reinos psíquico-materiales. Obra sólo por el bien mayor. Es la tercera parte de la Trinidad o Deidad.

Espíritu – La esencia de la creación. Infinito y eterno.

Falso Ser – Puede considerarse como el ego, la personalidad individualizada, que incorrectamente se percibe a sí mismo fundamentalmente separado de los demás y de Dios.

Fundación John-Roger – Una organización que estableció el 24 de septiembre como el Día de la Integridad, anual y global. Presentó el Premio Internacional de Integridad a personas reconocidas mundialmente tales como la Madre Teresa, el Obispo Desmond Tutu, el líder de Solidaridad Lech Walesa, el Dr. Jonas Salk entre otros, de 1983 a 1987.

Gran Hermandad Blanca – Seres espirituales no físicos que trabajan en el servicio a la humanidad en la línea espiritual del Cristo y el Viajero Místico. Pueden asistir la elevación espiritual y ayudar a despejar.

Guerrero Espiritual – Una persona espiritualmente enfocada que expresa con impecable honestidad usando la "espada de la verdad" de su corazón y quien vive una vida de salud, riqueza, felicidad, abundancia, prosperidad, tesoros, amar, cuidar, compartir y tocar a otros. De un seminario de audio de John-Roger y el libro del mismo nombre.

Iniciación – En el MSIA, el proceso de estar conectado al Sonido de Dios, conocido como Shabd o Shabda. Véase también *Tono de Iniciación*, *Shabd* y *Corriente del Sonido*.

Instituto para la Paz Individual y Mundial (IIWP, sus iniciales en inglés) – Una organización sin ánimo de lucro formada en 1982 para estudiar, identificar y presentar los procesos que conducen a la paz.

Jerarquía Espiritual – Las fuerzas espirituales no físicas que vigilan este planeta y los otros reinos psíquico-materiales.

Jiú (Hu) – Un tono o sonido, que es un antiguo nombre del Dios Supremo en sánscrito. Véase también *Ejercicios Espirituales* y *Tono*.

Karma – La ley de causa y efecto: lo que siembres, así cosecharás. La responsabilidad de cada persona por sus acciones. La ley que dirige y domina a veces la existencia física de un ser. Véase también *Reencarnación* y la *Rueda de 84*.

Laberinto y Jardines de la Conciencia de la Paz (Siglas en inglés: PAL&G) – El nombre oficial de PRANA desde 2002; sus jardines cuentan con un laberinto de piedra incrustada, terrazas y jardines de meditación abiertos al público. Véase también *PRANA*.

Linaje de los Viajeros – La línea de energía espiritual que se extiende desde la Conciencia del Viajero Místico, en la que funcionan los estudiantes del Viajero Místico.

Luz Magnética – La luz de Dios que funciona en los reinos psíquico-materiales. No tan alta como la Luz del Espíritu Santo y no necesariamente funciona para el bien mayor. Véase también *Luz* y *Espíritu Santo*.

Luz – La energía del Espíritu que impregna todos los reinos de la existencia. También es la referencia a la Luz del Espíritu Santo.

Maestro de Sueños – Un maestro espiritual con quien trabaja el Viajero Místico y que ayuda a equilibrar acciones pasadas mientras uno sueña.

Maestro Interno – La expresión interna del Viajero Místico que existe dentro de la conciencia de una persona.

Maestros Ascendidos – Seres no físicos de alto desarrollo espiritual que son parte de la jerarquía espiritual. Pueden funcionar desde cualquier reino por encima del reino físico. Véase también *Jerarquía Espiritual*.

Maestros de la Luz – Maestros espirituales no físicos que trabajan en los reinos psíquico-materiales para ayudar a las personas en su progresión espiritual.

Maestría en Ciencia Espiritual (M.C.E.) – Un programa de grado del Seminario Teológico y Escuela de Filosofía Paz.

Melquisedec, Sacerdocio u Orden – Autoridad espiritual que emana del Cristo que se originó con el sumo sacerdote bíblico que conoció a Abraham. La línea de energía en la que el MSIA ordena a sus ministros. Véase también *Ministro, Ministerio* y *Ordenación*.

Mente Universal – Situada en la parte más alta del reino etérico, en la división entre los reinos positivos y negativos. Obtiene su energía del reino mental. La fuente de la mente individual.

Ministerio – El enfoque que está cargado espiritualmente para el servicio a uno mismo, a otros, a la comunidad y al mundo, por un ministro ordenado del MSIA. Véase también *Melquisedec, Sacerdocio u Orden, Ministro* y *Ordenación*.

Ministro – Una persona en el MSIA que ha sido ordenada en el Sacerdocio de Melquisedec. Véase también *Melquisedec, Sacerdocio u Orden, Ministerio* y *Ordenación*.

Movimiento del Sendero Interno del Alma (MSIA) – Una organización fundada por John-Roger, cuyo enfoque principal es enseñarle a la gente la conciencia de la Trascendencia del Alma.

Nivel del Diez por Ciento – El nivel físico de la existencia, en contraste con el noventa por ciento de la existencia de una persona que está más allá del reino físico. Véase también *Nivel del Noventa por Ciento*.

Nivel del Noventa por Ciento – Aquella parte de la existencia de una persona más allá del nivel físico; es decir, la existencia en los reinos astral, causal, mental, etérico y del Alma. Véase también *Nivel del Diez por Ciento*.

Niveles/Reinos Exteriores – Los reinos astral, causal, mental, etérico y del Alma, por encima el reino del Alma, también existen fuera de la conciencia de una persona, pero de una manera mayor. Véase también *Reinos/Niveles Interiores*.

Niveles/Reinos Interiores – Los reinos astral, causal, mental, etérico y del Alma que existen dentro de la conciencia de una persona. Véase también *Niveles/Reinos Exteriores*.

Océano de Amor y Misericordia – Otro término para el Espíritu en el plano del Alma y más arriba. Véase también *Reino del Alma* y *Espíritu*.

Ojo Espiritual – El área en el centro de la cabeza, detrás del centro de la frente. Usado para ver interiormente. También llamado el *Tercer Ojo*.

Ordenación – Una ceremonia sagrada para ordenar a un nuevo ministro en el Sacerdocio de Melquisedec con el cargo universal para hacer servicio a todos sin importar raza, credo, color, situación, circunstancias o medio ambiente. En el Manual de Ministros del MSIA, John-Roger dice: "Una vez que una persona es [aprobado para ser] un ministro ordenado, hay dos niveles de ordenación que tienen lugar. Uno es el cumplimiento de la ley; la imposición de manos... aquellos que sostienen las llaves a la Orden de Melquisedec luego comunicarán a otras personas una línea directa de la energía espiritual electro-magnética. El otro es el don del Espíritu a través de la Orden de Melquisedec; la bendición espiritual. Casi todos [los Ministros] tienen el mismo texto [al principio de su] ordenación ministerial. Luego la Orden de Melquisedec se hace cargo y dice: 'Y el Espíritu coloca su bendición'. AL CUMPLIR CON TU MINISTERIO ES ENTONCES QUE EL ESPÍRITU COLOCA LA BENDICIÓN SOBRE TI". Véase también *Melquisedec, Sacerdocio u Orden, Ministro* y *Ministerio*.

PAT –Véase *Entrenamientos de la Conciencia de la Paz*.

PRANA – Acrónimo para "*Purple Rose Aswam of the New Age*" (Ashram Púrpura Rosa de la Nueva Era), una residencia grupal y la sede del MSIA y de PTS desde 1974, situado en el corazón de Los Ángeles cerca del centro de la ciudad. La propiedad fue renovada y fue renombrada Laberinto y Jardines de la Conciencia de Paz en 2002. Véase también el *Laberinto & Jardines de la Conciencia de Paz*.

Reencarnación – La encarnación repetida de un alma en el reino físico para despejar sus deudas, corregir cualquier agravio y traer equilibrio y armonía. Véase también *Karma* y *Rueda de 84*.

Registros Akáshicos – Los vastos registros espirituales donde están registradas las enteras experiencias de cada alma.

Reino Físico – La tierra. El reino psíquico-material en el que vive un ser con un cuerpo físico. Véase también *Niveles/Reinos Interiores* y *Reinos Psíquico-Materiales*.

Reino Astral – El reino psíquico-material por encima del reino físico. El reino de la imaginación. Se entrelaza con el físico como una frecuencia vibratoria. Véase también *Niveles/Reinos Interiores* y *Reinos Psíquico-Materiales*.

Reino Causal – El reino psíquico-material por encima del reino astral y debajo del reino mental. Entrelaza un poco con el reino físico como una frecuencia vibratoria. Véase también *Niveles/Reinos Interiores* y *Reinos Psíquico-Materiales*.

Reino del Alma – El reino por encima del reino etérico. El primero de los reinos positivos y el verdadero hogar del Alma. El primer nivel donde el Alma es consciente de su verdadera naturaleza, su ser puro, su unidad con Dios.

Reino Etérico – El reino psíquico-material por encima del reino mental y debajo del reino del Alma. Comparado con el nivel inconsciente o subconsciente. A veces conocido como el reino esotérico. Véase también *Niveles/Reinos Interiores* y *Reinos Psíquico-Materiales*.

Reino Mental – El reino psíquico-material por encima del reino causal y debajo del reino etérico. Se relaciona con la mente universal. Véase también *Reinos/Niveles Interiores* y *Reinos Psíquico-Materiales*.

Reinos Negativos – Véase *Reinos Psíquico-Materiales*.

Reinos Positivos – El reino del Alma y los 27 niveles por encima del reino del Alma. Véase también *Reinos Psíquico-Materiales*.

Reinos Psíquico-Materiales – Los cinco reinos inferiores, negativos; es decir, los reinos físico, astral, causal, mental y etérico. Véase también *Reinos Positivos*.

Rueda de 84 – La reencarnación, el ciclo de la encarnación. Véase también *Karma* y *Reencarnación*.

Satsang – (Sánscrito) Una disertación espiritual o encuentro sagrado, como cuando una congregación está dirigida por un Maestro.

Contemplar las enseñanzas del Maestro y participar en la meditación prescrita. La asociación interior del Alma con el Shabd o Corriente del Sonido. Véase también *Seminario, Shabd* y *Corriente del Sonido*.

SAT –Véase *Serie del Alma en Trascendencia (Soul Awareness Tape-Series SAT)*.

Seminarios Insight – Una serie de seminarios vivenciales, transformacionales, diseñada por John-Roger y Russell Bishop en 1978 para ofrecer herramientas prácticas y accesibles para vivir una vida exitosa, basados en verdades universales de amor, aceptación y responsabilidad personal.

Seminario Teológico y Escuela de Filosofía Paz (Siglas en inglés: ***PTS***) – Una escuela privada, universal (sin denominación religiosa), fundada por John-Roger como el brazo educativo del MSIA para presentar sus enseñanzas de la espiritualidad práctica que integran los mundos espirituales y físicos.

Seminario – Se refiere a un tipo de Satsang (disertación sagrada) a una asamblea de estudiantes, con John-Roger o John Morton; también, un audio o video de una charla que hayan dado cualquier de ellos dos. Véase también *Satsang*.

Ser Básico – Una parte de la conciencia que tiene la responsabilidad de las funciones corporales; mantiene hábitos y los centros psíquicos del cuerpo físico. También conocido como el *ser inferior*. Se encarga de las oraciones desde lo físico hacia el ser superior. Véase también *Ser Consciente* y *Ser Superior*.

Ser Consciente – El ser que hace las elecciones conscientes. Es el "capitán del barco", en el sentido que puede invalidar al ser básico y al ser superior. Ser que viene "en blanco". Véase también *Ser Básico* y *Ser Superior*.

Ser Superior – El ser que funciona como el guardián espiritual, dirigiendo al ser consciente hacia aquellas experiencias que son para su mayor progresión espiritual. Tiene conocimiento del patrón del destino acordado antes de la encarnación. Véase también *Ser Básico, Ser Consciente* y *Consejo Kármico*.

Señores del Karma – Véase *Consejo Kármico*.

Serie del Alma en Trascendencia (Serie SAT) – CD o mp3 de seminarios impartidos por John-Roger, para estudio individual y privado únicamente. Son una parte importante de las enseñanzas del Viajero en el nivel físico.

Shabd (o *Shabda*) – El nombre sánscrito de la Corriente del Sonido; la Palabra de Dios que se manifiesta como el Sonido Espiritual Interior, cuando el Alma se manifiesta en el cuerpo como conciencia. También conocida como la Corriente de Vida Audible. Hay cinco formas de Shabd dentro de cada ser humano cuyo secreto sólo puede ser impartido por un Verdadero Maestro. Véase también *Corriente del Sonido* y *Ejercicios Espirituales*.

Siembra – Una forma de oración a Dios por algo que uno quiere manifestar en el mundo. Se realiza mediante la colocación de una "semilla" (donación de una cantidad de dinero) para el mayor bien, a la propia fuente de las enseñanzas espirituales.

Tercer Ojo – Véase *Ojo Espiritual*.

Tercer Oído – El oído espiritual invisible por el cual escuchamos interiormente y escuchamos la Corriente del Sonido de Dios.

Glosario de Términos

Tisra Til – El asiento o sede de la mente y el alma en el cuerpo humano, situado en el centro de la cabeza, detrás de la frente y entre las dos cejas, donde se junta la energía del Alma. Como las primeras nueve puertas (ojos, oídos, nariz, boca y dos aperturas inferiores) conducen hacia afuera, ésta también es conocida como la Décima Puerta o Verja, la única que conduce hacia dentro.

Tono de Iniciación – En el MSIA, palabras cargadas espiritualmente y dadas a un iniciado en una iniciación en la Corriente del Sonido. El nombre del Señor del reino en el cual la persona se está iniciando. Véase también *Iniciación*.

Tono – Un sonido espiritual como "Hu", "Ani-Hu", u otra palabra especialmente cargada, que es cantado por dentro (y a veces en voz alta).

Trascendencia del Alma – El proceso de mover la conciencia más allá de los reinos psíquico-materiales y hacia el reino del Alma y más allá.

Twaji – La mirada de gracia del Maestro Espiritual; la mirada de Dios.

Universidad de Santa Mónica (USM) – Una institución privada localizada en Los Ángeles, sin ánimo de lucro, que fue pionera en un programa de Maestría en Psicología Espiritual desde 1981 hasta 2016, y que continúa ofreciendo cursos de formación centrados en el Alma, en todo el mundo. John-Roger fue su Fundador y Canciller; John Morton sirve como el actual Canciller y los doctores Ron y Mary Hulnick son los codirectores de USM.

Viajar en el Alma – Viajar en Espíritu a los reinos de conciencia que no son el reino físico. A veces conocidas como experiencias fuera del cuerpo. Esto puede hacerse en los propios reinos interiores o en el los reinos exteriores los reinos espirituales superiores/elevados. Véase también *Niveles/Reinos Interiores* y *Niveles/Reinos Exteriores*.

Viaje Astral – Ocurre cuando la conciencia deja el cuerpo físico para viajar en el Reino Astral.

Windermere, Finca – Las 142 acres en las montañas de Santa Ynez, propiedad del MSIA, con vistas a Santa Bárbara, California, establecida originalmente por el Instituto para la Paz Individual y Mundial.

Agradecimientos

Hay una cantidad de personas a quienes quiero agradecer aquí, porque sin ellos, este libro no existiría.

Siempre primero a John-Roger, por razones demasiado numerosas para mencionar, pero lo intentaré. J-R, aprecio tanto que me permitieras estar contigo en esta vida. Lo haría otra vez en un santiamén. Donde quiera que vayas, iré. Me enseñaste tanto y te debo aún más. Siempre antes de ir a dormir te preguntaba, y sigo preguntándote: "¿Quieres hacer E.E.'s, J-R?". J-R: "Seguro, tú primero". Jsu: "¿Me llevas contigo?". J-R: "Está bien". Quiero seguir trabajando contigo para siempre, John-Roger. Te amo.

Nicole Tenaglia, gracias por tu amor y contención durante los períodos realmente difíciles. Ambos nos mantuvimos fuertes el uno para el otro mirando al Señor. Gracias por sentarte en el asiento del copiloto y dejarme conducirte como a J-R. ¡Te amo, y dos veces los domingos!

Elda y Delile Hinkins, los conocí hace muchos años y nos convertimos en familia inmediatamente. Gracias por su amor y bondad durante todos estos años y especialmente después que Roger Hinkins, también conocido como John-Roger, falleció. Siempre estaré agradecido por el ADN de Hinkins inculcado en mi sangre. Los amo por siempre.

LDM, apoyaste a John-Roger y a su personal durante muchos años. Viajes personales, etc. No lo olvidaré. Muchísimas gracias por los días generosos y sin fin de Navidad contigo y tu familia. Te amo.

Zoe Golightly Lumiere, gracias por tu infinita devoción a J-R, tu lealtad y el increíble viaje que tuvimos. Eres un verdadero soldado y guerrero espiritual. La misión fue "Haz que J-R salga". Nunca fallaste. Gracias. Te amo.

John Morton, gracias por servir como mi ejemplo de devoción a nuestro Viajero John-Roger, por estar siempre presente y sostener las cosas que él representaba. Y por ser mi hermano mayor. Te amo.

Laren Bright y Penelope Bright, son maravillosos al convertir las ideas en palabras. Ustedes estuvieron conmigo desde el principio como mis facilitadores para los seminarios en casa de J-R en 1986. Dios los bendiga y los amo.

Nat Sharratt, fue una travesía larga para ambos. Te has mantenido firme durante este viaje intenso y fuerte, tanto tormenta como paraíso. Encontraste, como yo, que vivíamos en el ojo de la tormenta. Te amo, hermano.

Keith Malinsky, mi amigo desde 1982. Con amorosidad hiciste el trabajo increíble de transcribir horas y horas de audios. Te agradezco realmente por tu amistad. Hemos recorrido un largo camino. Te amo, mi amigo.

David Sand, gracias por los muchos viajes juntos con J-R. Aprecio todas las excelentes imágenes y los gráficos que capturaste para documentar la vida del Gran Maestro, y tu amistad. Te amo.

Leigh Taylor-Young Morton, gracias por tu cariño y tus ejemplos de devoción. Sigue sonriendo y brillando.

Nicia Ferrer, mi madre. Recé por ti y la abuela Rosa Rey para que sean llevadas a casa por J-R, y estoy muy contento de que J-R las tenga a las dos. Las amo, Ma y Granny.

Ron Hulnick, gracias por tu apoyo en los días después de la partida de John-Roger. El almuerzo con el escorpión fue un

Agradecimientos

aprendizaje. USM fue un laboratorio que ayudó que mis piezas destrozadas se volvieran más fuertes. Te amo.

Mary Hulnick, siempre amaré tu lectura de las fichas de USM; fue realmente un hermoso recuerdo de cómo amaba aprender en mis días de la primaria. USM verdaderamente surge de las enseñanzas de John-Roger y él eligió a dos maestros para manejarlo y demostrar el amor de USM al mundo.

Howard Lazar, mi querido amigo. Gracias por sostenerme y alentarme para que sea fuerte. Me ayudaste a atravesar por muchos períodos difíciles. Gracias por hacer el papel de J-R en *El Guía Espiritual*. Te amo.

Heidi Banks, gracias por tu amor y tu apoyo para mí y J-R. Gracias por tu ayuda.

Marilyn e Irwin Carasso, gracias siempre por su amor y apoyo. Gracias por estar. Los amo.

Laurie Lerner, te vi ayudar a J-R y a su personal de muchas maneras durante muchos años. Gracias, Laurie. Te amo por siempre. A Raphi también.

Zane Morton, gracias por dejarme ser tu segundo padre. Te amo. Gracias por tu ministerio hacia mí, hijo.

Claire Morton, te amo.

Betsy Alexander, hemos trabajado juntos y realmente aprendí de ti. Gracias por prestarme partes del Glosario de *Cumpliendo Tu Promesa Espiritual*. Realmente lo aprecio. Gracias por estar con John-Roger hasta el final. Tú eres una guerrera. Te amo.

Nathalie Franks, gracias por tu apoyo y te amo. Londres nos llama eternamente.

Barbara Weiland, eres increíble y tan habilidosa. Siempre atesoraré el trabajo que hiciste por mí y J-R para el *Viajero Místico*. ¡Te amo!

Phil Danza, 29 años en el mismo hogar junto con J-R. Gracias por estar allí en Mandeville para mí luego de que partiera John-Roger. Te amo, siempre.

Brooke Danza, 29 años viviendo juntos… increíble. Vivir con J-R fue increíble. Vivir con los Danza fue fácil. Te amo.

Prez (Paul, Mark y Vincent), gracias por sostener al MSIA y a John-Roger y por apoyar mi ministerio. Los amo.

Jason Laskay, te amo siempre. Has servido al Jefe durante muchos años, Don Jason. Los perros de J-R te aman por siempre. Eres un buen hombre.

Jan Shepherd, gracias por estar cuando las cosas se volvían difíciles. Gracias por servir a J-R y por ser mi mama judía. Te amo.

Rick Ojeda, gracias por estar ahí para J-R y para mí. Fueron bellos tiempos y aprecio tu devoción y dedicación al Maestro.

Erik Raleigh y Mark Harradine, gracias por estar ahí para J-R y para mí. Sólo un miembro del personal de J-R sabe lo que es eso, y quiero decirles que los amo, mis amigos.

Ishwar Puri-ji, tú y Toshi estaban allí y me trajeron entendimiento interno. Ustedes también perdieron su maestro físico y les doy las gracias por permitirme apoyarme en ustedes como consuelo. Les amo por eso. Siempre seremos amigos. Los amo.

Toshi Puri, desde el momento en que te vi supe que estábamos conectados. Realmente te aprecio y aprecio cómo amas y apoyas a Ishwar.

Nicholas Brown, gracias hermano por todo lo que has hecho por mí y por John-Roger y los viajes que dirigimos juntos. Te amo mucho.

Marc Alhonte, gracias por ayudar, apoyar y crear la libertad que necesitaba para mi ministerio.

Melba Alhonte, tú has sido mi luz para todos los viajes y por todo tu apoyo a mí y a J-R. Te amo. Gracias.

Christine Lynch, tú y Jim crearon un hogar para mí para nutrirme en la Gran Manzana. Te amo.

Jim Lynch, gracias por sostenerme y amo a tus animales. Te amo.

Agradecimientos

Katherine y Frank Price, gracias por estar ahí aun meses después de la partida de J-R. Siempre fueron anfitriones amorosos para con J-R y sentí la camaradería y amor de los Price.

Hollie y Robert Holden, gracias por las cenas y por darme la bienvenida a su cálido hogar con sus maravillosos hijos. Los amo.

Carrie Doubt, mi líder de proyecto, gracias por tu compromiso y aliento durante USM y fuera de USM. Eres Luz. Te amo.

Howard y Jeeni Lawrence, gracias por sostenerme y amarme a través de todo. Gracias por hacer que siguiera yendo a clases. La Luz de ustedes me nutrió. Los amo.

Pauli y Peter Sanderson, gracias por su Luz y amor. Los amo.

Veronique y Babadandan, gracias por ser mis amigos. Realmente los amo. Los amo.

Teri Breier, gracias por sostenerme la mano y por tu amor por *El Amor de un Maestro*. Eres una diosa de la escritura. Te amo.

Wayne Alexander, gracias por estar ahí para mí.

Jesús García, papá, te amo. Gracias por estar ahí.

Terry García, mi madrastra, te amo por siempre.

Lana Barreira, me nutriste y cuidaste de mí. Tu corazón es Brasil.

Paulina Haddad, gracias por tu amistad y por todo lo que hiciste por J-R y los niños. Te veo.

Juliana Rose, gracias por permitirme ser yo mismo.

Rinaldo y Maritza Porcile, yo fui voluntario de ustedes y luego crecí. Gracias a los dos por el amor y el apoyo que me han dado a través de los años, los amo.

Ministros del Reino Unido, gracias por su apoyo y amor por John-Roger y nuestros viajes.

Reymi Urrich, gracias por apoyarme y apoyar las películas de John-Roger.

Yoci Touche, gracias por tu apoyo y amor.

Ozzie, Maravilla y el resto de la familia Delgadillo. Los amo y aprecio tanto su apoyo a John-Roger y a mi ministerio.

Myles y Olga Abrams, realmente aprecio su amistad.

Angel Harper, gracias por tu Luz y Amor. Te amo.

Timothea Stewart, te amo siempre.

Steve Small, tú has estado allí desde el comienzo trabajando con J-R. Te amo y aprecio tus muchos años de apoyarnos.

Gracias a todos los profesionales de los cuales soy testigo de su asistencia a J-R y al personal durante tantos años, gracias por todas las enseñanzas que observé. Dios bendiga a la Clínica Baraka.

Roberta y Bertrand Babinet, gracias por las muchas memorias con J-R.

Michael y Alisha Hayes, gracias por su apoyo a J-R y al personal. Los amo siempre.

Ed Wagner, gracias por tu amor y apoyo a J-R y a tantos en el MSIA. Te amo.

David y Serene Denton, recuerdo el amor y apoyo para J-R y para mí. Gracias y los amo. Dios los bendiga.

Bryan Mcmullen, gracias por toda tu ayuda y apoyo.

Los ángeles de J-R: Rodi, Trish, Joan, Nancy, Christina, Shannon, Annie y Terri.

Sally Kirkland, gracias por invitarnos a J-R y a mí a todos esos eventos de Hollywood durante tantos años, y por haberme dado un papel protagonista junto a ti. Te amo.

Cate Kirby, gracias Cate, durante estos años has hecho más fáciles los viajes de J-R, John y el grupo del personal, al sur, y gracias por tu dedicación y amor a *El Amor de un Maestro*.

Rosemarie Jeangros, gracias por tu apoyo a Cate, necesitábamos tus ojos y tu Luz en este proyecto, te amo.

Sat Hari, gracias por tu Luz y apoyo a J-R y al personal, te amo.

Claudia Flores, guerrera pura, nos has apoyado a J-R y a mí durante años y quiero agradecerte y enviarles bendiciones a ti y a tu familia, te amo.

Agradecimientos

Marjorie Eaton, gracias por tu continuo amor y apoyo a mi trabajo. Dios te bendiga. Te amo.

Ana María Arango, escuché a tu padre y descubrí que eres una Artista y ángel diseñadora, increíble, especial y genial. Siempre amor para ti.

Alberto Arango Hurtado e Ilse Arango, mi vida cambió al pasar un verano con ustedes dos. Gracias y siempre los amo.

Diego Forero, mi amigo, gracias por tu cariño y amor, te amo.

Nora Valenzuela, gracias por tu amor y tu Luz y atención a este libro, te amo.

Juan Cruz Bordeu, te amo mi hermano de otra madre.

Graciela Borges, gracias por amar y apoyar a J-R en la película *Viajero Místico* en nuestro último viaje a Sudamérica.

David y Kathryn Allen, gracias nuevamente por su amor y apoyo. Los amo.

Martha Soto, gracias por tu apoyo para compartir acerca de J-R a través de "El Amor de un Maestro". Te amo.

Marco Mejía, ¡mi hermano, muchas gracias! Eres mi héroe. Te amo.

Jorge García, gracias por apoyarme. Recibe mi amor.

Mavi Sooror, te amo y gracias por los divertidos momentos que pasamos en 1988 con Yoci en Egipto. Recibe mi amor.

Monica Mestre, Dios te bendiga y gracias por apoyarme a mí y a J-R. Recibe mi amor.

Gaby Grigo, gracias por abrir las puertas en Venezuela para las películas "Guerreros Espirituales" y "El Viajero Místico", y para el evento del libro "El Amor de un Maestro". Te amo.

Kaiser Petzoldt, mi hermano, gracias por ser mi amigo y mi familia. Recibe mi amor.

Romina Gonzalez y Gazu Mendoza, gracias por su apoyo y amor. Reciban mi amor.

"...la mayor similitud que tenemos todos estos grupos que provienen de la Corriente del Sonido sería el Surat Shabd Yoga de la India, de <u>Hazur Sawan Singh</u>, quien es el gran Maestro que lo introdujo a través de la línea de los Sijs. Yo tengo ese mismo linaje espiritual".

– JOHN-ROGER, D.C.E. (MAYO 30 DE 1982, PREGUNTAS Y RESPUESTAS EN GUSTAVUS, ALASKA)

Sobre el Autor

El Rvdo. Jesús García, D.C.E., pasó 26 años trabajando y aprendiendo de su maestro espiritual y Viajero Místico, John-Roger, D.C.E., fundador de la iglesia Movimiento del Sendero Interno del Alma (MSIA), con sede en Los Ángeles. García fue iniciado en la Corriente del Sonido de Dios por John-Roger y ordenado como ministro en la Orden del Sacerdocio de Melquisedec por John Morton, quien actualmente sostiene las Llaves para la Conciencia del Viajero Místico.

En una colaboración creativa, John-Roger (conocido como J-R) y García, un respetado veterano de cine de Hollywood, produjeron juntos tres películas: *Guerreros Espirituales*, *El Guía Espiritual* y *Viajero Místico*, y cuatro cortometrajes. Desde el fallecimiento de J-R en octubre del 2014, García ha continuado su ministerio de compartir las enseñanzas espirituales de John-Roger mediante proyecciones del *Viajero Místico*, realizando talleres sobre la Espiritualidad Práctica, y proporcionando consejería a los estudiantes e iniciados del Viajero alrededor del mundo.

Previamente, como actor, García apareció en pantalla en películas renombradas tales como *Pesadilla en Elm Street*, *Mi novia Polly*, *Éramos Soldados*, *Guerreros Espirituales*, *Daño Colateral* y *La rebelión de Atlas*. *El Amor de un Maestro* es su primer libro. Reside en Los Ángeles, California.

Scott J-R Productions
C/O Jesus Garcia, D.S.S.
1626 Montana Ave, Suite 624
Santa Monica, California 90403
Derechos de autor ©2018 Scott J-R Productions.
Todos los derechos reservados.
www.soultranscendence.com
utah7@mac.com

www.ingramcontent.com/pod-product-compliance
Lightning Source LLC
Chambersburg PA
CBHW071107160426
43196CB00013B/2499